PATRICIA GRASSO

VEILCHEN IM SCHNEE

Roman

Aus dem Amerikanischen
von Beate Darius

WILHELM HEYNE VERLAG
MÜNCHEN

HEYNE ROMANE FÜR »SIE«
Nr. 04/338

Titel der Originalausgabe
VIOLETS IN THE SNOW

Umwelthinweis:
Das Buch wurde auf
chlor- und säurefreiem Papier gedruckt.

Deutsche Erstausgabe 9/99
Copyright © 1998 by Patricia Grasso
Published by Dell Publishing, a division of
Bantam Doubleday
Dell Publishing Group, Inc., New York
Copyright © der deutschsprachigen Ausgabe 1999
by Wilhelm Heyne Verlag GmbH & Co. KG, München
Printed in France 1999
http://www.heyne.de
Umschlagillustration: Oliviero Berni / Agentur Schlück
Umschlaggestaltung: Nele Schütz Design, München
Satz: Pinkuin Satz und Datentechnik, Berlin
Druck und Bindung: Brodard & Taupin

ISBN 3-453-16802-X

Für meine unglaublich begabten, überaus liebenswerten und immer gut aufgelegten Studenten für kreatives Schreiben an der Everett High School: Kristina Arvanitis, Nicole Blake, Candie Kane, Phil King und Allison Quealy.
Nie wieder wird es eine solche Klasse geben!

Prolog

Warwickshire, England, 1804

»Gnade euch Gott!« fuhr das Mädchen seine Stiefschwestern an. Mit einer ungestümen Bewegung riß die zehnjährige Isabelle Montgomery einer ihrer beiden Stiefschwestern ihre geliebte Flöte aus der Hand und der anderen ihren pelzgefütterten Umhang. Dann drehte sie sich auf dem Absatz um, stürmte durch die Tür ihres Zimmers und rannte in den Flur.

»Mama hat gesagt, daß du mit uns teilen sollst!« kreischte die zwölfjährige Lobelia.

»Wir werden ihr alles erzählen«, drohte die elfjährige Rue.

»Das kümmert mich einen feuchten Dreck«, rief Isabelle über die Schulter, ohne ihr Tempo zu verlangsamen.

Im Laufschritt nahm Isabelle die schmale Treppe und stürmte zur Verblüffung der Bediensteten in die Küche. Ohne ihren erstaunten Blicken auch nur die geringste Beachtung zu schenken, schlüpfte sie durch die Hintertür ins Freie.

Um Atem zu schöpfen, blieb Isabelle an jenem Aprilnachmittag einen Augenblick stehen, hüllte sich fester in ihren Umhang und rannte dann über den gepflegten Rasen auf ein Wäldchen zu, wo sie sich vor den Nachstellungen ihrer beiden Stiefschwestern in Sicherheit wußte. Sie ließ das herrschaftliche, aus dunkelroten Ziegeln und Sandsteinquadern erbaute Anwesen hinter sich und blickte über ein Meer von blauen Veilchen, gelben Narzissen und blühenden Forsythien.

Ein bezaubernder Frühling hatte auf Arden Hall Einzug gehalten, aber dennoch herrschte in ihrem kindlichen Herzen tiefster Winter, und ihre Augen füllten sich mit Tränen.

Tapfer gegen ihre Tränen ankämpfend, blinzelte Isabelle zu der Familienkapelle der Montgomerys und dem sich daran anschließenden Friedhof. Am Morgen hatte man ihren Vater beerdigt. Wer hätte jemals gedacht, daß ihr herzensguter, über alles geliebter Papa einer der gefürchteten Epidemien zum Opfer fallen könnte? Jetzt ruhte er neben ihrer seit langem verstorbenen Mutter. Wenn doch nur ihr Bruder Miles nicht gleich nach dem Begräbnis an die Universität zurückgekehrt wäre!

Isabelle griff nach dem goldenen Medaillon, das sie stets trug. Es enthielt ein winziges Porträt ihrer Mutter, das Bild einer Frau, die sie nur in ihrem Herzen kannte. Wäre ihre leibliche Mutter nicht gestorben, wären ihr diese beiden gräßlichen Stiefschwestern und ihre Stiefmutter Delphinia erspart geblieben.

Sie straffte die Schultern, wandte den Blick von der letzten Ruhestätte ihrer Eltern ab und lief vorbei an den riesigen Eichen, die den Park vom Wald abgrenzten. Sie mußte fern von ihrer Stieffamilie über den Verlust ihres Vaters trauern. Bald schon brach die Dämmerung über diesem Nachmittag herein, doch die Vorstellung, mit ihrer Stiefmutter und ihren Stiefschwestern zu Tisch sitzen zu müssen, erfüllte sie mit größerem Entsetzen als die Dunkelheit des Waldes.

Schweren Herzens schlenderte Isabelle in Richtung des Flusses Avon. Der würzige Duft von Moos und Lilien lag in der Luft. Hier und da bemerkte sie das frische Grün der Birken und dunkel knospende Akelei. Weiße Blutwurzblüten und die ersten jungen Farntriebe lugten aus dem Unterholz hervor.

Der Frühling war die Jahreszeit der Naturgeister und überschwenglicher Blütenpracht. Das hatte ihr Cook erzählt.

Bei dieser seltsamen Überlegung schüttelte Isabelle den Kopf und hielt schlagartig inne, als sie ein Geräusch wahrnahm – leiser als ein Atemhauch. Jemand spielte Flöte. Ihr bezaubernder Klang erfüllte die Luft und verführte sie dazu, ihm immer weiter in Richtung des Flusses zu folgen. Mit jedem ihrer Schritte wurde das Lied der Flöte lauter und deutlicher. Die traurige Melodie paßte zu ihrer Stimmung.

Isabelle beschleunigte ihre Schritte. Als sie die Lichtung erreichte, blieb sie bei dem sich ihr bietenden Anblick abrupt stehen.

Eine ärmlich gekleidete, alte Frau saß auf einem Baumstumpf am Fluß und spielte Flöte. Das grauhaarige, runzlige Weib hielt sogleich in seinem Flötenspiel inne und blickte sie an.

Von plötzlicher Furcht übermannt, wich Isabelle zwei Schritte zurück.

»Wie heißt du?« fragte die Alte lächelnd.

»Isabelle Montgomery«, antwortete sie.

Als Isabelle den Fluß betrachtete, bemerkte sie, daß die Abendnebel bereits heraufzogen. Rasch blickte sie zum Himmel hinauf. Altrosafarbene und violette Schattierungen verdunkelten den westlichen Horizont. Sollte sie bleiben oder weglaufen? Wenn sie nach Einbruch der Dunkelheit zurückkehrte, wäre Delphinia sicherlich sehr verärgert.

»Setz dich«, meinte die alte Frau einladend.

Als Isabelle die Freundlichkeit in dieser Stimme hörte, gehorchte sie und setzte sich neben der Frau auf den Boden.

»Ich wohne auf Arden Hall«, erklärte Isabelle unvermittelt.

»Warum lebt eine Montgomery auf Arden Hall?« wollte die Frau wissen.

»Meine verstorbene Mutter war die Erbin von Arden Hall«, erzählte ihr Isabelle. »Sie heiratete meinen Vater, Adam Montgomery. Wir haben ihn heute beerdigt.«

»So jung und schon Waise.« Voller Mitgefühl tätschelte ihr die Frau die Hand. »Ich bin Giselle.«

»Meine Mutter hieß Elizabeth«, verriet ihr Isabelle.

»Und du hast sie sehr geliebt.«

»Ich habe sie nie kennengelernt.« Isabelle öffnete ihr Medaillon und zeigte der Frau die Miniatur.

»Mit deinem hellblonden Haar und den veilchenblauen Augen siehst du ihr sehr ähnlich«, bemerkte Giselle.

»Danke. Ich werte das als Kompliment.«

»Also, Belle, welcher Kummer treibt dich, abgesehen vom Tod deines Vaters, hier in meinen Wald?« fragte Giselle.

»Woher weißt du denn, wie mein Bruder mich nennt?« wollte Isabelle erstaunt wissen.

»Geteiltes Leid ist halbes Leid«, antwortete Giselle, ohne auf ihre Frage einzugehen. »Was das Meistern von Problemen anbelangt, so verfüge ich über jahrzehntelange Erfahrung.« Auf einmal zitterte die Alte und betrachtete den Umhang. »Ich sitze hier schon eine lange, lange Zeit, und mir ist sehr kalt. Leihst du mir deinen Umhang?«

Ohne zu zögern, entledigte sich Isabelle ihres Umhangs und legte ihn um die Schultern der alten Frau. »Er gehört dir«, sagte sie, während sie sich erneut auf den Boden sinken ließ. »Den Notleidenden zu helfen ist ein Akt der Barmherzigkeit, und ich habe vor, mir einen Platz im Himmel zu verdienen. Dann werde ich meine Mutter und meinen Vater endlich wiedersehen.«

Giselle nickte zustimmend und schlang den Umhang fester um ihre eingesunkenen Schultern. »Mein Kind, erzähle mir, was dich noch in meinen Wald geführt hat.«

»Lobelia und Rue, meine beiden Stiefschwestern, haben versucht, meine Flöte zu stehlen«, hub Isabelle an. »Meine Flöte und mein Medaillon sind Erbstücke von meiner Mutter. Cook hat mir erzählt, daß das Flötenspiel meiner Mutter wie der Gesang der Nachtigall klang. Aber meine Stiefmutter Delphinia hat Missis Juniper gleich nach dem Begräbnis meines Vaters vor die Tür gesetzt. Juniper liebte mich über alles. Das ist auch der wahre Grund, warum sie gehen mußte, und nicht, weil sie kalten Tee trank. Was ist schließlich verwerflich daran, wenn jemand kalten Tee vorzieht?«

»Wer ist Juniper?« fragte Giselle.

»Bis zum heutigen Tag war Juniper mein Kindermädchen, und sie verabscheute meine gräßlichen Stiefschwestern«, antwortete Isabelle. »Mein Bruder Miles ist nach der Beerdigung an die Universität zurückgekehrt. Ich hoffe, daß er heil dort ankommt.«

»Ich bin mir ganz sicher, daß es Miles gutgeht, wo er sich auch gerade aufhalten mag«, beruhigte Giselle das Mädchen.

»Sind wir denn jetzt Freundinnen?« fragte Isabelle strahlend. »Ich hatte noch nie richtige Freunde, und eigentlich will ich nicht mehr zurück nach Hause. Darf ich bei dir wohnen, bis Miles nach Arden Hall zurückkehrt?«

»Bis zur Heimkehr deines Bruders kann es noch sehr lange dauern«, erklärte ihr Giselle. »Wer wird sein Anwesen verwalten, wenn du hier bei mir im Wald lebst?«

Isabelle zuckte die Schultern, und ihr hoffnungsvoller Gesichtsausdruck schwand.

»Was wünschst du dir am sehnlichsten auf der ganzen weiten Welt?« fragte die Alte, als besitze sie die Gabe, Wünsche zu erfüllen.

»Ich möchte geliebt werden«, antwortete Isabelle und blickte sie aus traurigen, veilchenblauen Augen an.

»Hör mir zu, mein Kind. Frage mich nicht, warum, aber ich kann in die Zukunft schauen.« Giselle ergriff ihre Hand. »Eines Tages wird dich ein dunkler Prinz erretten, aber nur, wenn du jetzt nach Arden Hall zurückkehrst.«

»Mich erretten? Wovor denn?«

»Wohlmeinende Erwachsene in Zweifel zu ziehen ist äußerst unhöflich«, schalt Giselle. »Also, dieser Prinz ist der Mann, der dich für liebreizender hält als die ersten blühenden Veilchen im Schnee.«

Ungläubig starrte Isabelle die Alte an. Selbst ihr war bewußt, daß niemand die Zukunft weissagen konnte.

»Du glaubst mir nicht?« wollte Giselle wissen. »Möchtest du wissen, was er in diesem Augenblick macht?«

Heftig nickend strahlte Isabelle sie an.

»Dann komm.« Schwerfällig erhob sich Giselle von ihrem Platz auf dem Baumstumpf und streckte ihr eine Hand entgegen.

Isabelle blickte von dem runzligen Gesicht zu der schwieligen Hand. Dann stand sie ebenfalls auf und legte ihre Hand in die der Frau.

Giselle führte sie zum Fluß und kniete sich in das Gras am Ufer. »Schau ins Wasser, meine Kleine. Sieh, was dir die Zukunft bringen wird.«

Zunächst sah Isabelle gar nichts, doch dann formte sich langsam ein schemenhaftes Bild vor ihren Augen. Ein älterer Mann – mindestens zwanzig Jahre alt – blickte sie unvermittelt an. Sein Haar und seine Augen waren dunkler als eine Mondfinsternis.

»Wer ist das?« fragte Isabelle, ohne den Blick von dem Bild auf dem Wasser abzuwenden. »Ist er ein fremder Prinz?«

»Fremde haben keinen Zugang zum Königreich des Herzens.« Giselles schwielige Hand berührte das Wasser, und das Bild des Prinzen verschwand in den sanften Wogen. »Es wird höchste Zeit, daß du nach Hause läufst.«

»Sehe ich dich wieder?« Gemeinsam mit der alten Frau hatte sich Isabelle erhoben. »Wie werde ich dich finden?«

»Ich werde dich finden«, erklärte ihr Giselle.

Isabelle blickte sich um. Es dämmerte bereits, und sie hatte Angst, allein durch den Wald zu gehen.

»Folge einfach den weißschimmernden Birkenstämmen«, bemerkte Giselle, als könne sie ihre Gedanken erraten, und deutete auf den Wald.

Isabelles Blick folgte dem Finger der alten Frau. Die hellen Stämme der Birken säumten einen Weg durch den Wald, wo Augenblicke zuvor noch gähnende Dunkelheit geherrscht hatte.

»Ich hoffe inständig, daß wir uns wiedersehen.« Aus einer plötzlichen Eingebung heraus drückte sie der alten Frau einen Kuß auf deren runzlige Wange.

Giselle lächelte. »Ich verspreche dir, daß ich dich oft besuchen werde.«

Isabelle machte sich auf den Weg durch den Birkenhain. Als sie sich noch einmal umschaute, sah sie lediglich Finsternis. Es gab keinen Weg zurück.

Eine Freundin, dachte Isabelle überglücklich, während sie in Richtung Arden Hall lief. Endlich hatte sie eine Freundin gefunden, der sie vertrauen konnte.

In der abendlichen Kühle fröstelnd, schlich sich Isabelle durch den Dienstboteneingang. Sie stürmte in die Küche, versetzte die Bediensteten erneut in Erstaunen und rannte dann die schmale Stiege ins erste Stockwerk hoch.

Sobald sie sich in ihrem Zimmer in Sicherheit wußte, verriegelte sie die Tür. Jetzt konnten sie ihre Stiefschwestern nicht mehr ärgern, und falls Delphinia beabsichtigte, sie wegen ihres Ausflugs zu schelten, mußte sie durch die verschlossene Tür brüllen.

Auf der Suche nach einem Schal huschte Isabelle durch das Zimmer. Mit vor Erstaunen weit aufgerissenem Mund blieb sie plötzlich stehen. Auf ihrem Bett lag der pelzgefütterte Umhang, den sie der alten Frau gegeben hatte.

Bei den himmlischen Heerscharen, schoß es Isabelle durch den Kopf, und ein freudiges Lächeln erhellte ihre Züge. *Giselle ist mein Schutzengel.*

1

London, November 1811

Der dreißigjährige John Saint-Germain, seines Zeichens fünfter Herzog von Avon, zehnter Marquis von Grafton und zwölfter Graf von Kilchurn, entspannte sich in seinem Lieblingssessel im White's Gentlemen's Club auf der St. James's Street und musterte nacheinander seine drei Begleiter. Sein fünfundzwanzigjähriger Bruder Ross, der ihm zur Linken saß, bedachte ihn mit einem leicht belustigten Grinsen. Ihm direkt gegenüber saß sein dreiundzwanzigjähriger Bruder Jamie, der ihn hoffnungsvoll ansah. Miles Montgomery, der beste Freund seines jüngsten Bruders, hatte es sich in einem Sessel zu seiner Rechten bequem gemacht und ließ den Blick nicht von Jamie.

»Völliger Blödsinn«, sagte John, während der Blick seiner dunklen Augen erneut zu seinem Bruder schweifte und dessen hoffnungsvollen Gesichtsausdruck schlagartig zunichte machte. »Ich halte diese Geschichte einfach nicht für so dringlich, daß ich Schottland früher als geplant verlasse.«

»Wir dürfen die Gelegenheit unseres Lebens nicht versäumen«, wandte Jamie hitzig ein. »Der Gewinn aus dieser Investition wird uns ein kleines Vermögen einbringen.«

»Ich besitze bereits ein *großes* Vermögen«, erinnerte ihn John. Als er die enttäuschte Miene seines Bruders bemerkte, raufte er sich sein pechschwarzes Haar.

»Was macht dich so zuversichtlich, daß diese Spekulation überhaupt einen Gewinn einbringt?« fragte

John einlenkend, da ihn der Anblick seines Bruders nachsichtig stimmte.

»Euer Gnaden«, meldete sich Miles Montgomery zu Wort. »Nicholas deJewell, der Neffe meiner Stiefmutter, hat mir den Tip gegeben. Er hat ihn von einem hochrangigen Mitarbeiter der Baring Brothers erfahren, welche die amerikanischen Bankinteressen in England vertreten.«

»Wieviel investiert deJewell?« wollte John wissen.

Zögernd schüttelte Miles Montgomery den Kopf. »Augenblicklich ist Nicholas knapp bei Kasse. Für den Hinweis habe ich ihm einen Anteil zugesichert – selbstverständlich von meinem Gewinn.«

»Miles und ich beabsichtigen, selbst nach New York zu reisen«, fügte Jamie mit neu erwachter Hoffnung hinzu. »Ich verspreche dir, daß wir nichts dem Zufall überlassen.«

»England und die Vereinigten Staaten sind sich wegen der Kontinentalsperre uneins, und die Spannungen nehmen von Tag zu Tag zu«, erwiderte John. »Was ist, wenn ein Krieg ausbricht?«

Jamie zuckte die Schultern. »Dann sitzen wir länger als geplant in New York fest.«

»Was hast du dazu zu sagen?« Johns dunkle Augen fixierten seinen Bruder Ross.

»Ich habe keine Meinung hinsichtlich eines Erfolgs oder Scheiterns«, antwortete Ross. »Die erforderliche Summe würde keinesfalls den Bankrott der Saint-Germains herbeiführen; deshalb denke ich, daß du Jamie das Geld unbesorgt geben kannst.«

John musterte den optimistischen Gesichtsausdruck seines jüngsten Bruders. Mit seinen dreiundzwanzig Jahren war Jamie das Nesthäkchen der Familie, und seine Interessen hatten bislang lediglich gesellschaftlichen Aktivitäten gegolten. Diese Finanztransaktion konnte genau die Sache sein, die aus Jamie einen verantwortungsbewußten Mann machte.

»Guten Abend, Euer Gnaden«, erklang eine tiefe, spöttische Stimme.

Alle vier wandten sich dem großen blonden Mann zu, der an ihren Tisch getreten war. Der Neuankömmling musterte sie unverhohlen feindselig.

»Grimsby«, begrüßte ihn John mit einem Kopfnicken.

»Welch ein herzergreifender Anblick trauten Familienglücks«, erwiderte Grimsby mit einem Blick auf die Brüder Saint-Germain. Dann blickte er zu dem einzigen Fremden in der Runde: »Ich glaube nicht, daß wir uns schon einmal begegnet sind.«

»Miles Montgomery ist der Graf von Stratford«, stellte ihn John vor. »Miles, darf ich bekannt machen, William Grimsby, der Graf von Ripon.«

Miles Montgomery erhob sich, schüttelte die Hand des anderen Mannes und setzte sich wieder. Grimsby bedachte ihn mit einem süffisanten Grinsen.

»Es ist mir ein Vergnügen, Sie kennenzulernen, Mylord«, bemerkte Grimsby. »Beherzigen Sie meine wohlmeinende Warnung: Sollten Sie eine Schwester haben, dann halten Sie sie von den Saint-Germains fern.« Mit diesen Worten verließ William Grimsby den Raum.

Offensichtlich verwirrt, wandte sich Miles Montgomery den anderen zu. »Was sollte das denn heißen?« fragte er.

»Er ist mein früherer Schwager«, entgegnete John.

»Wirklich schade, daß Grimsby nicht dein *verstorbener* Schwager ist«, brummte Ross.

»Das sagst du nur, weil seine Unternehmungen unserer Schiffahrtslinie erhebliche Verluste zugefügt haben«, meinte John mit einem schiefen Seitenblick auf seinen Bruder.

»Wie kannst du dabei nur so gelassen bleiben?« fragte Ross. »Der Mann ist entschlossen, die Saint-Germains zu ruinieren.«

John zuckte die Schultern. »Der Tod seiner Schwester hat William sehr zugesetzt.«

»Lenore ist seit fünf Jahren tot«, erinnerte ihn Ross.

»Bruderherz, lassen wir das Thema auf sich beruhen.« Nach einem raschen Blick zu Montgomery, der ihrer Unterhaltung aufmerksam gelauscht hatte, wandte er sich erneut seinem jüngsten Bruder zu. »Ich leihe dir die erforderliche Summe, doch aufgrund der wachsenden Spannungen zwischen den beiden Staaten müßt ihr zunächst auf einem meiner Schiffe auf die Bermudas reisen. Von dort aus werdet ihr eure Reise nach New York auf einem neutralen Schiff fortsetzen. Haben wir uns verstanden?«

Jamie Saint-Germain und Miles Montgomery sahen sich an und grinsten. Als sein Freund zustimmend nickte, meinte Jamie an John gerichtet: »Da ist noch etwas, über das wir sprechen müssen.«

Also hat die Sache doch einen Haken, überlegte John, zog fragend eine Braue hoch und musterte den Freund seines Bruders, als Jamie sagte: »Erklär du es ihm.«

»Euer Gnaden, etwas bereitet mir noch Sorge«, setzte Miles Montgomery an. »Ich befürchte, daß meine Stiefmutter meine Schwester übervorteilen wird, wenn ich außer Landes bin.« Er hielt einen Augenblick inne, als müsse er sämtlichen Mut zusammennehmen, und räusperte sich, bevor er fortfuhr: »Ich bitte Sie, während meiner Abwesenheit vorübergehend die Vormundschaft für Isabelle zu übernehmen ...«

»Nein.«

»Euer Gnaden, ich bitte Sie inständig. Isabelle verfügt über Intelligenz, Herz und Courage«, fuhr Miles ungerührt fort. »Sie wird Ihnen keine Schwierigkeiten bereiten, sie ist außergewöhnlich hübsch, hat blondes Haar und ...«

»Ich stehe nicht auf Blondinen«, unterbrach ihn John. »Mit vierzig beabsichtige ich eine Wiederheirat mit der häßlichsten Brünetten, die ich finden kann.«

Ross brach in schallendes Gelächter aus, was ihm einen strafenden Blick seines älteren Bruders einhandelte.

»Isabelle ist eine gebildete junge Dame«, mischte sich Jamie ein.

»Blond, blauäugig und gebildet?« spöttelte John.

»Eher violett als blau«, korrigierte Miles.

»Wie bitte?«

»Isabelles Augen sind veilchenblau.«

Ross Saint-Germain konnte sich ein Kichern nicht verkneifen.

Nach einem weiteren vernichtenden Blick seines Bruders fragte dieser: »Und in welchen Fertigkeiten ist die holde Weiblichkeit ausgebildet? In komplizierten Handarbeitstechniken? Dem Pianospiel?«

»Isabelle spielt Flöte«, erklärte Miles.

»Göttlich«, fügte Jamie hinzu.

»Das Flötenspiel paßt eigentlich nicht mehr in unsere moderne Zeit«, bemerkte Ross und handelte sich damit einen angesäuerten Blick seines jüngsten Bruders ein.

»Vermutlich versteht sie sich auf Mode und Klatsch«, spekulierte John. »Alle Damen von Stand verfügen über diese Begabung.«

»Isabelle zieht einfache Kleidung vor«, erwiderte Miles kopfschüttelnd. »Und ihr fehlt jegliches Interesse am Gesellschaftsklatsch.«

John reagierte mit einem ungläubigen Grinsen. »Zeigen Sie mir eine Frau, die keine Klatschbase ist«, meinte er, »und ich wette, sie ist eine Taubstumme. Also, mein junger Freund, welche Fähigkeiten besitzt Ihre Schwester?«

»Neben dem Flötenspiel kann Isabelle hervorragend mit Zahlen umgehen«, erwiderte Miles.

»Mit Zahlen?«, wiederholte John. »Was heißt das?«

»Isabelle führt meine Haushaltsbücher und die Konten«, erklärte ihm Miles. »Selbstverständlich überprüfe ich ihre Abrechnungen vierteljährlich.«

»Sie vertrauen einer Frau tatsächlich Ihre Finanzen an?«

Montgomery nickte.

Einen langen Augenblick starrte John ihn an. »Ihre Schwester scheint eine bemerkenswerte junge Dame zu sein«, sagte er, »dennoch kann ich Ihrer Bitte nicht nachkommen.«

An Jamie gewandt, meinte Miles: »Unter gar keinen Umständen lasse ich Isabelle in der Obhut von Delphinia.«

Jamie warf seinem ältesten Bruder einen flehenden Blick zu, woraufhin dieser hilfesuchend zu Ross blickte.

Grinsend zuckte Ross die Schultern.

»In Ordnung«, lenkte John ein, da er seinen jüngsten Bruder nicht enttäuschen wollte. »Ich übernehme vorübergehend die Vormundschaft für Ihre Schwester und kümmere mich um Ihre Finanzen.«

»Danke, Euer Gnaden.« Miles blickte zu Jamie und fuhr dann fort: »Da ist noch eine Kleinigkeit, um die ich Sie bitten muß.«

»Montgomery, Sie sollten Ihr Glück nicht überstrapazieren«, warnte ihn John.

»Am ersten Mai feiert Isabelle ihren achtzehnten Geburtstag«, erklärte Miles mit einem entwaffnenden Lächeln. »Falls ich bis dahin nicht zurückgekehrt bin, dürfen Sie unter gar keinen Umständen einer Eheschließung zwischen Isabelle und Nicholas deJewell zustimmen. Wenn Sie Zuneigung zu ihr empfinden, heiraten Sie sie, ansonsten muß sie in die Gesellschaft eingeführt werden.«

»Ich werde Ihre Wünsche hinsichtlich deJewell respektieren, aber mein Ruf bei den Damen ist etwas angekratzt«, entgegnete John. »Sollte ich das Mädchen unter meine Fittiche nehmen, ist ihr Ruf ruiniert.«

»Ich halte es für eine wunderbare Idee, wenn du das Mädchen unter deine Fittiche nimmst«, meldete sich Ross zu Wort.

Erstaunt drehte sich John zu seinem Bruder um. Das war wieder typisch für Ross, ihn in Schwierigkeiten zu bringen. Wie konnte er sich diesem törichten Ansinnen entziehen, wenn ihm sein Bruder auch noch in den Rücken fiel?

»Mutter hatte nie das Vergnügen, eine Tochter großzuziehen«, fuhr Ross fort. »Tante Hester und sie werden sich gewiß freuen, ein so wohlerzogenes junges Mädchen in die Gesellschaft einzuführen.«

»Dann müssen wir eine Vollmacht aufsetzen und unterzeichnen«, meinte John und ergab sich in das Unvermeidliche. »Bringen Sie das Dokument morgen nachmittag zum Anwesen der Saint-Germains. Ich habe noch eine weitere Verabredung. Wenn Sie mich jetzt bitte entschuldigen?«

Wortlos erhob sich John und strebte durch den eleganten Raum auf den Eingang des Clubs zu. Nur zu gut konnte er sich das hinterhältige Grinsen vorstellen, das in diesem Augenblick über Ross' Gesicht glitt.

Hinter sich vernahm John noch, wie Miles Montgomery flüsterte: »Glaubt ihr, daß er seine Geliebte besucht?«

»Welche?« fragte Ross.

»Nun, einmal habe ich ihn mit einer schwarzhaarigen Schönheit gesehen«, bemerkte Miles. »Wie ich hörte, soll es sich um eine Schauspielerin handeln.«

»John hat Lisette Dupré schon vor Jahren den Laufpaß gegeben«, lautete die Antwort seines Bruders.

Als er an einem kürzlich vergrößerten Fenster vorüberging, nickte John Beau Brummell zu, der dieses beliebte Fenster zu seinem Stammplatz auserkoren hatte. Die Eingangstür befand sich zur Linken des Fensters.

»Euer Gnaden, ich wünsche Ihnen einen angenehmen Abend«, begrüßte ihn der Galan Brummell.

»Ich habe anderes zu tun«, erwiderte John, was dem bekannten Dandy ein Lächeln entlockte.

Als John in die mondlose Nacht hinaustrat, hüllte ihn dichter, im sanften Schein der Laternen gespenstisch anmutender Nebel wie in einen riesigen Umhang ein.

Nachdem er Gallagher und seine Kutsche auf der gegenüberliegenden Straßenseite der St. James's Street erspäht hatte, bedeutete er dem Mann, dort stehenzubleiben. Es hatte wenig Sinn, die Kutsche wenden zu lassen, da sein Fahrtziel in der entgegengesetzten Richtung lag.

Sich im stillen verfluchend, daß er der Vormundschaft für Isabelle Montgomery zugestimmt hatte, trat John auf die Straße, um diese zu überqueren. Plötzlich tauchte wie aus dem Nichts eine Kutsche auf, die über die St. James's Street preschte.

»Vorsicht!« John vernahm das Brüllen seines Kutschers und sprang gerade noch rechtzeitig zurück, um sein Leben in Sicherheit zu bringen – unglücklicherweise jedoch nicht seinen Abendanzug, der mit Schlammspritzern übersät war.

»Sind Sie verletzt, Euer Gnaden?« fragte Gallagher, der an seine Seite geeilt war.

»Nein, aber ich muß zur Park Lane zurückkehren, um mich umzuziehen«, antwortete John. Seinem Kutscher auf die Schulter klopfend, fügte er hinzu: »Danke, daß Sie mir das Leben gerettet haben.«

»Es war mir ein Vergnügen, Euer Gnaden«, erwiderte Gallagher mit einem breiten Grinsen. »Außerdem würde ich arbeitslos, wenn Ihnen etwas zustieße.« Er schmunzelte über seinen eigenen Scherz.

»Was ich an Ihnen bewundere, Gallagher, ist Ihr Sinn fürs Praktische.« John grinste seinen langjährigen Kutscher an und blickte dann auf die menschenleere Straße. »Ich kann einfach nicht glauben, daß mich der Kutscher nicht bemerkt hat.«

»Natürlich hat er Sie bemerkt, Euer Gnaden«, erwiderte Gallagher, während er ihm den Kutschenverschlag öffnete. »Auf mich machte es den Anschein, als hätte er es geradewegs auf Sie abgesehen.«

Als John in der Kutsche saß, dachte er während der kurzen Fahrt zur Park Lane über die Äußerung seines Kutschers nach. Daß der Fahrer der anderen Karosse es tatsächlich auf ihn abgesehen haben könnte, war einfach absurd. In ganz England gab es nur einen Menschen, der ihn haßte, und das war William Grimsby, sein früherer Schwager. Allerdings würde er es niemals wagen, ihm nach dem Leben zu trachten. Nein, der Vorfall war zweifellos einem dieser unberechenbaren und unerklärlichen Zufälle zuzuschreiben.

Arden Hall, im Dezember

»Bei den himmlischen Heerscharen«, murmelte die siebzehnjährige Isabelle Montgomery und legte verärgert ihre Feder beiseite. Nachdem sie sich einige vorwitzige Haarsträhnen aus dem Gesicht gestrichen hatte, umklammerte sie ihr goldenes Medaillon und starrte mit Todesverachtung auf die Zahlenkolonnen in ihrem Haushaltsbuch.

»Diese Rechnung geht einfach nicht auf«, murrte sie. »Verstehst du etwas von Mathematik?«

Isabelle ließ ihren Blick durch das Arbeitszimmer zu der alten Frau schweifen, die in einem Sessel vor dem Kamin saß. Giselle trug immer noch dasselbe zerschlissene Gewand wie vor sieben Jahren.

»Mit Zahlen kenne ich mich nicht aus«, erwiderte die alte Frau.

Isabelle spürte ihre zunehmende Verärgerung. Manchmal war Giselles Gegenwart in ihrem Leben eher ein Fluch als ein Segen, dennoch liebte sie die Alte von ganzem Herzen. Schließlich war die alte Frau seit dem Tod ihres Vaters ihre einzige Freundin.

»Ich nahm an, daß sich himmlische Wesen in absolut allem auskennen«, bemerkte Isabelle.

»Ganz offensichtlich war diese Annahme falsch«, erwiderte Giselle mit einem schiefen Seitenblick auf das junge Mädchen, der zu erkennen gab, daß sie deren Gedanken erriet. »Wenn du selbst auf die richtige Antwort stößt, ist die Freude um so größer.«

»Heute darf ich keine Zeit verlieren.«

»Und was ist so dringend?«

Isabelle warf einen sehnsüchtigen Blick zum Fenster, durch das die Nachmittagssonne ins Zimmer strömte und ihr die Flucht vor ihren langweiligen Rechnungsbüchern um so verlockender erscheinen ließ.

»Ich möchte im Garten sitzen und Flöte spielen«, antwortete sie. »Kannst du mir nicht dieses eine Mal helfen?«

»Das höre ich nicht zum erstenmal«, erwiderte Giselle. »Und meine Antwort ist nach wie vor die gleiche. Du mußt es selbst tun. Das Leid ist Labsal für die Seele, weißt du.«

»Ich habe mir aber etwas Zerstreuung verdient«, entgegnete Isabelle mit zorniger Stimme.

»Mein Kind, Geduld ist eine Tugend«, erwiderte Giselle ungerührt.

»Glaube, Hoffnung, Güte, Bescheidenheit, Mäßigung, Gerechtigkeit und Tapferkeit sind die sieben Tugenden«, klärte Isabelle die alte Frau mit hochgezogenen Brauen auf. »Geduld gehört nicht dazu. Wie kommt es, daß ein Schutzengel die sieben Tugenden nicht kennt?«

»Also, dann bitte ich um Nachsicht«, meinte Giselle schulterzuckend. »Aber ich kann die sieben Todsünden aufzählen. Möchtest du sie hören?«

»Danke, nein.«

»Da bist du!«

Beim Klang dieser Stimme drehte sich Isabelle abrupt zu ihrer Stiefmutter um, die durch das Arbeitszimmer auf den Schreibtisch zusteuerte. Jahrelange Selbstbeherrschung hielt Isabelle davon ab, bei diesem unliebsamen Anblick eine Grimasse zu ziehen. Unbewußt berührte sie das goldene Medaillon mit dem Porträt ihrer leiblichen Mutter. Dieses Gefühl gab ihr jedesmal neue Kraft.

»Ich habe soeben eine wundervolle Nachricht erhalten«, entfuhr es Delphinia Montgomery, während sie einen Brief in der Hand schwenkte.

»Wie ich sie kenne, muß gerade jemand eines gräßlichen Todes gestorben sein.«

Kichernd blickte Isabelle zu Giselle. Die alte Frau hatte vermutlich recht mit ihrer Einschätzung, schoß es ihr durch den Kopf.

»Was amüsiert dich so?« fragte Delphinia verunsichert. »Warum blickst du zum Kamin, wenn ich mit dir spreche? Du führst doch nicht etwa schon wieder Selbstgespräche, oder?«

Insgeheim schalt sich Isabelle. Beinahe hätte man sie erneut ertappt. Giselle war so real, und sie vergaß häufig, daß andere sie weder wahrnehmen noch verstehen konnten.

»Nein, ich ... ich dachte gerade an etwas anderes.« Isabelle zwang sich zu einem Lächeln, und der Gesichtsausdruck ihrer Stiefmutter entspannte sich. »Und welche wundervolle Nachricht hältst du da in der Hand?«

»Der geschätzte Nicholas wird uns auf seiner Reise nach London einen Besuch abstatten«, erwiderte Delphinia.

»Verdammt!« fluchte Giselle.

»Das kannst du laut sagen«, brummte Isabelle.

»Was kann ich laut sagen?« wollte Delphinia wissen. »Isabelle, fühlst du dich heute nicht wohl?«

»Doch, lediglich etwas erschöpft.«

»Höre auf meinen Rat«, sagte Delphinia. »Betrachte Nicholas als möglichen Ehekandidaten. Mein Neffe ist zweifellos eine hervorragende Partie.«

»Augenblicklich verspüre ich keineswegs den Wunsch zu heiraten«, erwiderte Isabelle, während sie erfolgreich versuchte, ihr Entsetzen zu überspielen. Nicholas deJewell erinnerte stets an ein heimtückisches Wiesel. »Wenn du mich bitte entschuldigst, die Haushaltsbücher warten auf mich.«

Delphinia verstand den Hinweis und machte sich auf den Weg zur Tür, wo sie jedoch stehenblieb. »Wo wir gerade davon sprechen – leider habe ich mein monatliches Budget bereits überschritten«, bemerkte sie mit einem entschuldigenden Lächeln. »Könnte ich vielleicht ...«

»Nein.« Mit gestrengem Blick fügte Isabelle hinzu: »Wenn ich dir heute zusätzliche Mittel einräumte, wolltest du morgen noch mehr. Es wäre klug, wenn du dir dein Geld besser einteiltest.«

»Also, junge Dame, nun hör mir einmal gut zu ...«

»Ich habe keineswegs die Absicht, dir zuzuhören«, schnitt ihr Isabelle das Wort ab. »Wenn dir deine monatliche Apanage nicht reicht, bitte meinen Bruder um eine Erhöhung.«

»Genau das werde ich tun«, herrschte Delphina ihre Stieftochter an. Dann stürmte sie aus dem Arbeitszimmer und schlug die Tür hinter sich zu.

»Warum mußt du sie nur jedesmal so erzürnen?« fragte Giselle.

»Sie erzürnt mich.«

»Würde es deinen Bruder denn in den finanziellen Ruin treiben, wenn du ihr hin und wieder etwas zustecktest?«

»Delphinias Apanage ist überaus großzügig bemessen«, klärte Isabelle die alte Frau auf. »Meiner Stiefmutter zerrinnt das Geld in den Händen.«

»Denke immer daran, mein Kind«, bemerkte Giselle. »Gesegnet sind die Großherzigen, denn ihnen wird Großherzigkeit widerfahren.«

Isabelle verdrehte die Augen. »Ist das deine neue Auslegung der Bibel?«

»Wie meinst du das?«

»Der Vers lautet: ›Gesegnet sind die Barmherzigen, denn ihnen wird Barmherzigkeit widerfahren.‹«

»Oh, welch ein Versehen von mir«, entgegnete Giselle.

»Was bist du nur für ein Engel, daß du nicht einmal die Heilige Schrift richtig zitieren kannst?« wollte Isabelle wissen.

Ehe die alte Frau antworten konnte, schwang die

Tür auf. Als Isabelle ihre beiden Stiefschwestern erblickte, mußte sie erneut gegen eine Grimasse ankämpfen. Sie hoffte, daß sie nicht nur gekommen waren, weil sie ebenfalls Geld brauchten. Als Giselle kicherte, warf ihr Isabelle einen mahnenden Blick zu.

»Schieb es nicht mir in die Schuhe, Kind«, schalt die Alte. »Du hättest dir diese schwesterliche Zusammenkunft ersparen können, wenn du Delphinia gegeben hättest, was sie wollte.«

Ich verabscheue Leute, die ständig behaupten: »Das habe ich dir doch gleich gesagt«, dachte Isabelle im stillen.

»*Du* sagst das doch immer«, konterte Giselle.

»Tue ich nicht«, sagte Isabelle laut.

»Isabelle führt wieder Selbstgespräche«, flüsterte die neunzehnjährige Rue ihrer Schwester zu.

»Sie ist verrückt«, flüsterte die zwanzigjährige Lobelia zurück. »Welcher Mann würde die Schwestern einer Frau heiraten, die eigentlich in eine Irrenanstalt gehört?«

»Wenigstens sind wir nicht blutsverwandt«, erwiderte Rue.

Zorn wallte in Isabelle auf, während sie versuchte, die Gehässigkeit ihrer Stiefschwester zu ignorieren. Nach den vergangenen zehn Jahren hätte sie deren Kränkungen eigentlich gewohnt sein müssen, und doch gelang es ihnen immer wieder, ihre Gefühle zu verletzen. Trotzdem konnte sie es ihnen nicht übelnehmen, daß sie sie für verrückt hielten. Einen Schutzengel zu haben war beileibe nicht so vorteilhaft, wie sie früher einmal geglaubt hatte.

»Was wollt ihr?« Isabelle wandte ihnen ihre Aufmerksamkeit zu.

»Geld«, entfuhr es Rue, und dann »Autsch!«, weil ihre Schwester sie gekniffen hatte.

»Ich habe kein Geld für euch«, erklärte ihnen Isabelle. »Erfreut euch an diesem schönen Tag.«

»Teuerste Schwester«, warf Lobelia ein. »Wir brauchen neue Garderobe für unsere Londoner Ballsaison im nächsten Frühjahr.«

»Auch du solltest dich anständig anziehen«, fügte Rue hinzu. »Was du trägst, ist völlig unmodern.«

Isabelle musterte ihre Garderobe. Ihre Stiefschwestern trugen knöchellange Baumwollkleider mit weiten Ausschnitten und wallenden Ärmeln. Ihre Mieder zierten Rüschen, und die Kragen waren mit zartem Spitzenband umsäumt.

Als sie den Blick von ihren Kleidern abwandte, fiel Isabelle ihre eigene, hochgeschlossene Leinenbluse mit dem violetten Wollrock um so deutlicher ins Auge. Ihre Schwestern kleideten sich wie modische Damen, während sie wie eine Bäuerin wirkte.

»Ihr habt recht«, meinte Isabelle mit einem Blick auf die beiden. »Ich bin völlig aus der Mode. Wenn ihr mich jetzt bitte entschuldigen würdet, ich muß mich um die Bücher ...«

»Bald ist dein achtzehnter Geburtstag, und dann wirst du in die Gesellschaft eingeführt«, erinnerte sie Lobelia. Mit aufgesetzter Fröhlichkeit in der Stimme fügte sie hinzu: »Wir drei brauchen neue Garderobe, um nach möglichen Ehekandidaten Ausschau zu halten.«

»Wäre das nicht aufregend?« kreischte Rue, offensichtlich entschlossen, Isabelle zu Begeisterungsstürmen hinzureißen.

Isabelle betrachtete zunächst Lobelia und dann Rue, bis die beiden jungen Frauen unter ihren kritischen Blicken nervös wurden. Sie wollte sich keineswegs zu einer abfälligen Äußerung herablassen, doch bei ihren Stiefschwestern handelte es sich um zwei der unscheinbarsten Geschöpfe, die sie jemals gesehen hatte. Es gehörte schon einiges mehr dazu als modische Garderobe, wenn sich die beiden einen Ehemann angeln wollten.

»Deine abwertenden Gedanken sprechen mir aus der Seele«, sagte Giselle von ihrem Platz am Kamin.

»Fahrt nach London, wenn es euch Spaß macht«, sagte Isabelle, während sie dagegen ankämpfte, der alten Frau zu antworten. »Und gebt euch mit der Mode vom letzten Jahr zufrieden.«

»Deine Überheblichkeit ist ungerecht«, murrte Lobelia und stampfte verärgert mit dem Fuß auf. »Das Geld gehört deinem Bruder und nicht dir.«

Heftig nickend pflichtete Rue ihrer Schwester bei.

»Dann bittet doch Miles um eine neue Garderobe«, schlug Isabelle vor. »Ich besitze nicht die Befugnis, euch neue Kleider und solchen Schnickschnack zu kaufen.«

»Genau das werden wir tun«, keifte Lobelia. »Ich will nicht wie du als alte Jungfer sterben ... Komm, Schwesterherz.«

»Zu schade, daß du Sommersprossen hast«, rief ihr Rue beim Verlassen des Zimmers noch zu. »Männer verabscheuen Sommersprossen, weißt du.«

Die Tür fiel hinter ihnen ins Schloß.

Isabelle berührte ihre Nasenflügel. Mit verwirrtem Gesichtsausdruck drehte sie sich zu ihrer alten Freundin um. »Machen mich diese Sommersprossen häßlich?« fragte sie.

»Welche Sommersprossen?«

Isabelle grinste über ihre Antwort.

»Genau wie feiner Goldstaub machen dich deine Sommersprossen noch verführerischer, als du es ohnehin schon bist«, erklärte Giselle.

»Das sagst du doch nicht einfach so daher?«

»Würden Engel lügen?«

Isabelle schüttelte den Kopf. »Du richtest mich immer wieder auf.«

Ein Klopfen lenkte ihre Aufmerksamkeit auf die Tür.

»Ich frage mich, wer das sein könnte«, überlegte Isabelle. »Meine Stieffamilie klopft nie an.«

Ein weiteres Klopfen ertönte von der Tür her.

»Herein«, rief Isabelle, und dann lächelte sie, als Pebbles, der Majordomus der Montgomerys, in der Tür erschien.

»Guten Tag, Mylady.« Pebbles trat vor ihren Schreibtisch und meinte mit einem Augenzwinkern: »Drei Hexen wurden bei einem unglückseligen Kutschenunfall zu Tode getrampelt. Als sie vor der Himmelspforte standen, erklärte ihnen der heilige Petrus, daß im Himmel kein Platz für sie sei und sie wieder zur Erde zurückkehren müßten. Sie sollten von einer nahe gelegenen Wolke springen und rufen, wie sie in ihrem nächsten Leben genannt werden wollten. Die erste Hexe sprang von der Wolke und rief: *Lobelia*.«

Isabelle spürte, wie sich ihre Mundwinkel zu einem Grinsen verzogen.

»Die zweite Hexe sprang von der Wolke und kreischte: *Rue*«, fuhr der Majordomus fort. »Die dritte und älteste der Hexen rutschte aus und brüllte: *Scheiße!*«

Isabelle brach in schallendes Gelächter aus, in das Giselle mit einstimmte.

»Ich wußte doch, daß ich Sie zum Lachen bringen würde«, meinte Pebbles und überreichte ihr eine Depesche. »Ein Kurier aus London hat das abgegeben.«

»Danke.« Isabelle beobachtete, wie der Majordomus das Zimmer verließ. Während sie das Schriftstück öffnete, sagte sie: »Es stammt von Miles, aber ich kann mir nicht vorstellen, warum er einen Boten beauftragt hat.«

Isabelle überflog das Schreiben und meinte dann stirnrunzelnd: »Gott schütze ihn.«

»Schlechte Nachrichten, mein Kind?«

»Miles hat England wegen einer Geschäftsreise nach Amerika verlassen und ...«

»Er ist auf dem Weg in die Kolonien?« entfuhr es Giselle.

»Amerika ist keine Kolonie mehr«, erklärte ihr Isabelle.

Die Tür sprang auf. Delphinia, Lobelia und Rue schwärmten wie marodierende Soldaten in das Arbeitszimmer.

»Wie lauten die Neuigkeiten aus London?« fragte Delphinia, unfähig, ihre Neugier zu bezähmen.

Isabelle zögerte. Sie hatte keine Lust, ihnen die Wahrheit zu sagen, weil sie dann alle umgehend mit ihren Geldnöten behelligen würden. Aber was hätte sie anderes tun können? Sie würden es ohnehin bald genug erfahren.

»Miles befindet sich auf einer Reise nach Amerika«, erklärte Isabelle ihrer Stiefmutter.

»Wie können wir denn ohne ihn die Ballsaison in London wahrnehmen?« jammerte Rue.

»Hat er dich mit den Finanzen betraut?« wollte Delphinia wissen.

Mit einem feindseligen Blick in Richtung ihrer Stiefmutter überlegte Isabelle, warum sie diese Frage stellte, wenn sie die Antwort doch bereits kannte.

»Es wäre völlig unweiblich, wenn du die Geschäfte führtest, selbst in einer Situation wie dieser«, sagte Delphinia und fuhr dann, ohne eine Antwort abzuwarten, fort: »In den Augen der Gesellschaft bist du

immer noch ein Schulmädchen. Wir wären ruiniert.«
Sie wandte sich ab und fügte noch hinzu: »Ich muß
Nicholas bitten, sich um die Finanzen der Montgomerys zu kümmern.«

Das war es also, dämmerte es Isabelle. Ihre hinterhältige Stiefmutter wollte das Vermögen ihres Bruders verwalten. Nun, das würde nie geschehen. Niemals würde sie Delphinias verschwenderischem Neffen Einblicke in den Besitz der Montgomerys gewähren.

»Das ist nicht notwendig«, erklärte Isabelle, und ihre Stiefmutter blieb abrupt stehen.

Mit entsetztem Gesicht drehte sich Delphinia zu ihr um. »Du willst doch nicht etwa sagen ...«

»Offensichtlich hat Miles den Herzog von Avon um seine Unterstützung gebeten«, klärte Isabelle sie auf. »Im Ernstfall soll ich die Hilfe Seiner Gnaden in Anspruch nehmen, was ich allerdings für eher unwahrscheinlich halte.«

Vor Aufregung kreischend, klatschten Lobelia und Rue in die Hände. »Der Herzog von Avon ist ein so gebildeter und attraktiver Mann«, hauchte Rue.

»Kennst du ihn?« Fragend zog Isabelle eine ihrer blonden Augenbrauen hoch.

»Nein, nur gerüchteweise.«

»Damit meinst du den Gesellschaftsklatsch.«

»Nenn es, wie du willst.«

»Oh, wir müssen selbstverständlich für einen Ernstfall sorgen«, mischte sich Lobelia ein. »Dann wird uns der Herzog auf Arden Hall beehren und sich schrecklich in mich verlieben.«

»Und was ist mit mir?« fragte Rue.

»Ich bin die Älteste, deshalb steht der Herzog mir zu«, klärte Lobelia ihre Schwester auf. »Allerdings hat er noch zwei Brüder.«

»Stellt euch das vor«, seufzte Rue mit einem Blick

auf Isabelle. »Ein Saint-Germain für jede von uns. Wir wären für immer als Schwestern vereint.«

»Der Gedanke ist ja so verführerisch«, meinte Isabelle ironisch und brachte Giselle zum Kichern. Sie drehte sich zu der alten Frau um. »Lach nicht über ...« Isabelle biß sich auf die Lippe und tat so, als hätte sie nichts gesagt.

»Sie macht es schon wieder!« keifte Lobelia. »Kein Saint-Germain heiratet eine Frau, die Selbstgespräche führt.«

»Ich habe bloß laut gedacht«, behauptete Isabelle. Dann blickte sie zu ihrer Stiefmutter: »Ich kann die Geschäfte der Montgomerys auch ohne die Hilfe des Herzogs führen.«

»Trotzdem werde ich Seiner Gnaden schreiben und ihm für seine Hilfsbereitschaft danken«, verkündete Delphinia.

»Welch eine wunderbare Idee«, entfuhr es Isabelle. »Nimm Lobelia und Rue gleich mit, damit sie dir bei der Abfassung des Briefs behilflich sind.«

Nachdem ihre Stieffamilie gegangen war, lehnte sich Isabelle unglücklich seufzend in ihrem Sessel zurück. Jetzt würden die drei darauf drängen, daß sie für Geld, Kleider, eine Ballsaison in London und einen Ernstfall sorgte, damit der Herzog von Avon persönlich bei ihnen auftauchte. Das letzte, was sie gebrauchen konnte, war, daß sich der Herzog von Avon in die Angelegenheiten der Montgomerys einmischte.

»Gib ihnen das Geld, die Kleider und ihre Ballsaison«, riet ihr Giselle. »Dann vergessen sie den Herzog.«

Isabelle warf der Frau einen verärgerten Blick zu.

»Vielleicht aber auch nicht«, sinnierte die Alte. »Denk darüber nach, mein Kind. Feindseligkeit ist lediglich die Gelegenheit, seine eigenen Werte einzuschätzen.«

Isabelle erhob sich und schlenderte durch das Zimmer, um sich auf dem Boden vor dem Kamin niederzulassen. Sie lehnte ihren Kopf gegen das Bein der alten Frau.

»Ich vermute, daß mich Delphinia zu einer Eheschließung mit Nicholas deJewell zwingen will«, sagte Isabelle. »Wo ist denn dieser Prinz, der mich angeblich erretten wird?«

»Näher, als du denkst«, antwortete Giselle und strich ihr liebevoll übers Haar. »Laß ihm Zeit.«

»Zeit ist ein Luxus, den ich mir jetzt, da Miles auf der anderen Seite des Atlantiks weilt, nicht leisten kann«, erwiderte Isabelle.

»Mein Kind, du mußt lernen, dich in Geduld zu üben«, meinte die Alte. »Der Glaube kann Berge versetzen. Vielleicht ist der Herzog dein rettender Held.«

»Der Herzog von Avon ist kein Prinz.«

»Engel haben auch nicht unbedingt Flügel oder einen Heiligenschein«, bemerkte Giselle mit einem schelmischen Lächeln. »Und Prinzen tragen nicht zwangsläufig Kronen.«

2

Prinzen tragen nicht zwangsläufig Kronen, und Hexen haben nicht unbedingt Warzen auf der Nase ... Manche Hexen sahen genauso aus wie ihre Stiefmutter.

Während sie durch den langen Flur im ersten Stock schritt, schoß Isabelle dieser aberwitzige Gedanke durch den Kopf. Delphinia hatte sie zu sich gebeten, und sie zweifelte keine Sekunde lang daran, daß sich ihr Gesprächsthema um Geld drehen würde oder, was noch schlimmer war, um die Eheschließung mit ihrem unsäglichen Neffen. Schon seit Jahren versuchte Delphinia, die Bande zwischen ihren beiden Familien enger zu knüpfen.

Als sie vor dem Salon ihrer Stiefmutter stand, umklammerte Isabelle das Medaillon mit dem Bildnis ihrer Mutter, klopfte zaghaft an die Tür und trat dann ein. Mit ihren veilchenblauen Augen fixierte sie Delphinia, die in einem Sessel vor dem Kamin saß. Jetzt wünschte sich Isabelle, daß sie Giselle nicht daran gehindert hätte, sie zu begleiten.

»Setz dich zu mir«, forderte Delphinia sie auf. »Ich habe Tee und Kekse für uns.«

Ja, manche Hexen sahen genauso aus wie ihre Stiefmutter, dachte Isabelle, während sie den Raum durchquerte. Sie setzte sich in den Sessel neben dem ihrer Stiefmutter. »Worüber möchtest du mit mir reden, Delphinia?«

»Ich werde nie begreifen, warum du dich immer geweigert hast, mich als deine Mutter zu akzeptieren«, bemerkte Delphinia mit betont mitleidheischendem Gesichtsausdruck.

Keinen Augenblick lang ließ sich Isabelle an der Nase herumführen. »Das ist eines der Geheimnisse des Lebens«, erwiderte sie und blickte ihre Stiefmutter fest an.

»Vermutlich.« Delphinia lächelte sie verunsichert an. »Möchtest du Tee und Kekse?«

»Nein danke. Falls es dir darum geht ...«

»Ich habe dich nicht hierhergebeten, weil ich um Geld betteln wollte«, fiel ihr Delphinia ins Wort; dann wanderte ihr Blick zum Kamin. »Ich möchte mit dir über deine Verlobung mit Nicholas sprechen.«

»Ich liebe deinen Neffen nicht, und ich werde ihn niemals heiraten«, entgegnete Isabelle schroff. Sie hatte sich einer Verbindung mit Nicholas deJewell schon so häufig widersetzt, daß sie sich mittlerweile fragte, ob ihre Stiefmutter überhaupt die Bedeutung ihres *Neins* begriff.

Delphinia tat ihre Äußerung mit einer unwirschen Geste ab. »Jeder kann dir sagen, daß die Ehe nichts mit Liebe zu tun hat«, sagte sie. »Irgendwann wirst du den geschätzten Nicholas ebenso mögen wie ich.«

Nein, das werde ich nicht, dachte Isabelle, erwiderte jedoch nichts.

Schließlich erhob sich Delphinia und schlenderte ziellos durch das Zimmer, als versuchte sie, die richtigen Worte zu finden. Als sie erneut sprach, klang ihre Stimme geschäftlich nüchtern. »Ich habe mir erlaubt, einen Verlobungsvertrag aufsetzen zu lassen. Wenn Nicholas eintrifft, wirst du ihn unterzeichnen.«

»Nein, das werde ich nicht tun«, erwiderte Isabelle mit fester Stimme.

»Jetzt, da Miles im Ausland ist, bin ich dein Vormund«, erklärte Delphinia und baute sich vor Isabelles Sessel auf. »Nicholas ist ein attraktiver, charmanter Baron, den jede Frau liebend gern zum Ehemann hätte.«

»Jede Frau, nur ich nicht«, korrigierte Isabelle stirnrunzelnd. »Nicholas deJewell erinnert mich an ein Wiesel. Sein Anblick verursacht mir Magenschmerzen.«

Ohne jede Vorwarnung holte Delphinia mit der Hand aus und schlug ihr ins Gesicht. Aufgrund der Heftigkeit schnellte Isabelles Kopf zur Seite.

Noch nie hatte sie jemand geschlagen.

Während sie dagegen ankämpfte zurückzuschlagen, erhob sich Isabelle langsam. Sie berührte ihre schmerzende Wange und funkelte ihre Stiefmutter an.

»Gnade dir Gott für deine Grausamkeiten«, zischte sie voller Verachtung.

Noch ehe ihre Stiefmutter etwas erwidern konnte, drehte sich Isabelle auf dem Absatz um, marschierte auf die Tür zu und murmelte laut: »Nur ein Narr weist die Hand zurück, die ihn ernährt. Sie bekommt keinen Penny mehr von mir, und wenn sie mich auf Knien anfleht.« Daraufhin verließ sie den Salon und stürmte durch den Flur in ihr Zimmer.

Wie konnte ihre Stiefmutter es wagen, sie zu schlagen! Ganz egal, wie sehr man sie bedrängen würde, Isabelle war fest entschlossen, dieses Wiesel aus Redesdale niemals zu heiraten.

Nachdem sie in ihrem Zimmer angelangt war, verriegelte sie die Tür hinter sich. Falls Delphinia mit ihr reden wollte, würde sie durch die verschlossene Tür brüllen müssen.

»Schau, was sie angestellt haben«, seufzte Giselle.

Isabelle wirbelte herum und blickte mit Entsetzen auf das Chaos in ihrem Schlafgemach. Ihre Kleidertruhen standen offen, und deren Inhalt lag wahllos im Raum verstreut. Ihr Zimmer sah aus, als sei ein Orkan hindurchgefegt.

»Wer war das?« fragte Isabelle.

»Lobelia und Rue haben mitgenommen, was sie gebrauchen konnten, alles andere haben sie ruiniert«, erklärte Giselle und schüttelte mißfällig den Kopf. »Das wäre nie passiert, wenn du ihrer neuen Garderobe zugestimmt hättest.«

Isabelle durchquerte das Zimmer und hob ein veilchenblaues Kleid vom Boden auf. Miles hatte es ihr gekauft, damit sie es am Weihnachtsabend tragen sollte. Jetzt waren die Nähte irreparabel zerrissen.

Mit Tränen in den Augen umklammerte Isabelle das Kleid und setzte sich auf den Rand ihres Betts. Weihnachten würde kommen und gehen ohne ein neues Kleid und vor allem ohne Miles. War ihr vom Schicksal vorherbestimmt, immer einsam zu sein? Warum mußten die von ihr über alles geliebten Menschen – ihre Mutter, ihr Vater, ihr Bruder – entweder sterben oder sie verlassen?

»Es tut mir leid, mein Kind«, sagte Giselle, die neben ihr auf dem Bett saß. Die alte Frau strich tröstend über ihr blondes Haar. »Ich kann mich nicht in die Handlungen der anderen einmischen, ich kann dir lediglich Ratschläge geben.«

»Der Verlust einiger Kleider bedeutet mir nichts«, seufzte Isabelle betrübt. »Aber warum hat mich Miles erneut verlassen?«

»Dein Bruder wird noch früh genug zu dir zurückkehren«, erklärte Giselle.

Durch einen Tränenschleier blickte Isabelle zu der alten Frau, die seit ihrer Begegnung am Fluß Avon ihre einzige Freundin war. »Als mein Vormund wird Delphinia auf eine Eheschließung mit Nicholas drängen. Ich habe es so fürchterlich satt, stark sein zu müssen. Vielleicht ist diese Sache längst geschehen, wenn Miles zurückkommt. Ach, wo bleibt nur der dunkle Prinz, der mich deinen Worten zufolge erretten würde?«

»Geduld, mein Kind. Der Prinz wird kommen.«
»Wer ist er?«

Schulterzuckend blickte Giselle in die Kaminflammen.

»Weißt du es nicht?« fragte Isabelle, verärgert über den betrüblichen Tagesverlauf. »Was bist du nur für ein Engel?«

Abrupt drehte Giselle den Kopf und starrte sie an. »Gott allein ist allwissend, mein Kind. Tue Buße, denn du hast soeben eine Todsünde begangen.«

»Stolz, Mißgunst, Begierde, Trägheit, Zorn, Maßlosigkeit und Neid sind die sieben Todsünden«, zählte Isabelle ihrem Schutzengel auf, während ein angedeutetes Lächeln ihre Mundwinkel umspielte. »Frechheit gehört nicht dazu.«

Giselle zwinkerte ihr zu. »Ich bitte um Nachsicht.«

Isabelle grinste. »Mein Engel, du bist unverbesserlich.«

»Als deine Stiefschwestern ins Zimmer stürmten, habe ich das hier versteckt.« Giselle griff nach der unter dem Bett verborgenen Flöte. »Komm, wir schlendern zum Fluß und musizieren.«

»Später vielleicht.« Isabelle erhob sich vom Bett und nahm der alten Frau die Flöte aus der Hand. »Ich muß die gestrigen Rechnungen überprüfen. Hast du nicht Lust, mir im Arbeitszimmer Gesellschaft zu leisten?«

Mit einem zustimmenden Nicken folgte ihr Giselle aus ihrem Zimmer.

Als Isabelle den Flur im ersten Stockwerk betreten und den Weg nach links in Richtung ihres Arbeitszimmers eingeschlagen hatte, spürte sie, wie jemand beharrlich an ihrem Ärmel zupfte. »Was ist denn?« fragte sie mit einem Blick auf die knochige Hand ihrer Freundin.

»Erledige die Rechnungen später«, sagte die alte Frau.

»Erst die Arbeit und dann das Vergnügen.« Isabelle schüttelte den Kopf. »Ich muß die Rechnungsbücher ordnungsgemäß führen, um mir den Herzog von Avon vom Leib zu halten.«

»Ich habe mit angehört, wie Lobelia und Rue über den Herzog sprachen«, bemerkte Giselle mit einem verräterischen Grinsen. »Ich würde ihn gern in Augenschein nehmen.«

»Ich habe keineswegs den Wunsch, den Herzog kennenzulernen«, entgegnete Isabelle. »Geh allein zum Fluß, ich schließe derweil meine Rechnungsbücher ab.«

»Ich warte auf dich.«

Im Arbeitszimmer nahm Giselle ihren angestammten Platz vor dem Kamin ein. Isabelle setzte sich an den Schreibtisch und öffnete ihre Bücher.

»Möchtest du erfahren, was die beiden über den Herzog gesagt haben?« fragte Giselle.

Kopfschüttelnd blickte Isabelle auf. Als sie sich wieder ihrem Rechnungsbuch zuwandte, stellte sie fest, daß sie die Summen ein weiteres Mal überprüfen mußte.

»Wie ich gehört habe, soll der Herzog überaus attraktiv sein«, meldete sich Giselle erneut zu Wort. »Er hat rabenschwarzes Haar und ebensolche Augen.«

»Wie schön für ihn«, meinte Isabelle geistesabwesend; dann fiel ihr auf, daß ihre Addition falsch war.

»Die Frauen tun alles, um ihm zu gefallen.« Zum dritten Mal griff Giselle das Thema auf.

Isabelle blickte sie nicht einmal an, obwohl sie sich ohnehin nicht mehr konzentrieren konnte.

»Der Herzog ist der begehrteste englische Junggeselle und noch reicher als der König«, bemerkte Giselle.

Isabelle knallte ihren Federkiel auf den Schreibtisch und funkelte ihre Freundin an. »Ich kann meine Addition nicht beenden, wenn du mich ständig ablenkst.«

»Mein Kind, du mußt dich in Geduld üben«, riet ihr die Alte. »Das ist eine der ...«

»Die Geduld gehört nicht zu den sieben Tugenden«, herrschte Isabelle sie an.

»Werde nicht schnippisch«, schalt Giselle. »Die Geduld ist ein Akt der Barmherzigkeit.«

Als Isabelle etwas entgegnen wollte, flog die Tür auf. Pebbles, der Majordomus der Montgomerys, betrat das Arbeitszimmer und verkündete: »Ein Gesandter von Avon Park ersucht um ein Gespräch mit Ihnen.«

Isabelle seufzte resigniert. Offensichtlich blieben die Rechnungsbücher an diesem Tag unerledigt.

»Bitten Sie ihn herein.«

»Kommen Sie, guter Mann«, brüllte Pebbles mit trichterförmig um den Mund gelegten Händen. »Machen Sie schnell, Mylady ist äußerst vielbeschäftigt.«

Aufgrund der unorthodoxen Methoden ihres Majordomus mußte sich Isabelle ein Kichern verkneifen. Sie liebte diesen alten Mann, der doch stets ihr Bestes im Sinn zu haben schien.

»Womit kann ich Ihnen dienen?« fragte Isabelle, als der Mann vor ihrem Schreibtisch stand.

»Mylady, der Herzog von Avon hat angeordnet, daß Sie morgen nachmittag mit den Rechnungsbüchern der Montgomerys auf Avon Park erscheinen sollen«, erklärte er mit einem hochnäsigen Unterton in der Stimme.

Trotz ihrer unsäglichen Verärgerung bedachte Isabelle den Mann mit einem honigsüßen Lächeln. »Wie lautet Ihr Name?«

Ihre Frage verunsicherte den Mann. Sich verlegen räuspernd, meinte er: »Wie bitte?«

»Wie heißen Sie?« wiederholte sie ihre Frage.

»Gallagher.«

»Sie sind der persönliche Gesandte Seiner Gnaden?« fragte sie.

»Genaugenommen bin ich der Kutscher Seiner Gnaden«, erklärte Gallagher, »aber dennoch einer seiner loyalsten Gefolgsleute.«

»Ah, im wahrsten Sinne des Wortes ein Faktotum«, grinste Isabelle. »Bitte teilen Sie Seiner Gnaden mit, daß sein Eingreifen in die Geschäfte der Montgomerys nicht erforderlich ist. Er soll sich um seine eigenen Angelegenheiten kümmern. Guten Tag, Mister Gallagher.«

»Diese Mitteilung kann ich ihm nicht überbringen«, stöhnte der Mann.

»Oh, aber das müssen Sie«, erklärte ihm Isabelle. »Exakt so lautet meine Antwort an Seine Gnaden.«

»Wie Sie wünschen.« Gallagher drehte sich auf dem Absatz um und marschierte auf die Tür zu.

Delphinia, die offensichtlich im Flur gelauscht hatte, stürmte an dem Gesandten vorbei in den Raum. »Wie k-kannst du es w-wagen!« stieß sie hervor. »Bist du von Sinnen?«

Ungerührt vom plötzlichen Auftauchen ihrer Stiefmutter, blickte Isabelle auf. »Wovon sprichst du überhaupt?«

»Von deiner Unverschämtheit gegenüber dem Herzog von Avon«, kreischte Delphinia mit vor Verärgerung hochrotem Gesicht.

»Ach das.«

»Willst du Lobelias und Rues zukünftiges Glück zerstören?« wollte ihre Stiefmutter wissen.

»Selbstverständlich nicht.«

»Der Herzog von Avon hat Zugang zu den exklusivsten Kreisen der Londoner Gesellschaft«, erklärte Delphinia. »Seine Freundschaft wäre hilfreich für uns. Du wirst umgehend eine Entschuldigung an ihn abfassen.«

Während Isabelle sich aus ihrem Sessel erhob, fixierte sie ihre Stiefmutter und verkündete schließlich: »Ich weigere mich, dem Herzog von Avon Einblick in die Geschäfte der Montgomerys zu gewähren.«

»Ich verlange, daß du dich entschuldigst«, wiederholte Delphinia mit zornerfüllter Stimme.

Isabelle beschloß, der Schimpftirade ihrer Stiefmutter ein Ende zu bereiten. Sie nahm ihre Flöte vom Schreibtisch und drehte sich zu Giselle um. »Heute arbeite ich nicht mehr. Sollen wir zum Fluß hinuntergehen und so lange musizieren, bis wir uns wieder beruhigt haben?«

»Ich dachte schon, du kämst nie auf die Idee.«

Während Isabelle den entsetzten Gesichtsausdruck ihrer Stiefmutter beobachtete, stürmte sie an ihr vorbei zur Tür.

Das letzte, was sie noch mitbekam, war Delphinias Äußerung: »Lobelia und Rue haben recht. Du *bist* verrückt.«

»Was haben Sie gesagt?«

Voller Zorn erhob sich John Saint-Germain aus seinem Sessel im Salon von Avon Park. Als er sich vor seinem Gefolgsmann aufbaute, wirkte der Herzog eher dämonisch als menschlich. Seine mitternachtsschwarzen Augen funkelten, und ein finsterer Ausdruck glitt über sein anziehendes Gesicht.

»Ich ... ich ... ich bin nur der Überbringer der Nachricht, Euer Gnaden«, stammelte Gallagher und trat verunsichert einen Schritt zurück. »Miß Montgomery hat gesagt ...«

»Ich habe Sie bereits beim erstenmal verstanden«, herrschte John seinen Untergebenen an.

Gallagher kniff die Lippen zusammen.

»Es besteht absolut kein Grund, den Mann einzuschüchtern, nur weil er seine Arbeit verrichtet hat«, wandte eine Frauenstimme ein.

»Sie können gehen«, sagte John, nachdem er sich wieder unter Kontrolle hatte.

Während er den eiligen Rückzug seines Kutschers beobachtete, drehte sich John um und musterte die anderen Anwesenden im Salon. Seine Mutter schüttelte den Kopf, Tante Hester starrte ihn mit unverhohlenem Mißfallen an, und Ross bedachte ihn mit einem überaus unverfrorenen Lächeln.

»Ich lasse nicht zu, daß mir dieses unverschämte Gör zu verstehen gibt, ich solle mich um meine eigenen Angelegenheiten kümmern«, erklärte John.

Ross' Lächeln verwandelte sich in ein breites Grinsen. »Wie kann man das verhindern, wenn sie es bereits getan hat?«

John warf seinem Bruder einen mißbilligenden Blick zu. Dann musterte er seine Mutter und seine Tante, die ihre Erheiterung zu verbergen versuchten.

Die Herzoginwitwe meldete sich zu Wort. »Das erinnert mich an eine Episode, als Johns Vater und ich ...«

»Ich entsinne mich, Tessa«, unterbrach sie Tante Hester.

Aufgrund ihrer gemeinsamen Erinnerungen schmunzelten die beiden älteren Damen.

Johns Gesichtsausdruck wurde entspannter, als er sich seiner Mutter zuwandte. »Und was war damals?«

»Ich glaube fast, es war in der Nacht, als ich dich empfing«, erwiderte die Herzogin.

»Und was war in der Nacht, als du mich empfingst?« wollte Ross wissen.

In ihren Erinnerungen schwelgend, lächelte die Herzogin, blieb ihm jedoch eine Antwort schuldig.

Aufgrund ihres törichten Verhaltens verdrehte John die Augen und wandte sich seinem Bruder zu. »Ich bin der Vormund des jungen Mädchens, und ich trage die Verantwortung für die Finanzen der Montgomerys.«

»Dann solltest du vielleicht versuchen, ihr statt eines Befehls eine Einladung zu übermitteln«, schlug Ross vor.

»Ich würde die junge Dame gern einmal kennenlernen«, meinte die Herzoginwitwe.

»Ich auch«, bekräftigte Tante Hester.

»Sie ist blond«, erklärte ihnen John mit einem verbitterten Unterton in der Stimme. »Muß ich noch mehr sagen?«

»Nicht alle blonden Mädchen sind wie Lenore Grimsby«, meinte seine Mutter.

»Das bleibt abzuwarten«, erwiderte John. »Diese kleine Montgomery kann sich meiner Vormundschaft nicht so einfach entziehen.«

»Ich dachte, dir läge nichts an der Verantwortung«, meinte Ross gedehnt.

»Ich habe mein Ehrenwort gegeben, und ich beabsichtige, dazu zu stehen«, entgegnete John. »Ich reite nach Arden Hall.« Mit diesen Worten durchquerte er den Salon in Richtung Tür.

»Soll ich dich begleiten?« fragte Ross.

»Danke, nein«, rief ihm John im Vorübergehen zu. Innerhalb von Minuten hatte er sich auf sein Pferd Nemesis geschwungen und galoppierte über den Hof.

An jenem Tag zeigten die Vorboten des Winters ihr

unwirtliches Gesicht. Die Nachmittagssonne stach aus einer dünnen, grauen Wolkendecke hervor und schimmerte durch das goldene Novemberlaub, das den braunen Erdboden bedeckte. Ringsum hoben sich die nackten Zweige der Bäume wie dunkle Silhouetten gegen den Himmel ab.

Mit Ausnahme seines jährlichen Aufenthalts in Schottland gefiel John diese Jahreszeit am besten. Er konnte nach Avon Park zurückkehren, mit seiner Familie zusammenleben und dem langweiligen Londoner Gesellschaftsleben den Rücken kehren.

Er war stets davon ausgegangen, daß er im Alter von dreißig Jahren glücklich verheiratet und Vater sein würde, doch Lenore Grimsby hatte seine Pläne gründlich durchkreuzt.

Nachdem er zwei Meilen entlang des Flusses Avon geritten war, lenkte John sein Pferd in das Waldgebiet. Als er ein ungewöhnliches Geräusch vernahm, brachte er Nemesis zum Stehen. Mit schiefgelegtem Kopf lauschte John und schmunzelte, als er schließlich erkannte, worum es sich handelte.

Jemand – nein, zwei Personen spielten Flöte. Die bezaubernde Melodie klang seltsam in dem einsamen Wald, und ihre Melancholie rührte an sein Herz.

Erneut gab John Nemesis die Sporen. Aufgrund einer unerwarteten Melodie in diesem Waldgebiet zu verharren, gehörte keineswegs zu seiner Planung für den heutigen Nachmittag. Er hatte noch ein Hühnchen mit dieser unverschämten Montgomery-Göre zu rupfen und ließ sich unter gar keinen Umständen von seinem Vorhaben abbringen.

Als er aus dem Waldstück preschte, lag das beeindruckende Anwesen Arden Hall vor ihm. Das aus der elisabethanischen Epoche stammende Herrenhaus war mit den hier gebräuchlichen Materialien erbaut worden – Holz aus den Wäldern von Arden und dem hellen Sandstein aus Wilmcote. Die breite Auffahrt war mit dunkelroten Ziegeln gepflastert und besaß Einfriedungen aus grauem Stein. An einer Seite des Anwesens schlossen sich eine Kapelle und ein Friedhof an; an der anderen lag ein riesiger Park, in dem um diese Jahreszeit lediglich Bäume und Büsche wuchsen.

»Womit kann ich Ihnen dienen, Mylord?« fragte der Majordomus der Montgomerys, während er den Herzog in die Empfangshalle führte.

»Indem Sie mich zunächst einmal mit *Euer Gnaden* anreden«, meinte John blasiert und musterte sein Gegenüber von Kopf bis Fuß. »Ich bin der Herzog von Avon.«

»Verzeihung, Euer Gnaden«, entschuldigte sich der Majordomus, allerdings wirkte sein Gesichtsausdruck keineswegs zerknirscht.

»Willkommen auf Arden Hall, Euer Gnaden«, ertönte die Stimme einer Frau.

»Willkommen, Euer Gnaden«, flöteten zwei weitere weibliche Stimmen im Chor.

John wandte sich in Richtung des Begrüßungskomitees. Drei der unansehnlichsten Geschöpfe, die er jemals zu Gesicht bekommen hatte, versuchten sich im Hofknicks. Augenscheinlich hatten die beiden jüngeren Frauen das häßliche Aussehen ihrer Mutter geerbt. Selbst ihre Kleider saßen so schlecht, als gehörten sie eigentlich einer schlankeren Person.

Die Mutter der beiden trat auf ihn zu und begrüßte ihn mit den Worten: »Euer Gnaden, es ist uns eine Ehre, Sie auf Arden Hall willkommen zu heißen.«

»Danke, Mylady«, erwiderte John.

»Bitte nennen Sie mich Delphinia«, sagte die Frau. »Ich bin die Gattin des verstorbenen Grafen.« Sie deutete auf die beiden jüngeren Frauen und fügte hinzu: »Das sind meine Töchter, Lobelia und Rue.«

Ihre beiden Töchter machten abermals einen Hofknicks. Ihre respektvolle Haltung honorierend, nickte er unmerklich mit dem Kopf.

»Euer Gnaden, kommen Sie in den Salon und nehmen Sie eine Erfrischung zu sich«, meinte Delphinia mit einem einladenden Lächeln.

»Nein danke«, lehnte John ab. »Ich habe Geschäftliches mit Isabelle Montgomery zu klären. Würden Sie bitte so nett sein, sie zu holen.«

Mit ihrem Kichern zogen Lobelia und Rue seine Aufmerksamkeit auf sich.

»Im Augenblick ist Isabelle nicht hier«, erklärte Delphinia. »Darf ich ...«

»Isabelle streift mit ihrer unsichtbaren Freundin durch den Wald«, unterbrach Lobelia ihre Mutter mit schnippischer Stimme.

Rue nickte zustimmend. »Isabelle ist vollkommen verrückt, Euer Gnaden.«

»Es ist nicht nett, wenn ihr so etwas sagt«, schalt Delphinia ihre Töchter. »Isabelle hat den Tod ihres Vaters nie verwunden.«

»Der Mann ist fast acht Jahre tot«, schnaubte Lobelia.

John blickte von den Töchtern zur Mutter. Ganz offensichtlich hatte Miles Montgomery recht gehabt. Seine Stieffamilie hatte nichts für seine Schwester übrig. Schlagartig war John froh, daß er sich einverstanden erklärt hatte, die Verantwortung für die Geschäfte der Montgomerys zu übernehmen.

Mit einem einschmeichelnden Lächeln wandte sich Delphina an den Herzog. »Vielleicht kann ich Ihnen behilflich sein, Euer Gnaden?«

»Miles hat mich zum vorübergehenden Vormund

seiner Schwester ernannt und mir die Verwaltung seiner Finanzen sowie seiner Ländereien anvertraut«, belehrte sie John.

Das Lächeln auf Delphinias Gesicht gefror. In der Tat wirkte sie außerordentlich enttäuscht.

»Ich habe die erforderlichen Dokumente zur Bestätigung meiner Aussage bei mir«, fuhr John fort und griff in seine Jackentasche.

Delphinia schien zu ihrer früheren Selbstbeherrschung zurückgefunden zu haben und zwang sich zu einem Lächeln. »Das ist nicht notwendig, Euer Gnaden.«

»Gut.« John bedachte die Frau mit einem höflichen Lächeln. »Dann würde ich gern mit der Überprüfung der Rechnungsbücher beginnen und nach der Rückkehr des Mädchens gleich mit ihr reden.«

»Pebbles, zeigen Sie Seiner Gnaden das Arbeitszimmer des Grafen«, befahl Delphinia dem Majordomus.

»Ja, Mylady.« Pebbles wandte sich ihm zu. »Hier entlang, Euer Gnaden.«

John folgte dem Majordomus durch den langen Flur ins Arbeitszimmer. Während er sich am Schreibtisch niederließ, schürte der Majordomus das Kaminfeuer und öffnete die Vorhänge hinter dem Schreibtisch.

»Kann ich noch etwas für Sie tun, Euer Gnaden?«

»Nein.« John beobachtete, wie der Bedienstete auf die Tür zuschritt, und erhob schließlich die Stimme: »Pebbles?«

Der Majordomus blieb stehen und drehte sich um. »Ja, Euer Gnaden?«

»Ist Isabelle Montgomery verrückt?«

»Die junge Dame ist ebensowenig verrückt wie Sie oder ich.«

»Und trotzdem hat sie eine unsichtbare Freundin?« wollte John wissen.

Ein überaus bestürzter Ausdruck glitt über das Gesicht des alten Mannes, der sich jedoch rasch wieder faßte. »Euer Gnaden, wenn Sie seit Ihrer Kindheit ohne einen echten Freund aufgewachsen wären, hätten Sie auch jemanden erfunden«, erklärte ihm Pebbles.

Ein angedeutetes Lächeln umspielte die Mundwinkel des Herzogs. »Ich bewundere Ihre Loyalität.«

»Danke, Euer Gnaden«, meinte Pebbles gedehnt. »Nett von Ihnen, daß Sie meine positiven Charakterzüge zu würdigen wissen.« Mit diesen Worten verließ der Majordomus das Arbeitszimmer und schloß die Tür hinter sich.

Ob nun blond oder nicht, jedenfalls muß Isabelle Montgomery eine besondere Ausstrahlung besitzen, wenn die Bediensteten ihr solche Loyalität entgegenbringen, dachte John. Andererseits hatte sich das junge Mädchen ihm gegenüber sehr unverschämt verhalten. Sobald sie auftauchte, würde er sich sein eigenes Urteil bilden müssen.

John widmete sich der Aufgabe, die Haushaltsbücher zu überprüfen. Zuvor hatte er bereits veranlaßt, daß er von allen neuen Geschäftsvorfällen sofort unterrichtet wurde.

Eine Stunde verging. John fragte sich, weshalb das Mädchen nicht auftauchte. Er hoffte nur, daß ihr nichts zugestoßen war. Sollte er sich vielleicht auf die Suche nach ihr begeben?

Die Schatten wurden bereits länger. Wohin konnte sie gegangen sein? Wenn sie innerhalb der nächsten Viertelstunde nicht zurückkehrte, würde er sie suchen.

John erhob sich aus seinem Sessel, schlenderte zum Fenster und blickte gedankenverloren über die gepflegte Parklandschaft. Eine Bewegung in der Ferne erregte seine Aufmerksamkeit; als er seinen Blick darauf konzentrierte, stellte er fest, daß es sich um ein junges Mädchen handelte, das über den winterlichen Rasen auf Arden Hall zulief.

Na endlich, dachte John, das muß die kleine Montgomery sein.

Johns Hoffnungen auf eine baldige Unterredung zerschlugen sich, als das Mädchen dem Anwesen näher kam. Aufgrund ihres schäbigen grauen Umhangs konnte sie nur eine Bedienstete sein, die vermutlich besser im Irrenhaus aufgehoben war.

Grinsend beobachtete John, wie die junge Frau, in ihr Selbstgespräch vertieft, mit den Händen gestikulierte. Dann bemerkte er die Flöte in ihren Händen, und ihm war schlagartig bewußt, daß sie im Wald musiziert hatte. Schließlich verschwand das Mädchen im Inneren des Hauses.

Was für ein merkwürdiger Haushalt, schoß es John durch den Kopf. Und was, zum Teufel, hielt diese kleine Montgomery nur so lange auf?

Mit einem lauten Krachen sprang die Tür des Arbeitszimmers auf. John wirbelte herum und bemerkte erstaunt, daß die Dienstmagd in dem schäbigen grauen Umhang geradewegs auf ihn zusteuerte.

Als sie den Schreibtisch erreichte, schüttelte sie ihre Kapuze ab und enthüllte ihr goldschimmerndes Haar. Dann legte sie ihre Flöte ab und funkelte ihn zornig an.

»Es interessiert mich einen feuchten Dreck, was Miles will«, verkündete sie. »Ich verbiete Ihnen, sich in die Angelegenheiten der Montgomerys einzumischen.«

3

»Isabelle Montgomery, sehe ich das richtig?«

»Nein, die Königin von Saba«, erwiderte Isabelle voller Sarkasmus. Sie hob ihre schön geschwungenen blonden Brauen und meinte gedehnt: »Der Herzog von Avon, sehe ich das richtig?«

»Nein, der fünfzehnte Herzog des Schicksals, der zehnte Marquis der Niedertracht und der zwölfte Graf ...« Er hielt inne, als suchte er nach einer treffenden Bezeichnung.

»Der Graf des Jüngsten Gerichts?« schlug Isabelle vor, während sie sich trotz ihrer Verärgerung unwillkürlich ein Lächeln verkniff.

»Exakt.« Der Herzog von Avon warf ihr ein überaus charmantes und völlig entwaffnendes Lächeln zu. »Wie ich sehe, eilt mir mein Ruf bereits voraus.«

»In der Tat, Euer Gnaden.« Lächelnd kapitulierte Isabelle.

Gütiger Himmel, dachte sie dann und bemühte sich erneut, ernst zu bleiben. Sie hatte den Mann vor den Kopf stoßen wollen, damit er Arden Hall verließ. Schließlich hatte sie keinesfalls damit gerechnet, daß der Herzog ein so gutmütiges Naturell besaß, um in scherzhaftem Tonfall auf ihre unverschämte Provokation einzugehen.

»Welch ein durchtriebener Charmeur.«

Isabelle wandte den Kopf in Richtung des Kamins, wo ihre alte Freundin saß.

Kommt er dir bekannt vor?

Giselle lächelte vielsagend und zuckte die Schultern.

»Mir kommt er bekannt vor«, murmelte Isabelle mit kaum hörbarer Stimme.

»Mit wem sprechen Sie?«

Abrupt drehte sich Isabelle zu dem Herzog um und schüttelte den Kopf. »Ich habe die Angewohnheit, laut zu denken«, versuchte sie ihr seltsames Verhalten zu erklären.

»Wer kommt Ihnen bekannt vor?« fragte John.

»Sie«, erwiderte Isabelle. »Ich werde das Gefühl nicht los, Ihnen schon irgendwo begegnet zu sein.«

»Wenn wir uns jemals begegnet wären«, sagte John und schritt um den Schreibtisch auf sie zu, »könnte ich mich sicherlich an Sie erinnern.« Er blieb vor ihr stehen, und Isabelle mußte den Kopf in den Nacken legen, um ihm in die Augen zu blicken. »Ich habe Sie beobachtet, als Sie über den Rasen gingen«, fügte er hinzu. »Sie haben …«

»Laut gedacht, Euer Gnaden«, beendete Isabelle seinen Satz.

Unendlich langsam musterten die dunklen Augen des Herzogs ihre Gestalt. »Warum kleiden Sie sich wie eine Bedienstete?« fragte er, als sich ihre Blicke erneut trafen.

»Sind Sie nach Arden Hall gekommen, um mich zu tadeln?« meinte Isabelle herausfordernd und hielt seinem Blick stand, obgleich jede Faser ihres Körpers erbebte. »Sollte das der Fall sein, können Sie meiner Stieffamilie die Hand reichen.«

Der Herzog von Avon lehnte sich an die Kante des Schreibtischs und verschränkte die Arme vor der Brust. »Haben Sie eine unsichtbare Freundin?« fragte er unverhohlen.

»Ah, Sie hatten bereits das Vergnügen, Lobelia und Rue kennenzulernen.«

Erneut glitt dieses entwaffnende Lächeln über sein

Gesicht, das sie völlig verunsicherte. »Wären die beiden meine Stiefschwestern, würde ich mir auch einen unsichtbaren Leidensgenossen zulegen.«

»Bei allem Respekt, Euer Gnaden, Sie müssen mich nicht in Schutz nehmen.« Isabelle legte ihren Umhang ab und warf ihn mitten auf die Schreibtischplatte. Dann schritt sie hinter den Schreibtisch, nahm herausfordernd im Sessel ihres Bruders Platz und gab ihm damit wortlos zu verstehen, daß sie und nicht er für die Angelegenheiten der Montgomerys die Verantwortung trug.

Der Herzog wandte sich direkt zu ihr um, und sein Gesichtsausdruck gab ihr zu verstehen, daß er ihre Taktik durchschaut hatte. »Nennen Sie mich John«, sagte er mit rauher Stimme.

Wie hypnotisiert starrte Isabelle auf ihre Schreibtischplatte. »Euer Gnaden, ich kenne Sie nicht so gut, um Sie mit Ihrem Vornamen anzureden«, sagte sie ablehnend und ohne ihn eines Blickes zu würdigen.

»Sie können mich nicht ausstehen, nicht wahr?« fragte der Herzog tonlos.

Isabelle spürte, wie sie errötete. Wenn sie mit allem gerechnet hätte, so doch nicht mit dieser Bemerkung aus seinem Mund.

»Für mich sind Sie ein Fremder, Euer Gnaden«, erwiderte sie, innerlich gegen die peinliche Situation ankämpfend, daß er sich in die Angelegenheiten der Montgomerys einmischen wollte. »Sympathie oder Antipathie hat keinen Einfluß auf unsere Geschäftsbeziehung.«

»Der attraktive Teufel macht dich sichtlich nervös.«

Isabelle funkelte ihre alte Freundin an.

»Was ist eigentlich so interessant an diesem Kamin?«

Sich ertappt fühlend, blickte Isabelle den Herzog an.

Eine erneute Röte schoß in ihre Wangen, und sie verfluchte sich insgeheim, daß es dem Mann gelang, sie zu verwirren. Schließlich atmete sie tief durch und fragte: »Worüber wünschen Sie mit mir zu sprechen, Euer Gnaden?«

»Sollen wir uns nicht hinsetzen und das in aller Ruhe erörtern?« Der Herzog deutete auf die Sessel vor dem Kamin.

»Ich sitze bereits, Euer Gnaden«, erwiderte Isabelle mit störrischem Gesichtsausdruck.

Daraufhin trat er neben sie hinter den Schreibtisch und reichte ihr seine Hand. »Bitte, Miß Montgomery, machen Sie einem erlauchten Mitglied des Adels eine Freude.«

Isabelle blickte von der ihr entgegengestreckten Hand zu seinen Augen, die dunkler waren als eine Mondfinsternis, und war wie gebannt von deren unergründlicher Tiefe. Instinktiv legte sie ihre Hand in die seine und erhob sich. Als er sie durch das Arbeitszimmer zum Kamin führte, spürte sie seinen festen und doch angenehmen Händedruck.

Isabelle ließ sich in einem der freien Sessel nieder. »Oh, setzen Sie sich nicht dorthin«, entfuhr es ihr, als er sich in den anderen Sessel setzen wollte.

John hielt inne und blickte sie verwundert an.

Wie sollte sie ihm das nur erklären? Der Herzog konnte schließlich nicht wissen, daß er sich um ein Haar auf ihren Schutzengel gesetzt hätte.

»Ich verschwinde«, brummte Giselle.

Um ihr Mißgeschick zu überspielen, strich Isabelle imaginären Staub von einem der Kissen. »Jetzt können Sie sich hinsetzen«, sagte sie mit einem gequälten Lächeln.

Erleichtert atmete sie auf, als sich sein Gesichtsausdruck entspannte und er neben ihr Platz nahm. In der

Hoffnung, daß ihr der Geist ihrer verstorbenen Mutter die Kraft zu dieser schwierigen Unterredung verlieh, umklammerte sie nervös das goldene Medaillon.

»Das ist aber ein reizendes Kleinod«, bemerkte John, der sie beobachtet hatte. »Ist das ein Erbstück?«

»Die Miniatur meiner Mutter befindet sich darin«, erklärte Isabelle und ließ ihre Hände in ihren Schoß sinken. Schließlich durfte er keinesfalls bemerken, wie nervös sie war.

»Oh, darf ich sie sehen?« fragte er, offensichtlich um Höflichkeit bemüht.

»Das Bildnis meiner Mutter geht niemanden etwas an«, erwiderte Isabelle, während ihre Hand erneut das Schmuckstück umklammerte. »Kehren wir zum Geschäftlichen zurück.«

»Zum Teufel, verfügen Sie denn über keinerlei gesellschaftliche Umgangsformen?« fragte der Herzog. »Wie soll ich denn jemals ...«

»Euer Gnaden, ich muß doch sehr bitten«, unterbrach ihn Isabelle. »Ihr aufgebrachter Umgangston entspricht auch nicht den Regeln des Anstands.«

»Ein Mann müßte schon die Geduld eines Heiligen besitzen, um im Umgang mit Ihnen ruhig bleiben zu können«, konterte John.

Da sie sich aufgrund ihrer unhöflichen Bemerkung schuldig fühlte, bedachte ihn Isabelle unbewußt mit einem bezaubernden Lächeln. »Ach ja, ich höre genau, wie ein schwarzer Stein in Ihre göttliche Waagschale fällt.«

»Was meinen Sie damit?« fragte er.

»Die Engel werfen weiße oder schwarze Steine in die beiden göttlichen Waagschalen eines Menschen, um seine guten Taten und seine Sünden aufrechnen zu können«, erklärte Isabelle. »Sie, Euer Gnaden, haben sich gerade einen schwarzen Stein eingehandelt, während ich mir einen weißen Stein für meine Warnung an einen Sünder verdient habe.«

Der Herzog lachte. »Dann verdiene ich mir also einen weißen Stein, wenn ich die Straßen Londons durchstreife und die Sünder vor ihrer Unvernunft warne?«

»Den Sünder zu warnen ist ein göttliches Werk der Barmherzigkeit«, erklärte ihm Isabelle. »Es gibt noch dreizehn weitere Akte der Barmherzigkeit, mit denen Sie sich weiße Steine verdienen.«

»Und die wären?« fragte John, während er seine langen Beine ausstreckte.

»Den Sünder bekehren, den Törichten belehren, den Zweifler ermutigen, den Trauernden trösten, Leid mit Geduld ertragen, Böses verzeihen und für die Lebenden sowie die Verstorbenen zu beten«, klärte ihn Isabelle auf. »Die praktischen Akte der Barmherzigkeit lauten: die Hungrigen speisen, die Durstigen laben, die Nackten bekleiden, die Heimatlosen beschützen, die Gefangenen besuchen und die Toten beerdigen.«

»Wie steht es mit der Verführung der Verdammten?« scherzte er.

»Gnade Ihnen Gott«, hauchte Isabelle, entsetzt über sein ungehobeltes Benehmen. Als sie das Kichern der alten Frau vernahm, sagte sie ohne nachzudenken: »Über das Begehren scherzt man nicht.«

»Jetzt hält dich der Mann für verrückt.«

Wie sollte sie das nun wieder erklären? fragte sich Isabelle mit aufkeimender Panik. Daß sie laut gedacht hatte, würde er ihr diesmal nicht abnehmen.

»Es tut mir leid«, entschuldigte sich John. »Sie haben recht; über das Begehren scherzt man nicht ... Wissen Sie eigentlich nicht, daß man einen Mann anschaut, wenn er um Verzeihung bittet?«

Isabelle sah ihn an. Dem Himmel sei Dank, der

Mann glaubte, daß sie sich aufgrund seiner unsittlichen Bemerkung von ihm abgewandt hatte.

»Werden Sie mir vergeben?« fragte er, und seine Stimme hatte erneut einen rauhen Unterton.

Isabelle nickte. Er schien so zerknirscht und betroffen. In diesem Augenblick hätte sie ihm fast alles verziehen, solange er nur ja nicht annahm, daß sie verrückt wäre.

»Vermutlich befinden sich jetzt zwei schwarze Steine in meiner Waagschale«, bemerkte der Herzog.

»Ich bete für Ihre Seele, Euer Gnaden.« Isabelle lächelte ihn an.

»Ich weiß Ihr Mitgefühl zu schätzen«, meinte John, der ihr Lächeln erwiderte. »Können wir uns jetzt dem Geschäftlichen zuwenden?«

»Uns verbinden keine gemeinsamen Geschäfte, Euer Gnaden.«

»O doch«, widersprach er ihr freundlich, aber bestimmt. »Ihr Bruder bat mich ausdrücklich, vorübergehend die Vormundschaft zu übernehmen und ein Auge auf die Bücher der Montgomerys zu haben, die augenblicklich hervorragend geführt sind. Als Ihr Vormund werde ich im kommenden Frühjahr Ihr gesellschaftliches Debüt in die Wege leiten, falls Miles bis dahin nicht zurückgekehrt ist.«

Während sie versuchte, sämtlichen Mut zusammenzunehmen, betastete Isabelle nervös ihr goldenes Medaillon. Innerlich lehnte sie sich gegen sein Vorhaben auf, doch wie sollte sie sich dem widersetzen? Ihr war durchaus klar, daß sich ihre Stiefmutter auf die Seite des Herzogs schlagen würde.

Wachsende Unsicherheit legte sich um Isabelles Herz, und sie erkannte mit absoluter Bestimmtheit, daß ihr Debüt im kommenden Frühling katastrophal enden würde. Sie hatte keine Ahnung, wie man sich in den Kreisen der Oberschicht bewegte. Außerdem strotzte die Welt vor Menschen wie Lobelia und Rue; die Gesellschaft würde sie niemals akzeptieren. Lieber wollte sie als alte Jungfer sterben, als sich dieser Erniedrigung auszusetzen.

»Haben wir uns verstanden?« wollte der Herzog wissen.

Isabelle starrte ihn an. »Wie bitte?«

»Dieses Dokument weist mich als Ihren zeitweiligen Vormund aus«, erklärte der Herzog und schob ihr ein Schreiben zur Durchsicht zu. »Glauben Sie mir, die Idee gefällt mir ebensowenig wie Ihnen; allerdings habe ich Ihrem Bruder mein Ehrenwort gegeben, und ich beabsichtige, mein Versprechen zu halten.«

Erneut nahm Isabelles Gesichtsausdruck störrische Züge an. »Ich bin mit meinem derzeitigen Leben zufrieden und weigere mich, von Ihnen Befehle entgegenzunehmen.«

»Ihr Bruder war besorgt, daß er Sie in der Obhut Ihrer Stiefmutter zurücklassen mußte«, wandte John ein.

»Wenn Miles so sehr um mich besorgt war«, konterte Isabelle, unfähig, den verbitterten Unterton in ihrer Stimme zu verbergen, »warum hat er mich dann verlassen?«

»Verlassen?« wiederholte John, erstaunt über ihre Wortwahl. »Unsere Brüder befinden sich auf einer Geschäftsreise und werden so rasch wie möglich zurückkehren.«

Als Isabelle etwas erwidern wollte, wurde ihre Aufmerksamkeit auf die Tür gelenkt, die in diesem Augenblick aufsprang. Pebbles betrat das Arbeitszimmer und verkündete: »Das Abendessen ist serviert, Euer Gnaden. Mylady besteht darauf, daß Sie es gemeinsam mit ihr und ihren Töchtern einnehmen.«

John nickte dem Mann zu und blickte dann erneut zu Isabelle. »Wir können unser Gespräch später fortsetzen.« Mit diesen Worten erhob er sich. Als er Isabelle seinen Arm anbot, hakte sie sich gedankenverloren bei ihm ein.

Im Speisesaal hatte sich Delphinia bereits an einem Ende des Tisches niedergelassen und den Kopf der Tafel für den Herzog reserviert. Zur Rechten Delphinias saßen Lobelia und Rue, während Isabelle zur Rechten des Herzogs Platz nahm.

Das Abendessen bestand aus Erbsencremesuppe mit Speck und Kräutern, Maishähnchen und Kartoffelpüree. Wein und Törtchen mit Quittengelee rundeten das Mahl ab.

Isabelle hoffte inständig, daß ihre Stiefschwestern nicht erneut anfingen, sie zu beleidigen. Es kümmerte sie nicht, was der Herzog dachte. Allerdings war er zweifellos – sie warf einen verschämten Blick in seine Richtung – der attraktivste Mann, der ihr jemals begegnet war.

»Bitte berichten Sie uns doch von dem neuesten Londoner Gesellschaftsklatsch«, bat Delphinia gerade.

»Ich beteilige mich nie an solchen Gesprächen«, erwiderte John höflich lächelnd. »Normalerweise befinde ich mich im Mittelpunkt solcher Unwahrheiten. Habe ich schon erwähnt, daß ich im Frühjahr die Einführung der jungen Damen in die Gesellschaft übernehmen werde?«

Lobelia und Rue kreischten vor Freude. Isabelle war weniger begeistert und verdrehte aufgrund ihres Benehmens die Augen.

»Meine Töchter freuen sich schon sehr auf die nächste Ballsaison«, sagte Delphinia. »Es wird Zeit, daß meine beiden Schätzchen einen Gatten finden.«

»Ich kenne mehrere geeignete Herren und bin gern

bereit, sie Ihnen vorzustellen«, erwiderte John. »Lassen Sie mich nachdenken. Da sind Stephen Spewing, der Baron von Barrows; Charles Hancock, der Baron von Keswick; Lord Finch; Lord Somers und Major Grimase. Ich glaube zwar, daß der Major etwas zu alt für die jungen Damen ist, aber er ist überaus wohlhabend.«

»Ich habe nichts anzuziehen«, beschwerte sich Lobelia mit einem vernichtenden Blick in Isabelles Richtung.

»Ich auch nicht«, jammerte Rue.

»Dann ist eine neue Garderobe unabdingbar«, erklärte ihnen John.

Isabelle spürte, wie ihr übel wurde, als Lobelia und Rue in erneute Begeisterungsstürme ausbrachen. Sie warf dem Herzog einen verstohlenen Blick zu und bemerkte, daß er ihr zulächelte. Konnte er den Widerwillen von ihrem Gesicht ablesen? Verunsichert senkte sie ihre Lider.

»Isabelle wird mehr als eine neue Garderobe benötigen, wenn sie sich einen Mann angeln will«, bemerkte Lobelia schnippisch.

»Niemand wird um die Hand eines Mädchens anhalten, das Selbstgespräche führt«, betonte Rue.

»Ihre Stiefschwester denkt lediglich laut«, verteidigte sie John.

Isabelle spürte, wie sie vor Verärgerung errötete. Sie weigerte sich, auch nur eine Sekunde länger zu bleiben und sich diese Kränkungen anzuhören. Hinzu kam noch, daß die Verteidigung durch den Herzog eher beleidigend als aufbauend anmutete. Offensichtlich gehörte der Herzog von Avon zu den Männern, die andere in ihrer Schuld wissen wollten, und nur deshalb ergriff er gegenüber ihren Stiefschwestern für sie Partei.

Isabelle räusperte sich und warf Pebbles einen vielsagenden Blick zu. Statt einer Antwort nickte der Majordomus unmerklich. Verstohlen spähte sie zu dem Herzog, der sie beobachtete.

»Noch etwas Wein, Mylady?« fragte Pebbles, der neben sie getreten war.

»Ja, bitte.«

Als Pebbles einschenken wollte, vergoß er das meiste über ihr Kleid. »Mylady, es tut mir ja so leid. Wie ungeschickt von mir.«

»Nicht der Rede wert«, versicherte Isabelle dem Majordomus, während sie sich erhob. »Ich werde mich nur umziehen müssen.« Bevor sie sich abwandte, warf sie dem Herzog noch einen entschuldigenden Blick zu, fiel jedoch fast in Ohnmacht, als sie aufgrund seines Grinsens erkannte, daß er ihren Trick durchschaut hatte, mit dem sie der Konversation bei Tisch zu entkommen versuchte.

Isabelle wirbelte herum und verließ hastig den Speisesaal. Statt sich jedoch in ihrem Zimmer umzukleiden, eilte sie ins Arbeitszimmer und holte ihren Umhang und die Flöte. Dann schlich sie auf leisen Sohlen durch den Flur, hielt an der offenen Tür des Speisesaals kurz inne und lief auf Zehenspitzen weiter.

Als sie ins Freie trat, sog sie erleichtert die kalte Luft ein. Die klare Winternacht mit dem Vollmond und dem sternenübersäten, samtschwarzen Himmel war wie geschaffen für romantische Stunden.

Als Isabelle den Park durchstreifte, bemerkte sie auf einer der Steinbänke eine einsame Gestalt. Lächelnd erkannte sie ihre alte Freundin und trat auf sie zu.

»Du bist also auch hier?« begrüßte Isabelle die Alte.

»Nein, ich bin nur ein Trugbild deiner Fantasie«, erwiderte Giselle.

»Sehr witzig.«

»Sollen wir musizieren?«

Isabelle nickte und setzte sich zu ihr auf die Bank. Sie spielten ein wunderschönes Lied, das zunächst seltsam schwermütig und dann zunehmend mitreißender klang. Die Melodie verkörperte ein Wechselbad der Gefühle und erinnerte an den Zauber des Mondlichts, das Rascheln der Zweige und das nächtliche Rufen der Eulen.

»Wir sehen uns später.« Augenblicklich war Giselle verschwunden.

»Miß Montgomery?« rief der Herzog von Avon. »Sind Sie das?«

»Ja, Euer Gnaden.« War ihr denn gar keine Ruhe vergönnt? dachte Isabelle verärgert. Als der Herzog vor ihr stand, warf sie den Kopf in den Nacken und musterte ihn von Kopf bis Fuß.

»Sie spielen himmlisch«, bemerkte John. »Es klang, als spielten zwei Personen.«

Hatte er etwa Giselles Flötenspiel wahrgenommen? Wie war das möglich? Niemand außer ihr hatte die alte Frau jemals spielen gehört.

»Wie gelingt es Ihnen, daß es wie ein Duett klingt?« wollte er wissen.

»Gartenakustik«, schwindelte Isabelle.

Mit einem Kopfnicken akzeptierte John ihre Erklärung und fragte schließlich: »Darf ich mich zu Ihnen auf die Bank setzen?«

»Ihr Wunsch ist mir Befehl, Euer Gnaden«, antwortete Isabelle und rutschte ein Stück zur Seite.

Er setzte sich so dicht neben sie, daß sein Oberschenkel ihren Umhang streifte. Als sie die unvermittelte Nähe seines Körpers spürte, errötete Isabelle verwirrt und sandte ein stummes Dankgebet gen Himmel, daß die Dunkelheit ihr Unbehagen verbarg.

»Ich meine gesehen zu haben, daß jemand neben Ihnen saß«, bemerkte John mit einem schiefen Seitenblick auf die junge Frau.

Isabelle warf den Kopf zurück und starrte ihn erstaunt an. Hatte er Giselle gesehen? Nur sie allein hatte die alte Frau bislang wahrgenommen. Was hatte das zu bedeuten?

»Ich versichere Ihnen, daß ich allein war«, erklärte sie. »Wer sollte schon neben mir sitzen?«

»Ein Freund vielleicht.«

»Ich habe keine Freunde.«

»Nicht einmal einen unsichtbaren Freund?«

»Wenn Sie sie gesehen hätten, Euer Gnaden, wäre sie nicht unsichtbar«, entgegnete Isabelle.

»Dann handelt es sich also um eine Frau, nicht wahr?«

»Also wirklich, Euer Gnaden, dieses Gespräch ist absurd«, beschwerte sich Isabelle in dem Versuch, ihn von diesem Thema abzubringen.

»Sie haben recht«, erwiderte er und blickte geradeaus.

Beide schwiegen. Schließlich beschlich Isabelle das Gefühl, daß dieses beklemmende Schweigen noch unangenehmer war als seine herausfordernden Fragen.

»Sie hätten mich nicht gegenüber Lobelia und Rue verteidigen müssen«, erklärte sie. »Meine Stiefschwestern sind dumme Gänse.«

»Auch dumme Gänse können für Unheil sorgen«, warnte John und wandte ihr sein Gesicht zu, was sie noch unangenehmer berührte als das vorangegangene Schweigen. »Dumme Gänse sind die schlimmsten Klatschmäuler.«

»Da könnten Sie recht haben«, entgegnete Isabelle und senkte ihre Lider. Gütiger Himmel, diese schwarzen Augen schienen die unergründlichen Tiefen ihrer gepeinigten Seele zu durchschauen.

»Ich will Ihnen nicht zu nahe treten«, fuhr John fort und zog erneut ihre Aufmerksamkeit auf sich, »aber wenn Sie nach London kommen, müssen Sie das laute Denken einstellen, ansonsten werden Sie sich nie einen Gatten angeln.«

»Wenn ich etwas angeln will, dann gehe ich fischen«, herrschte ihn Isabelle zornig an. »Ich habe kein Interesse an einem Ehemann.«

»Jede Frau braucht einen Mann, der für sie sorgt«, erwiderte John sachlich. »Wer etwas anderes glaubt, verfügt über ein Spatzenhirn.«

»Ich habe nicht gesagt, daß ich nie heiraten werde«, erklärte Isabelle. »Wenn Miles zurückkehrt, werde ich mein gesellschaftliches Debüt haben und einen Gatten finden.«

»Sie werden in diesem Frühjahr debütieren, ob Ihr Bruder nun zurückgekehrt ist oder nicht«, beharrte John. »Meine Mutter hat nie eine Tochter großgezogen und freut sich schon darauf, Sie in die Gesellschaft einzuführen. Bevor das geschieht, werden Sie selbstverständlich gewisse Anstandsregeln lernen müssen.«

»Zum Kuckuck mit Ihren Anstandsregeln!« fluchte Isabelle, erzürnt über seine Hochnäsigkeit.

»Ach, Miß Montgomery«, meinte John gedehnt und bedachte sie mit einem umwerfenden Lächeln, »ich höre schon, wie der schwarze Stein in Ihre göttliche Waagschale plumpst. Andererseits habe ich mir einen weißen Stein verdient.«

»Sie? Einen weißen Stein?« In Isabelles Stimme schwang unverhohlener Sarkasmus mit. »Wofür denn?«

»Für die Ermutigung des Zweiflers«, erwiderte John, »und die Belehrung des Törichten.«

»Die Belehrung des Törichten?« schnaubte Isabelle. »Also, Euer Gnaden, es erstaunt mich, daß Sie überhaupt eine Mutter haben. Ihr Benehmen erinnert mich eher an ein hinterhältiges Reptil, das unter den Felsen verborgen lebt.«

»Seien Sie vorsichtig, Miß Montgomery«, mahnte er.

»Oder? Was würden Sie ansonsten tun?« provozierte sie ihn. »Mein Debüt zu verhindern versuchen?«

John grinste. »Das könnte Ihnen so passen, nicht wahr?«

Blasiert drehte sich Isabelle um. Aufgrund der abendlichen Kälte erschauerte sie, was sie zutiefst bedauerte, als sie die Frage des Herzogs vernahm: »Ist Ihnen kalt?« Sie schüttelte den Kopf, sah ihn jedoch nicht an.

John entledigte sich seines Umhangs und hüllte sie darin ein, wobei seine Finger länger als notwendig auf ihren Schultern verweilten. Gütiger Himmel, wie dieser Mann sie verunsicherte! Nicht, daß sie über Erfahrung mit dem anderen Geschlecht verfügte. Bis zum heutigen Tag war sie noch nie allein mit einem Mann gewesen.

»Danke, Euer Gnaden«, murmelte Isabelle verwirrt. Sie wußte, daß sie errötete, war sich jedoch sicher, daß er ihre rosig überhauchten Wangen in der Dunkelheit nicht bemerkte.

»Warum erröten Sie?« fragte er.

Innerlich aufstöhnend besann sich Isabelle auf das Wetter als dankbares Thema. »Der heutige Abend ist kühl. Sind Sie sicher, daß Ihnen nicht kalt wird?«

John schüttelte dem Kopf. »Die Nacht ist immer noch recht mild.«

»Mild?« wiederholte Isabelle ungläubig, während sie sich zu ihm umdrehte. Großer Gott, er lächelte sie an, und sein anziehendes Gesicht war ihr so nah, daß sie ihn mit Leichtigkeit hätte küssen können.

»Auf meinem Anwesen im schottischen Hochland liegt sicherlich schon meterhoher Schnee«, erklärte er ihr.

Bei diesem Gedanken fröstelte es Isabelle, und sie sann verzweifelt auf ein anderes Gesprächsthema. Wie lange konnten zwei Menschen eigentlich über das Wetter reden?

»Heute ist das Fest des heiligen Thomas«, sagte sie unvermittelt.

»Der heilige Thomas?« Offensichtlich belustigt grinste John. »Sind Sie gläubig, Miß Montgomery?«

Isabelle nickte. »Auch wenn ich den Sonntagsgottesdienst nur dann besuche, wenn meine Familie nicht hingeht, hoffe ich, mir einen Platz im Himmel zu sichern, um meine lange verstorbene Mutter wiederzusehen. Ich glaube, daß der Allmächtige eher auf unsere Lebensführung sieht als auf die Zahl unserer Kirchgänge.«

»Ich habe bereits woanders reserviert«, scherzte John.

Isabelle mußte lachen. Eigentlich war die Unterhaltung mit einem Mann gar nicht so schwierig, wie sie angenommen hatte.

»Heute ist der 21. Dezember«, bemerkte John. »Nur noch wenige Tage bis zu unserem schottischen Hogmanay-Fest.«

»Was ist das denn?«

»Silvester.«

»Sie scheinen sich sehr zu Schottland hingezogen zu fühlen«, meinte Isabelle.

»Mein ältester Titel ist schottischen Ursprungs«, erklärte er.

»Und der wäre?«

John zwinkerte ihr zu. »Der Graf des Jüngsten Gerichts, natürlich.«

Isabelle lachte so glockenhell und melodiös wie der Klang ihrer Flöte.

»Schauen Sie sich einmal den Himmel an«, sagte er.

Sie betrachtete den sternenklaren Himmel.

»Diese Sterne nehmen jedes Jahr um die Silvesterzeit die gleiche Position ein«, erzählte ihr John. »Sie haben mich schon immer an Pferde erinnert, die nach einer langen, ermüdenden Reise in ihre Stallungen zurückkehren.«

»Ich habe mich nie sonderlich mit den Sternen befaßt«, gestand Isabelle. »Sie wirken wie stumme Bewacher.«

»Blicken Sie geradewegs nach Süden.« John deutete in die besagte Richtung. »Das rötliche Licht stammt von Beteigeuze, dem hellsten Stern im Sternbild des Orion. Und dort oben am Himmel steht Sirius, der hellste Stern am Firmament.«

»Ich liebe die Nacht«, erwiderte Isabelle. »Manchmal setze ich mich ganz allein ins Freie und musiziere auf meiner Flöte.«

»Schauen Sie einmal über Ihre Schulter.«

Isabelle wandte sich in seine Richtung und betrachtete den Himmel hinter ihnen.

»Dieser dort ist der Polarstern«, flüsterte John dicht an ihrem Ohr mit rauher Stimme.

Isabelle blickte ihn an. Sein Gesicht war dem ihren sehr, sehr nahe, und seine Lippen schwebten über den ihren. Ihr war klar, daß er sie küssen würde und daß sie ihn gewähren ließe.

Als sich ihre Lippen berührten, schloß Isabelle die Augen. Sein Mund war weich und verführerisch, als seine Zungenspitze die ihre liebkoste. Sein würziger Duft betörte ihre Sinne.

»Sie duften nach Veilchen«, hauchte John an ihren Lippen und brach damit den auf sie ausgeübten Zauber. »Ich glaube, daß ich gerade einem bezaubernden englischen Veilchen den ersten Kuß gegeben habe.«

Seine Worte überraschten Isabelle. Vermutlich hielt sie der dunkle Prinz aus Giselles Prophezeiung für bezaubernder als ein Veilchen im Schnee. John Saint-Germain war kein Prinz, sondern ein unverschämter Halunke, dessen Kuß sie niemals hätte erwidern dürfen.

»Ich hätte das nicht tun dürfen«, entschuldigte sich John. »Wenn Sie in London sind, sollten Sie nicht so freigebig mit Ihren Küssen sein, ansonsten ist Ihr Ruf ruiniert.«

»Freigebig mit meinen Küssen?« Wütend sprang Isabelle von der Bank auf und baute sich vor ihm auf. »Ich bin kein Londoner Flittchen, Euer Gnaden. In Zukunft sollten Sie davon Abstand nehmen, unschuldige Mädchen wie mich zu übervorteilen.« Isabelle drehte sich auf dem Absatz um und rief ihm über ihre Schulter hinweg zu: »Gute Nacht, Euer Gnaden.« Dann marschierte sie durch die Dunkelheit zum Herrenhaus.

Am Eingangsportal holte sie der Herzog ein. »Miß Montgomery, ich entschuldige mich für mein schändliches Betragen Ihnen gegenüber. Werden Sie mir verzeihen?«

»Entschuldigung angenommen«, schnaubte Isabelle beim Betreten der Eingangshalle, ohne ihn jedoch eines Blickes zu würdigen. »So wichtig sind Sie nun auch wieder nicht.«

Als sie den Treppenaufgang erreichte, ergriff der Herzog ihren Unterarm, zwang sie mit sanfter Gewalt zum Stehenbleiben und blickte sie an. Fragend hob Isabelle eine ihrer blonden Brauen.

John schenkte ihr sein umwerfendes Lächeln. »Sie kennenzulernen war es ganz sicherlich wert, den Ritt von Avon Park zu unternehmen.«

Dieses Kompliment ließ Isabelle erröten. Noch nie hatte ein Mann so vertraulich mit ihr gesprochen. Die meisten Leute glaubten ohnehin, sie wäre verrückt. Wie lange würde es dauern, bis der Herzog sie erneut ins Selbstgespräch vertieft erwischte?

»Gute Nacht, Miß Montgomery«, verabschiedete sich John. »Ich wünsche Ihnen angenehme Träume.«

Isabelle eilte die Treppe hinauf und direkt in ihr Zimmer. Dort angekommen, lehnte sie sich gegen die Tür, schloß ihre Augen und versuchte, ihre angespannten Nerven zu beruhigen.

»Hat er dich geküßt?«

Isabelle öffnete die Augen und bemerkte Giselle in ihrem Sessel vor dem Kamin. »Das Begehren ist eine der sieben Todsünden«, erklärte sie der alten Frau.

»Das ist einer der Gründe, warum die Beichte schon immer so populär war«, entgegnete Giselle. »Die Sünde des Fleisches und der Ablaß, welcher der Kirche reichlich Spenden einbringt. Alle Seiten profitieren davon und nehmen keinen Schaden.«

»Du hast aber eine seltsame Einstellung zu Sünde und Vergebung«, wandte Isabelle ein, während sie sich auf dem Boden vor ihrem Schutzengel niederließ. »Der Herzog hat gehört, daß du mit mir Flöte gespielt hast.«

»Tatsächlich, hat er das?« erwiderte Giselle. »Es macht den Anschein, als habe John Saint-Germain eine besondere Gabe.«

»Ist er derjenige, der zu meiner Rettung kommt?«

»Das kann uns nur die Zeit verraten, mein Kind.«

»John Saint-Germain ist kein Prinz.«

»Ich habe dir bereits erklärt, daß Prinzen nicht zwangsläufig Kronen tragen«, erwiderte Giselle. »Um den Prinzen zu finden, mußt du schlicht und einfach deinem Herzen folgen.«

Isabelle lehnte ihren Kopf an das Knie der Alten und blickte in deren himmelblaue Augen. »Wenn ich meinem Herzen folge«, fragte sie, »wie kann ich wissen, wohin es mich führt?«

»Das ist nicht notwendig, mein Kind.« Giselle lächelte sie zärtlich an. »Folge deinem Herzen, und du wirst das wahre und dauerhafte Glück zu finden.«

4

Isabelle Montgomery duftet nach Veilchen.

In einem der friedlichen Augenblicke vor Sonnenaufgang stand John am Fenster seines Schlafzimmers, das sich in der ersten Etage von Avon Park befand, und betrachtete das Anwesen seiner Vorfahren. Es war noch früh, so früh, daß selbst die Dienstboten noch nicht geschäftig umherliefen. Durch die kahlen Äste der Eichen, die den Park vom Waldgebiet abgrenzten, blickte er zum östlichen Himmel, dessen dunkle Blautöne rasch in zartes Lavendel übergingen, bis er schließlich von orangeroten Lichtstrahlen durchsetzt wurde, die wie Finger nach der Welt zu greifen schienen.

Dennoch sah John vor seinem geistigen Auge ausschließlich Isabelle. Ihr prachtvoller blonder Haarschopf erinnerte ihn an gesponnenes Gold; in ihren veilchenblauen Augen spiegelte sich eine innere Ruhe; die zarten Sommersprossen auf ihrem wohlgeformten Nasenrücken wirkten wie feiner Staub; ihr Flötenspiel war so süß wie der Gesang der Nachtigallen. Das unglaublich betörende Gefühl ihrer weichen Lippen auf seinem ...

»Zum Teufel«, knurrte John und wandte sich vom Fenster ab. Er verhielt sich wie ein mondsüchtiger Schuljunge. Schließlich hatte er angenommen, daß ihn Lenore Grimsby von jeder zärtlichen Empfindung kuriert hätte.

Aber anscheinend gab es kein Heilmittel gegen männliche Torheit. Was ihm an diesem Dezembermorgen fehlte, um wieder Herr seiner Sinne zu werden, war ein langer Ritt durch die glasklare, eiskalte Luft.

Nachdem er sich angekleidet hatte, verließ John seine Gemächer. Er schlenderte zu den Stallungen, sattelte Nemesis und galoppierte über die Auffahrt von Avon Park, als sei ihm der Leibhaftige auf den Fersen.

Zwei Stunden lang zwang der Herzog sein Pferd zu Höchstleistungen, um dann schließlich festzustellen, daß er sich am Fluß Avon befand. Er starrte in die Richtung von Stratford und Arden Hall, doch ständig hatte er das Bild seiner Schutzbefohlenen vor Augen.

»Verdammter Mist«, fluchte John, als ihm sein Vorhaben bewußt wurde. Er straffte die Zügel, wendete sein Pferd und ritt entschlossen nach Avon Park zurück.

Als er sein riesiges Speisezimmer betrat, blieb John wie angewurzelt stehen und blickte überrascht zu den drei Personen, die sich dort bereits an dem wuchtigen, den Raum dominierenden Mahagonitisch eingefunden hatten. Tante Hester, Ross und seine Mutter nahmen das Frühstück ein, obwohl es für ihre Verhältnisse noch recht früh war. Sie hielten im Gespräch inne und wandten ihm ihre Aufmerksamkeit zu.

John erkannte, daß seine Familie eine Zusammenfassung der Ereignisse auf Arden Hall erwartete. Nach einem vielsagenden Blick in ihre Richtung schlenderte er zum Büfett und goß sich eine Tasse Kaffee ein. Dort verharrte er einen Augenblick und nippte an seinem Getränk.

Ihre gespannten Blicke ignorierend, schlenderte John entlang des zwölf Meter langen Tisches. Gelassen nahm er am Kopf der Tafel seinen Platz auf einem kunstvoll geschnitzten Mahagonistuhl ein.

Unter Aufbietung seiner gesamten Willenskraft gelang es John, seine Heiterkeit zu unterdrücken. Statt dessen bedeutete er Dobbs, ihm das Frühstück zu servieren. Dann erst wanderte sein Blick über den endlos langen Tisch zu seiner Mutter, seiner Tante und zu seinem Bruder.

»Also wirklich, Tessa.« Tante Hester ergriff als erste das Wort. »Ich dachte, du hättest deinen Söhnen bessere Manieren beigebracht.«

»Habe ich auch.« Seine Mutter musterte ihn eindringlich. »Nun? Was hast du uns zu berichten?«

John wartete, bis Dobbs einen Teller Schinken und Eier vor ihm abstellte, und erklärte dann: »Ich glaube, daß das durch dieses Fenster einfallende Sonnenlicht den Kristallkandelabern herrliche Reflexe entlockt.«

Sowohl Tante Hester als auch seine Mutter sahen zu den drei Kristallüstern über dem Eßtisch auf und warfen ihm dann vernichtende Blicke zu. Ross kicherte.

»Du mußt seine Widerwärtigkeiten nicht auch noch unterstützen ...«, wies die Herzoginwitwe seinen Bruder zurecht.

»Widerwärtigkeiten?« meinte John gedehnt und runzelte fragend die Stirn.

»Setz dich zu mir«, befahl seine Mutter. »Wenn du mich dazu zwingst, meine Stimme zu erheben, bin ich heute nachmittag heiser.«

John ergab sich in sein Schicksal. Ihm war klar, daß er das Speisezimmer erst dann verlassen durfte, wenn er seiner Mutter und seiner Tante jedes Wort berichtet hatte, das zwischen seiner Schutzbefohlenen und ihm gefallen war.

»Also gut, Mutter.« John erhob sich, schlenderte am Tisch entlang und setzte sich neben seinen Bruder. Er wartete, bis Dobbs ihm seinen nicht angerührten Teller Schinken und Eier gebracht und sich neben das Büfett zurückgezogen hatte.

»Welcher Tatsache darf ich euer frühes Aufstehen zuschreiben?« wollte er wissen.

»Als ob du das nicht wüßtest«, schnaubte Tante Hester.

»Wir wollen wissen, was auf Arden Hall vorgefallen ist«, sagte seine Mutter.

Ungestüm nickte Tante Hester. »Erzähl uns alles, Johnny.«

»Wo soll ich anfangen?« neckte er sie.

»Fang mit dem Aussehen der kleinen Montgomery an«, schlug seine Mutter vor.

»O ja, bitte, Bruderherz«, ereiferte sich Ross. »Seit deinem Aufbruch sitze ich auf glühenden Kohlen.«

An seinen Bruder gewandt, sagte John: »Die geschätzte Miß Montgomery hat bananengelbes Haar, traubenblaue Augen und unzählige dunkle Sommersprossen auf der Nase.«

»Sommersprossen?« entfuhr es Tante Hester. »Oh, Tessa, wie sollen wir das Mädchen jemals unter die Haube bringen?«

»Pst.« Der Blick seiner Mutter gab ihm zu verstehen, daß sie sich keine Sekunde lang von ihm zum Narren halten ließ. »Fahre fort, mein Sohn.«

»Das Mädchen kleidet sich wie eine Dienstmagd, führt Selbstgespräche und spielt Flöte.«

»Oh, es ist noch schlimmer, als ich dachte«, kreischte Tante Hester und schlug entsetzt die Hände vor ihren Busen. »Das Flötenspiel ist absolut unpassend. Die jungen Damen von Stand spielen Klavier.«

John brach in schallendes Gelächter aus, in das sein Bruder und auch seine Mutter einstimmten. Tante Hester schien es nichts auszumachen, daß das Mädchen Selbstgespräche führte, lediglich das Flötenspiel behagte ihr nicht.

Als er Ross flüchtig musterte, bemerkte John

dessen nachdenklichen Gesichtsausdruck. »Warum starrst du mich so an?« wollte er wissen.

»Ich verwette meinen letzten Penny, daß Miß Montgomery die bezauberndste junge Dame ist, die du in den letzten Jahren zu Gesicht bekommen hast«, meinte er mit einem durchtriebenen Grinsen.

John runzelte die Stirn. »Die Wette würdest du verlieren, Bruderherz.«

»Ich glaube nicht, andernfalls würdest du nicht krampfhaft versuchen, uns von ihrer Häßlichkeit zu überzeugen.«

»Dieser Gedanke kam mir auch schon«, bemerkte seine Mutter.

»Ich verabscheue Blondinen«, beharrte John, »insbesondere unverschämte kleine Luder wie diese Miß Montgomery.«

»Johnny, hinter dem Abscheu versteckt sich häufig die Liebe«, wandte Tante Hester ein.

Ross schüttete sich aus vor Lachen, und die Herzoginwitwe prustete, als müsse sie ihre Belustigung gewaltsam unterdrücken. Nach einem vernichtenden Blick in Richtung seiner Tante erhob sich John.

»Setz dich«, wies ihn seine Mutter an. »Fahre fort.«

Erneut setzte sich John und starrte zur Wand hinter dem Büfett. Sie duftet nach Veilchen, dachte er, und sie hat die weichsten und verführerischsten Lippen, die ich je geküßt habe.

»Nun?«

John fixierte seine Mutter. »Delphinia Montgomery, ihre Stiefmutter, ist eine hinterhältige Hexe, deren leibliche Töchter ebenso häßlich sind wie sie«, begann er. »Sie verhalten sich so schäbig gegenüber diesem Mädchen, daß sie sich eine imaginäre Freundin zugelegt hat. Nicht nur das, letztlich fühlte ich mich verpflichtet, alle drei zu einer Ballsaison einzuladen, damit sie unter die Haube kommen. Ich konnte es nicht nur einer der Schwestern zusagen und die beiden anderen ausschließen. Du mußt Londons beste Schneiderinnen beauftragen, denn Miß Montgomery kleidet sich wie eine Bedienstete, was meiner Meinung nach auf ihre Stiefmutter zurückzuführen ist.«

»Verstehe«, sagte seine Mutter.

»Das arme Kind«, fügte Tante Hester hinzu.

»Weshalb grinst du so?« fragte John seinen Bruder.

Schulterzuckend bemühte sich Ross um Ernsthaftigkeit. »Du scheinst so ... *engagiert*.«

»Ich bin *keineswegs* engagiert«, entgegnete John. »Mich regt lediglich die Tatsache auf, daß ich ein kleines Vermögen verschleudern muß, um drei Weibsbilder einzukleiden und in die Gesellschaft einzuführen.«

»Miles Montgomery wird dir das erstatten«, warf Ross ein.

»Wenn er in Amerika nicht alles verliert«, erwiderte John.

»Bitte Gallagher, nach Arden Hall aufzubrechen und die Montgomerys zum Weihnachtsfest bei uns einzuladen«, wies ihn seine Mutter an.

»Wie bitte?« John warf seiner Mutter einen ungläubigen Blick zu.

»Wir können die Schneiderinnen während der Festtage hierher bestellen, und wenn wir nach London reisen, ist alles fertig«, überlegte seine Mutter.

»Mir schwebte ein geruhsames Weihnachtsfest im Kreise meiner Familie vor«, meinte John ablehnend. »Ich weigere mich, von Miß Montgomery und ihren Sorgen behelligt zu werden.« *Oder ihrem lieblichen Veilchenduft.*

»Wie grausam von dir«, meldete sich Tante Hester zu Wort.

John blickte von seinem grinsenden Bruder zu den mißfälligen Gesichtern seiner Tante und seiner Mutter. »Ich erkläre mich mit einem Kompromiß einverstanden«, lenkte er ein. »Nach den Weihnachtsfeiertagen werde ich persönlich nach Arden Hall reiten und sie zu Silvester einladen. In der Zwischenzeit holt Gallagher die Schneiderinnen in London ab.«

»Ich kann es kaum erwarten, bis Weihnachten vorbei ist«, foppte ihn sein Bruder. »Ich sterbe vor Neugier, weil ich endlich dieses junge Mädchen kennenlernen will, das es dir ganz offensichtlich angetan hat.«

»Sei vorsichtig, Bruderherz, oder ich verkupple dich mit einer ihrer Stiefschwestern«, warnte ihn John. »Und ich muß sagen, ich habe noch nie in meinem Leben zwei häßlichere Brünette gesehen.«

»Warst du nicht derjenige, der unbedingt eine häßliche Brünette heiraten wollte?« konterte Ross. »Oder hat Miß Montgomery dein Herz für Blondinen erwärmt?«

»Zum Teufel mit dir«, brummte John. Zum Aufbruch entschlossen, erhob er sich von seinem Stuhl und ging drei Schritte in Richtung der Mahagonidoppeltüren, doch die Stimme seiner Tante ließ ihn innehalten.

»Johnny, du bist noch nicht entlassen«, rief sie.

Langsam drehte John sich um und warf ihr einen bitterbösen Blick zu.

»Gütiger Himmel«, entfuhr es Tante Hester. »Nun geh schon.«

»Ich danke dir, Tante Hester«, meinte er kurz angebunden. Dann verließ er ohne ein weiteres Wort das Speisezimmer.

Sechs Tage später stand John im Innenhof von Avon Park und beobachtete, wie Gallagher auf der größten der herzöglichen Karossen davonkutschierte. Sein Ziel war London, wo er in der herrschaftlichen Stadtresidenz an der Park Lane Station machte, bis sich die besten Schneiderinnen, Modistinnen und Schuhmacher aus ganz London dort eingefunden hatten und nach Avon Park gebracht werden konnten.

Während er darauf wartete, daß Nemesis gesattelt aus den Stallungen geführt wurde, schlenderte John in seiner enganliegenden Reithose aus Wildleder ziellos hin und her. Sein Ziel lautete Arden Hall, wo er die vier Damen der Familie Montgomery zum Neujahrsfest einladen sollte.

Als John sein Anwesen schließlich verließ, manövrierte er sein Pferd in Richtung Stratford. Arden Hall lag etwas außerhalb der Stadt und für einen Reiter kaum eine Stunde von Avon Park entfernt.

Am Vorabend war der erste Schnee gefallen. Jetzt schmolz die dünne Pulverschneedecke bereits wieder in der Mittagssonne dieses ungewöhnlich milden Wintertages.

Während seines Ritts bemerkte John nur wenige Tiere auf den Weiden. Lediglich ihre Fußspuren deuteten darauf hin, daß sie die Wiesen auf der Suche nach Futter durchstreiften. In einem nahe gelegenen Waldstück zierten dunkle Beeren die Immergrünhecken, und niedrige Sträucher lugten durch die dünne Schneedecke.

John ließ die Weiden hinter sich und führte Nemesis durch den Wald zum Fluß Avon hinunter. Dort hielt er einen Augenblick inne, um das friedliche Idyll dieses Winternachmittags zu genießen.

Dann ritt er eine halbe Stunde am Fluß entlang. Auf einmal griff er in die Zügel, weil er die süßen Klänge einer Melodie wahrnahm.

Isabelle Montgomery war in seiner Nähe. Dessen war sich John so sicher wie der Tatsache, daß er hoch zu Roß saß.

Vollkommen regungslos verharrte er im Sattel und lauschte ihrem Spiel. Ihr jubilierendes Lied zeugte von Fröhlichkeit und erinnerte an murmelnde Bäche und zwitschernde Vögel; dann wurde die Melodie getragener, als beschwöre sie den Nebel oder das Mondlicht herauf. Doch schon bald darauf wurde das Flötenspiel so quälend und schwermütig, daß es ihm, der sich nach dem Tode seiner Frau für völlig emotionslos hielt, beinahe das Herz zerriß.

Sie sollte nicht allein im Wald umherstreifen, dachte John und gab seinem Pferd die Sporen.

Nachdem er eine Flußbiegung hinter sich gelassen hatte, brachte John sein Pferd erneut zum Stehen. Wie in Trance saß Isabelle Montgomery mit geschlossenen Augen auf einem Baumstumpf und spielte auf ihrer Flöte.

Ein widerwilliges Lächeln umspielte Johns Lippen, als er ihr anziehendes Profil betrachtete. Sie war der Inbegriff vollkommener Weiblichkeit. Kein zufälliger Beobachter wäre je darauf gekommen, welche unweibliche Aufsässigkeit sich hinter ihrem Äußeren verbarg.

Abermals fragte sich John, wie es ihr gelang, daß ihr Flötenspiel wie ein Duett klang. Ihr Lied endete abrupt, und er beobachtete, wie sie ihren Kopf drehte und sagte: »Ja, ich glaube auch, daß er der attraktivste Mann ist, der mir jemals begegnet ist. Etwas zu herrisch vielleicht, findest du nicht?«

Sie *ist* verrückt, entschied John. Eine Schande um diese außergewöhnliche Schönheit. Wenn er sie doch nur dazu bringen könnte, ihre Selbstgespräche einzustellen, dann würde sie vielleicht einen Ehemann bekommen.

Und da lag sein Problem. Unbewußt ärgerte ihn die Vorstellung, Isabelle mit einem unbekannten Adligen verheiratet zu wissen. Über die Maßen sogar.

»Wer ist attraktiv und autoritär?« rief John, um sich ihr zu erkennen zu geben.

Isabelle wirbelte so rasch zu ihm herum, daß sie ihr Gleichgewicht verlor und von dem Baumstumpf glitt. Sie schlug die Hände vor der Brust zusammen und riß vor lauter Überraschung den Mund auf.

John sprang von Nemesis, eilte zu ihr und half ihr wieder auf den Baumstumpf.

»Sie sollten keine nichtsahnenden Spaziergänger aufschrecken«, meinte Isabelle mit mißfälliger Stimme.

»Und Sie sollten nicht allein im Wald umherstreifen«, entgegnete John. Als sie etwas erwidern wollte, meinte er lächelnd: »Fröhliche Weihnachten, Miß Montgomery.«

Sichtlich entspannt erwiderte Isabelle sein Lächeln. »Fröhliche Weihnachten, Euer Gnaden.«

»Meine Freunde nennen mich John«, sagte er. »Zumindest unter vier Augen.«

»Sind wir denn Freunde?« wollte sie wissen.

»Das hoffe ich doch.«

»Also gut, Euer Gnaden ... Ich meine, John.«

John gefiel es, wenn sie ihn mit seinem Vornamen ansprach. »Und wie werden Sie von Ihren Freunden genannt?« fragte er.

Isabelle musterte ihn mit einem durchdringenden Blick und meinte dann: »Ich habe keine Freunde.«

»Sie haben mich zum Freund«, erinnerte sie John.

»Miles nennt mich Belle.« Sie senkte ihre von dichten blonden Wimpern umrahmten Lider.

»Darf auch ich Sie Belle nennen?«

Mit einem zustimmenden Nicken rutschte Isabelle auf ihrem Baumstumpf einige Zentimeter beiseite. »Haben Sie Lust, sich zu mir zu gesellen, John?« meinte sie einladend.

»Ich dachte schon, Sie kämen nie auf die Idee.« John setzte sich so dicht neben sie, daß sein Oberschenkel den ihren berührte. Als er jedoch ihren frischen, zarten Veilchenduft wahrnahm, bereute er seine Entscheidung.

»Ist Ihnen nicht kalt?« fragte er, um sein Unbehagen zu überspielen. »Vielleicht sollten wir nach Arden Hall zurückreiten.«

»Wo ist sie denn nun schon wieder?« murmelte Isabelle, während ihr Blick ziellos umherschweifte.

»Wer?« wollte John wissen.

Isabelle überhörte seine Frage. »Möchten Sie, daß ich für Sie spiele?« fragte sie statt dessen.

John nickte, dachte allerdings im stillen darüber nach, daß sich ihr Verhalten in den letzten sechs Tagen verändert hatte. Seine Schutzbefohlene schien fast froh zu sein, ihn wiederzusehen. Was konnte diesen plötzlichen Stimmungswechsel bewirkt haben?

Isabelle hob die Flöte an ihre Lippen. Diesmal war ihre Melodie heiter und beschwingt.

Als sie innehielt, um Atem zu schöpfen, fragte John: »Wie machen Sie das nur, daß Ihr Flötenspiel wie ein Duett klingt?«

»Das liegt an der Akustik des Waldes«, erwiderte sie mit einem vielsagenden Lächeln.

»Zur Hölle mit der Akustik des Waldes.«

»Diese Ungezogenheit hat Ihnen soeben einen schwarzen Stein eingebracht«, erklärte Isabelle.

»Ich werde Buße tun«, erwiderte John. »Erklären Sie mir, wie Ihnen das gelingt.«

»Nun, mein Schutzengel spielt gemeinsam mit mir«, antwortete sie und zwinkerte ihm zu.

John schmunzelte. »Dann behalten Sie Ihr musikalisches Geheimnis besser für sich, Belle.«

Fieberhaft sann Isabelle auf einen Themawechsel.

»Übermorgen ist der Tag der unschuldigen Kinder zu Bethlehem«, warf sie plötzlich ein.

»In Schottland nennt man es Bairns Day – den Unglückstag des Jahres«, erklärte ihr John. »An diesem Tag sollte man keinerlei Wagnisse eingehen, da das Blut dieser unschuldigen Kinder kein gutes Omen ist.«

»Sind Sie abergläubisch?«

»Damit habe ich nicht gesagt, daß ich solchen Prophezeiungen Glauben schenke.«

»Wenn Sie einen Wunsch freihätten, wie würde er lauten?« Für einen langen Augenblick betrachtete sie ihn.

Eine liebende Frau und Kinder, dachte John, sagte jedoch statt dessen: »Ich habe alles, was man sich nur wünschen kann.«

»Wie schön für Sie«, meinte sie.

»Was würden Sie sich wünschen?«

Ein entrückter Ausdruck trat in ihre veilchenblauen Augen. »Miles' umgehende Heimkehr«, sagte sie schließlich.

»Sie hatten an etwas anderes gedacht«, wandte John ein. »Das konnte ich Ihren Augen ablesen.«

»Welch eine scharfe Wahrnehmungsgabe.« Isabelles Blick wanderte zu ihm. »Aber eine Dame muß ihre kleinen Geheimnisse bewahren.«

Ihr überaus liebreizendes Gesicht war ihm verführerisch nahe. John konnte ihrem einladenden Blick nicht widerstehen. Er schlang seinen Arm um ihre Schultern und wollte gerade seine Lippen auf die ihren senken, als er spürte, daß sie aufgrund der Nachmittagskühle fröstelte.

»Ich denke, wir sollten nach Arden Hall zurückreiten«, sagte er, während er sein Gesicht abwandte. »Ich habe eine Überraschung für Sie und Ihre Stiefschwestern.«

»Eigentlich will ich noch nicht nach Hause.«
»Warum?«
»Ich möchte eine Begegnung mit Nicholas deJewell, dem Neffen meiner Stiefmutter, vermeiden«, antwortete Isabelle. »Er ist der Baron von Redesdale, wissen Sie.«

Johns dunkle Augen musterten sie. »Und warum wollen Sie ihm nicht begegnen?«

»DeJewell ist wild entschlossen, mich zu heiraten«, erklärte sie, »aber ich kann ihn nicht ausstehen.«

»Machen Sie sich deshalb keine Gedanken«, beruhigte sie John. »Im Augenblick bin ich Ihr Vormund, der Sie vor unliebsamen Nachstellungen beschützen wird.«

Mit erstauntem Gesichtsausdruck blickte Isabelle ihn an. »Seit mein Vater in meinem elften Lebensjahr von uns ging, hat mich noch niemand vor den Gehässigkeiten meiner Stieffamilie in Schutz genommen.«

Diese vertrauliche Enthüllung verblüffte ihn. »Was ist mit Miles?«

»Miles hätte mir geholfen«, sagte sie, indem sie ihren Bruder verteidigte. »Aber er war doch an der Universität.«

»Ihr Bruder hätte Sie vor jeglichen Kränkungen beschützen müssen.« John erhob sich von seiner Ecke des Baumstumpfs. »Betrachten Sie mich als Ihren kühnen Ritter, junge Maid«, scherzte er und reichte ihr seine Hand.

»Ich danke Ihnen.« Isabelle legte ihre Hand in die seine. »Verurteilen Sie Miles nicht vorschnell. Es hat einiges für sich, seine eigenen Schlachten schlagen zu können.«

John hob sie auf Nemesis und saß hinter ihr auf. Der Ritt nach Arden Hall war zwar kurz, für John aber dennoch irritierend. Ihr zarter Veilchenduft beflügelte seine Sinne, und ihre schlanke, vor ihm kauernde Gestalt vermittelte ihm den Eindruck, als gehöre sie dorthin.

Als sie den Hof von Arden Hall erreichten, saß John als erster ab und hob dann Isabelle aus dem Sattel. Gemeinsam betraten sie die Eingangshalle. Eine undefinierbare Geräuschkulisse sowie abgehackte Gesangsakkorde drangen an ihre Ohren.

»Die Familie hat sich im Salon eingefunden«, informierte sie Pebbles.

»Was ist das für ein Krach?« flüsterte John entrüstet, während sie in Richtung Salon strebten.

»Jemand hat die Höllenhunde losgelassen.«

Als Isabelle sich umsah, erblickte sie Giselle, die sich ihnen angeschlossen hatte. John blieb stehen, spähte über seine Schulter und warf ihr einen verwirrten Blick zu.

»Was haben Sie gesagt?« fragte Isabelle, als sie schließlich weitergingen.

»Ich wunderte mich über den Lärm«, antwortete er. »Und Sie sagten, jemand habe die Höllenhunde losgelassen.«

Schlagartig blieb Isabelle stehen und starrte ihn an. Verwirrung zeichnete sich auf ihren anziehenden Gesichtszügen ab, und sie tastete nach ihrem goldenen Medaillon.

»Sie haben tatsächlich diese Äußerung gehört?« hakte sie nach.

»Das haben Sie doch gesagt, oder?«

»Ja, Euer Gnaden. Die Bemerkung stammte von mir.«

»Nennen Sie mich John. Schon vergessen?«

Lächelnd wandte Isabelle ein: »Nur unter vier Augen.«

John senkte den Kopf. Mit sanfter Entschlossenheit ergriff er ihren Arm und führte sie zum Salon.

»Lobelia spielt Klavier«, klärte ihn Isabelle auf. »Und Rue singt.«

Als sie den Salon betraten, verstummten das Klavierspiel und der improvisierte Gesang abrupt. Ungeschickt erhob Lobelia sich von ihrem Klavierhocker und machte einen Hofknicks. »Guten Tag, Euer Gnaden.«

»Euer Gnaden.« Rue folgte dem Beispiel ihrer Schwester.

»Willkommen auf Arden Hall, Euer Gnaden«, sagte Delphinia, während sie den Salon durchschritt, um ihn zu begrüßen. »Ich darf Sie mit meinem Neffen, Nicholas deJewell, dem Baron von Redesdale, bekannt machen.«

John drehte sich zu dem Mann um, schüttelte dessen Hand und verschaffte sich einen ersten Eindruck.

Nicholas schien um die Fünfundzwanzig zu sein, also etwa so alt wie sein Bruder. Er war klein und schmächtig, hatte dunkelbraunes Haar und braune Knopfaugen. Irgendwie erinnerte ihn der Baron von Redesdale an ein Wiesel.

»Sie müssen zum Tee bleiben.« Delphinia riß ihn aus seinen Gedanken. »Ich habe noch eine bessere Idee, bleiben Sie doch zum Abendessen.«

»So leid es mir tut, ich muß Ihre Einladung ablehnen«, sagte John, sich völlig darüber im klaren, daß er einen weiteren Abend mit Delphinias glupschäugigen Töchtern nicht würde verkraften können. »Ich bin nach Arden Hall geritten, um Sie zum Jahreswechsel nach Avon Park einzuladen. Meine Familie und ich würden uns freuen, wenn Sie ein oder zwei Wochen bei uns verbringen würden. Wir erwarten die besten Schneiderinnen Londons, denn meine Mutter besteht darauf, daß sämtliche Vorbereitungen für die Ballsaison getroffen werden.«

Lobelia und Rue kreischten vor Verzückung. Johns Blick wanderte zu seiner Schutzbefohlenen, die mit todunglücklichem Gesichtsausdruck ihr Medaillon umklammert hielt. Sicherlich eine nervöse Angewohnheit von ihr. Er fragte sich, was sie an der bevorstehenden Ballsaison möglicherweise beunruhigen könnte. Der eher unwahrscheinliche Fall, daß sie sich keinen Ehekandidaten an Land zog?

»Euer Gnaden, wie ich hörte, sind Sie jetzt Isabelles Vormund«, setzte deJewell an.

John nickte.

»Dann bitte ich Sie förmlich um die Hand der von mir geschätzten Isabelle«, verkündete deJewell.

»Nein«, wies er Nicholas' Bitte zurück und blickte zu seiner Schutzbefohlenen, die ihn anstrahlte. Ihr Lächeln verlieh John den Übermut eines Schuljungen.

»Das arme Mädchen ist geistig verwirrt«, bemerkte das Wiesel mit gesenkter Stimme. »Wer außer mir würde um ihre Hand anhalten?«

»Wenn das stimmt«, erwiderte John, während er sein widerwärtiges Gegenüber aus zusammengekniffenen dunklen Augen musterte, »warum wollen Sie Isabelle dann heiraten?«

Der Baron zuckte die Schultern. »Vielleicht, weil ich Mitleid mit ihr habe.«

»Heb dir dein Mitgefühl für diejenigen auf, die es wirklich nötig haben«, herrschte ihn Isabelle an. »Ich würde dich selbst dann nicht heiraten, wenn du der einzige Mann in ganz England wärst.«

»Isabelle Montgomery«, hauchte Delphinia. »Du wirst dich umgehend entschuldigen.«

»Nein.«

»Dann gehst du auf dein Zimmer, bis du deine Unhöflichkeit gegenüber meinem geschätzten Neffen bereust«, drohte Delphinia.

»Um ehrlich zu sein, ziehe ich die Einsamkeit meines Zimmers der Gesellschaft deines Neffen vor«, erwiderte Isabelle und wandte sich zum Gehen.

»Miß Montgomery, Sie werden hier bei uns im Salon bleiben«, befahl John. Zufrieden, daß sie sich erneut umdrehte und zurückkehrte, erklärte er: »Isabelle ist meine Schutzbefohlene. Von nun an wird sie ausschließlich meine Anweisungen befolgen. Baron, ich bestehe darauf, daß Sie mit mir nach Avon Park zurückreiten und dort die Ankunft der Damen erwarten«, fügte John an das Wiesel gewandt hinzu.

»Lassen Sie mir ein paar Minuten Zeit, damit ich meine Sachen zusammenpacken kann«, meinte deJewell kurz angebunden.

An Isabelle gerichtet, fragte John: »Wollen wir gemeinsam im Hof warten? Ich möchte unter vier Augen mit Ihnen reden.«

Isabelle nickte zustimmend. Sie schien es überaus eilig zu haben, ihrer Stieffamilie zu entkommen. »Ich danke Ihnen«, flüsterte sie, als sie durch den Flur zur Eingangshalle schritten. »Aber warum haben Sie ihn nach Avon Park eingeladen?«

»Ich traue ihm nicht«, lautete Johns Antwort, als sie im Freien standen. »Und jetzt erzählen Sie mir, warum Sie die Aussicht auf eine Londoner Ballsaison so beunruhigt.«

»Mich beunruhigt rein gar nichts«, beharrte Isabelle. »Ich bin lediglich besorgt.«

»Weshalb?«

»Ich habe Arden Hall noch nie verlassen«, gestand sie und senkte ihre Lider. »Eigentlich weiß ich gar nicht, wie es in London ist.«

»Meine Familie und ich stehen Ihnen jederzeit zur Seite«, versicherte ihr John. »Oder ziehen Sie eine Verlobung mit deJewell vor?«

Isabelles wunderschöne veilchenblaue Augen funkelten ihn an. »Das ist Erpressung, Euer Gnaden.«

»Vermutlich«, bekräftigte John. »Ich glaube, ich höre schon, wie ein weiterer schwarzer Stein in meine Waagschale fällt.«

»Ich werde für Ihre unverbesserliche Seele beten.«

Als John grinsend etwas erwidern wollte, hörte er, wie hinter ihnen die Tür aufschwang und Nicholas deJewell ins Freie trat.

Sanft berührte Isabelle seinen Unterarm und flüsterte ihm zu: »Ich danke Ihnen, daß Sie mich beschützen.«

»Werte Isabelle, ich danke Ihnen, daß ich Sie beschützen darf«, erwiderte John und umschloß ihre Hand. »Gibt es für mich am Ende vielleicht doch noch einen Platz im Himmel?«

Isabelle bedachte ihn mit einem umwerfenden Lächeln, das ihm durch Mark und Bein ging. »Vielleicht, Euer Gnaden.«

5

Der 28. Dezember ... Der Tag der unschuldigen Kinder zu Bethlehem, der verhängnisvollste Tag des Jahres, an dem man kein Wagnis eingehen sollte.

Isabelle stand am Fenster ihres Zimmers und betrachtete die Winterlandschaft. Um ihrer Verwirrung Herr zu werden, atmete sie die frostige, klare Morgenluft in vollen Zügen ein und schloß dann das mit Eisblumen bedeckte Fenster.

Am Vorabend war der erste Wintersturm über das Land gezogen. Im Gegensatz zu den gewaltigen Unwettern des Sommers hatte dieser die Erde völlig geräuschlos in ein Schneekleid gehüllt.

Reif lag auf den Zweigen des Immergrün, und Eiszapfen hingen von den Dächern. Nicht weit von ihr hatten sich die Stare in einem Zürgelbaum niedergelassen und vertilgten die letzten Beeren.

Unter den Vogelhäuschen, die man auf ihren Wunsch hin im Park aufgestellt hatte, zeugten die winzig kleinen Spuren im Schnee vom Dank ihrer gefiederten Freunde.

Isabelle genoß diese friedvolle Jahreszeit. Sie liebte die langen, einsamen Abende in ihrem Zimmer, an denen sie mit Giselle vor dem Kamin saß. Immer wieder hatten sie über ihre Zukunft und den dunklen Prinzen gesprochen, der eines Tages zu ihrer Rettung eilen würde.

Der Herzog von Avon hatte all das zunichte gemacht. In wenigen Augenblicken würde seine Kutsche vorfahren, um sie und ihre Stieffamilie nach Avon Park zu bringen.

Ihr goldenes Medaillon umklammernd, überkam Isabelle das merkwürdige Gefühl, daß sich ihr Leben mit diesem Tag grundlegend ändern würde. Der Aberglaube wollte es, daß dies der ungeeignetste Tag für neue Wagnisse war.

Vielleicht sollte sie Seiner Gnaden eine Nachricht zukommen lassen, um ihren Besuch um einen Tag zu verschieben? Nein, dem würde Delphinia niemals zustimmen.

»Mein Kind, was hat es für einen Sinn, das Unvermeidliche aufzuschieben?«

Isabelle wirbelte herum und bemerkte Giselle in einem der Sessel vor dem Kamin. »Gütiger Himmel, hast du mich erschreckt. Erwähnte ich, daß der Herzog deine Stimme wahrgenommen hat?«

»Mindestens ein dutzendmal.«

»Was hat das deiner Ansicht nach zu bedeuten?«

Giselle zuckte die Schultern.

»Sollte der Herzog von Avon der dunkle Prinz sein, dann will ich nicht errettet werden«, verkündete Isabelle. »Seine Gnaden ist einfach zu überheblich.«

»Mein Kind, alle Männer sind arrogant«, erwiderte die Alte. »Würdest du eine Eheschließung mit Nicholas deJewell vorziehen?«

»Ich würde es vorziehen, wenn man mich in Ruhe ließe.«

»Oh, das wäre vollkommen widernatürlich«, meinte Giselle. »Eine Frau braucht einen Mann, der sie liebt und für sie sorgt.«

»Und was brauchen die Männer?«

»Es ist ein ständiges Geben und Nehmen«, erklärte ihr Giselle. »Ein Mann braucht eine Frau, die er liebt und für die er sorgen kann. Männer und Frauen müssen sich zu einer Einheit ergänzen, nur dann können sie zu wahrer Größe aufsteigen.«

»Meine Güte, bist du heute wieder philosophisch«, bemerkte Isabelle ironisch.

»Ich *bin* ein höheres Wesen.«

»Das Ganze ist ein folgenschwerer Irrtum«, flüsterte Isabelle kaum hörbar. »Ich weiß nicht, wie man sich in der Gesellschaft bewegt. Sicher mache ich mich zum Narren.«

»Mein Kind, es besteht überhaupt kein Grund zur Sorge«, beruhigte sie Giselle und tätschelte ihren Arm. »Ich beabsichtige, dir auf Schritt und Tritt zu folgen.«

»O mein Gott, ich hoffte, daß du das nicht sagen würdest«, seufzte Isabelle.

»Was wäre ich für ein Schutzengel, wenn ich dir nicht bei dem größten Wagnis deines Lebens zur Seite stünde?« fragte Giselle. »Der Allmächtige würde es mir niemals verzeihen, wenn ich meine Pflichten so sträflich vernachlässigte.«

Ein Klopfen an der Tür erregte ihre Aufmerksamkeit.

»Lady Isabelle«, meldete Pebbles, »die herzogliche Kutsche und Ihre Stieffamilie warten bereits.«

»Ich komme«, rief Isabelle und sprang auf. An die alte Frau gerichtet, meinte sie: »Bist du bereit für mein unglückseliges Wagnis?«

»Gott vergebe mir, aber ich kann deine Stieffamilie nicht ausstehen«, erwiderte Giselle. »Wir sehen uns in Avon Park wieder.« Mit diesen Worten war sie verschwunden.

»Feigling«, rief Isabelle durch das leere Zimmer und schritt schließlich zur Tür.

Eine knappe Stunde später lugte Isabelle aus dem Fenster der herzoglichen Karosse, die soeben die Landstraße verlassen hatte. Das Herrenhaus von Avon Park konnte sie zwar noch nicht erkennen, wußte aber, daß sie sich bereits auf den Ländereien des Herzogs befanden.

Die Fahrt auf dem Privatweg zu den Gebäuden kam ihr wie eine Ewigkeit vor. Das aufgeregte Schnattern ihrer Schwestern ignorierend, betrachtete Isabelle die schimmernden Sonnenstrahlen auf dem von einer dünnen Schneeschicht bedeckten Rasen und fragte sich, was sie in Avon Park erwartete.

Die Kutsche passierte eine sich über den Fluß spannende Steinbrücke und blieb in der großzügig angelegten Auffahrt stehen. Ein Bediensteter der Saint-Germains öffnete den Kutschenverschlag und half ihrer Stiefmutter und ihren Stiefschwestern beim Aussteigen.

Isabelle, die der Kutsche als letzte entstieg, war von Avon Park beeindruckt. Das gewaltige und aufsehenerregende Herrenhaus schien geradewegs einer Märchenwelt entsprungen zu sein. Der goldschimmernde Sandstein erinnerte sie eher an ein prächtiges Schloß; unzählige Türme, Giebel und Dächer ragten in den Himmel.

Isabelle hatte keine Vorstellung davon, wie viele Zimmer sich in seinem Innern verbargen, aber ihr war klar, daß sie dort niemals hätte Haushälterin sein wollen. Mit absoluter Sicherheit brauchte der Herzog ein Heer von Bediensteten, die sich um das Haus und die Ländereien kümmerten.

Ihren Flötenkasten umklammernd, schloß sie sich ihrer Stieffamilie an, die auf die geöffneten Flügeltüren des Eingangsportals zustrebte. Ein großer, tadellos gekleideter Mann trat mit blasiertem Gesichtsausdruck ins Freie. Mehrere livrierte Lakaien folgten ihm und kümmerten sich sogleich um ihr Gepäck.

»Willkommen in Avon Park, meine Damen«, begrüßte sie der herzogliche Majordomus. »Wenn Sie mir bitte folgen würden.«

Im Schlepptau ihrer Stieffamilie betrat Isabelle die gewaltige Eingangshalle des Herrenhauses, die sich über drei Stockwerke erstreckte. Eine Marmortreppe führte in die oberen Gemächer. Obwohl Avon Park von außen wie ein altes Schloß ausgesehen hatte, schien das Innere vollkommen modernisiert worden zu sein.

»Was für eine vornehme Eingangshalle«, hauchte Delphinia mit einem Anflug von Neid. »Meint ihr das nicht auch, meine Lieben?«

»Wunderschön«, sagte Rue.

»Und auch kostspielig«, fügte Lobelia hinzu.

Nun, das war untertrieben, dachte Isabelle mit einem belustigten Blick in Richtung ihrer Stieffamilie. Augenscheinlich *war* der Herzog von Avon reicher als der König, also stimmten zumindest diese Gerüchte. Wenn sie an die plumpen Annäherungsversuche ihrer Schwestern dachte, tat ihr der Herzog jetzt schon leid.

»Mylady?«

»Wie bitte?« Isabelle bemerkte, daß der Majordomus sie angesprochen hatte.

»Darf ich diese Schachtel für Sie tragen?« fragte der Mann.

»Danke, nein.« Isabelle umklammerte ihren Flötenkasten wie eine Mutter ihr Kind.

»Wie Sie wünschen. Die anderen warten im Salon.«

Der Majordomus führte sie durch einen langen Flur zu dem prunkvoll eingerichteten Salon. Der Raum war mit einem Flügel, ausladenden Sofas, Tischen und Stühlen ausgestattet. Seidengobelins schmückten die Wände, und ein kostbarer, in dunklen Farben gehaltener Teppich bedeckte den Boden.

Der Majordomus kündigte das Eintreffen der Gäste an. Mit einem höflichen Lächeln eilte der Herzog von Avon zu ihrer Begrüßung.

»Willkommen in Avon Park, meine Damen.«

»Wie überaus reizend, daß Sie uns eingeladen haben«, erwiderte Delphinia mit einem holdseligen Lächeln.

»Ich bin so glücklich, daß ich hier sein darf«, hauchte Lobelia.

»Ich auch«, fügte Rue mit einem albernen Kichern hinzu.

»Sind auch Sie glücklich über Ihr Hiersein, Miß Montgomery?« fragte er.

»Jedenfalls bin ich nicht unglücklich, Euer Gnaden«, log Isabelle mit einem honigsüßen Lächeln.

»Haben Sie kein Vertrauen zu meinen Bediensteten?« fragte John mit einem Blick auf den von ihr fest umklammerten Flötenkasten.

Seine Frage verwirrte sie. »Wie soll ich das verstehen?«

»Ich bin mir ganz sicher, daß Dobbs Ihr Musikinstrument getragen hätte«, meinte er. »Ganz offensichtlich waren Sie aber nicht bereit, es ihm zu überlassen.«

»Niemand außer mir berührt die Flöte meiner Mutter«, erklärte Isabelle.

»Vermutlich werden wir sie mit ihrer Flöte begraben müssen, wenn sie einmal von uns geht«, bemerkte Delphinia.

»Ich beabsichtige, die Flöte meiner Mutter meiner Tochter zu vererben«, verkündete Isabelle.

»Aber zuvor mußt du dir einen Ehemann angeln«, erinnerte sie Lobelia.

»Und wer außer unserem Cousin Nicholas würde um ein Mädchen anhalten, das Selbstgespräche führt?« fragte Rue schnippisch.

»Ein Gehörloser vielleicht?« Isabelles veilchenblaue Augen waren zu Schlitzen verengt, als sie ihre Stiefschwester musterte. »Und für dich müßten wir einen Blinden finden.«

Aufgrund dieser Bemerkung brach John in schallendes Gelächter aus.

»Johnny, stell uns doch bitte deine Gäste vor«, rief eine der Frauen, die im rückwärtigen Teil des Zimmers saßen.

Isabelle blickte zu den beiden Frauen, die sich sehr ähnlich sahen. Beide hatten blaßblondes, von grauen Strähnen durchzogenes Haar und einen freundlichen, wenn auch neugierigen Gesichtsausdruck.

John führte sie durch den Salon und stellte sie Tante Hester und seiner Mutter, der Herzoginwitwe, in aller Förmlichkeit vor. Dann gab er seinem Majordomus ein Zeichen und meinte: »Ich bin sicher, daß Sie sich ein wenig ausruhen möchten. Dobbs wird Ihnen Ihre Zimmer zeigen.«

Bevor sie sich gemeinsam mit den Mädchen dem Majordomus anschloß, wandte sich Delphinia an den Herzog. »Es überrascht mich, daß der geschätzte Nicholas nicht zu unserer Begrüßung erschienen ist.«

»Ihr Neffe und mein Bruder sind bereits auf dem Weg nach London«, erklärte John. Dann griff er nach einem versiegelten Umschlag auf einem der Beistelltische und reichte ihn ihr. »Der Baron bat mich, Ihnen das hier zu geben.«

»Danke, Euer Gnaden«, erwiderte Delphinia. »Wir sehen uns später.« Dann schritt sie mit ihren Töchtern zum Majordomus, der neben der Tür verharrte.

Isabelle folgte ihnen, blieb jedoch stehen, als sie ihren Namen vernahm.

»Miß Montgomery«, sagte die Herzoginwitwe. »Bitte bleiben Sie noch bei uns. Lady Montague und ich möchten mit Ihnen plaudern.«

Diese Bitte traf Isabelle völlig unvorbereitet. Verwirrt blickte sie den Herzog an, der ebenfalls überrascht zu sein schien.

»Mach uns *keine* Schande«, zischte Delphinia aus dem Mundwinkel heraus. Mit diesen Worten verschwand ihre Stiefmutter aus dem Zimmer.

Als ginge sie zum Scheiterhaufen, durchquerte Isabelle den Salon. Sie war froh, daß Giselle noch nicht aufgetaucht war. Wenn man sie in Gegenwart der Herzoginwitwe und ihrer Schwester beim Selbstgespräch ertappte, würden die beiden Damen sie für immer verschmähen.

»Du kannst in dein Arbeitszimmer gehen.« Die Herzoginwitwe warf ihrem Sohn einen durchdringenden Blick zu. »Hester und ich möchten Miß Montgomery näher kennenlernen. Unsere Unterhaltung würde dich nur langweilen.«

John nickte zustimmend, verließ den Raum jedoch eher widerwillig. Die Tür fiel hinter ihm ins Schloß.

»Setzen Sie sich hierher.« Die Herzoginwitwe deutete auf den Sessel neben dem ihren. »Miß Montgomery, wir haben schon viel von Ihnen gehört.«

»In der Tat, das haben wir«, bekräftigte Lady Montague. »Also, Tessa, ich finde, daß ihre Sommersprossen ganz reizend sind.«

Ohne darüber nachzudenken, berührte Isabelle ihren Nasenrücken. Gütiger Himmel, was sollte sie darauf antworten?

»Johnny hat sich lediglich einen Scherz mit uns erlaubt«, fuhr Lady Montague fort. »O ja, wir werden noch viel Spaß haben.«

»Hester, wenn du gestattest, würde ich der Unterhaltung gern das eine oder andere Wort beisteuern«, warf die Herzoginwitwe ein.

Isabelle hatte keine Ahnung, wovon sie sprachen. Sie bemerkte, daß sich die beiden vielsagende Blicke zuwarfen und daß die Herzogin schließlich nickte. Was hatte das zu bedeuten?

Schließlich räusperte sich die Herzoginwitwe. »Miß Montgomery ...«

»Bitte, Eure Hoheit, nennen Sie mich Isabelle.«

Lächelnd nickten die beiden Frauen.

»Die Schneiderinnen werden am zweiten Januar hier eintreffen«, erklärte Lady Montague. »Es müssen ja noch unendlich viele Vorbereitungen getroffen werden!«

»Bei allem Respekt, aber es handelt sich um einen schrecklichen Irrtum«, entfuhr es Isabelle mit einem entsetzten Blick auf die Herzoginwitwe und ihre Schwester. »Ich weiß nicht, wie man sich auf gesellschaftlichem Parkett bewegt, und ich möchte die Saint-Germains keineswegs blamieren.«

»Ach, Kinderkram.« Lady Montague machte eine abwehrende Geste mit ihrer Hand. »Wir werden Ihnen alles beibringen. Wenn wir fertig sind, gehen Sie ohne weiteres als Herzogin durch.«

»In Zweifelsfällen versuchen Sie sich durchzumogeln«, riet ihr die Herzoginwitwe, die Isabelle einen langen Augenblick fixierte. »Sie haben das Aussehen Ihrer Mutter geerbt.«

»Sie kannten meine Mutter?« fragte Isabelle erstaunt.

»Ich bin ihr einige Male bei gesellschaftlichen Anlässen begegnet«, erwiderte die Herzogin. »Ihre Mutter war eine außergewöhnlich schöne Frau, die ihren Gatten und ihre Kinder vergötterte.«

Isabelle bedachte sie mit einem bezaubernden Lächeln. Als sie etwas sagen wollte, vernahm sie eine ihr vertraute Stimme.

»Ich mag diese Herzogin.«

Abrupt drehte Isabelle den Kopf zum Kamin. Dort

hatte es sich Giselle in einem der Sessel gemütlich gemacht.

»Ihr früher Tod hat mich tief getroffen«, fügte Lady Montague hinzu und lenkte Isabelles Aufmerksamkeit von der alten Frau ab.

»Vielleicht möchten Sie jetzt etwas ausruhen«, schlug die Herzogin vor. »Wir können uns später noch über Ihre Mutter unterhalten.«

Isabelle nickte zustimmend. Offensichtlich war die Unterredung beendet.

»Wenn Sie in den Flur kommen, werden Sie Dobbs zu Ihren Diensten vorfinden«, erklärte die Herzogin.

Isabelle erhob sich aus ihrem Sessel und machte vor den beiden Frauen einen Knicks. Ihren Flötenkasten immer noch umklammernd, durchquerte sie den Salon, während sie die auf ihr ruhenden Blicke spürte. Als sie die Tür öffnete, vernahm sie Lady Montagues Stimme. »Was denkst du, Tessa?«

»Ich bin zuversichtlich«, lautete die Antwort der Herzogin. »Wenn sie das Kind ihrer Mutter ist, dann glaube ich, wird sie es schaffen.«

Während Isabelle überlegte, worüber sie wohl redeten, blickte sie über ihre Schulter zurück und bemerkte ihre forschenden Blicke. Die beiden nickten, und sie lächelte. Dann betrat Isabelle den Flur, und die Tür fiel hinter ihr ins Schloß.

Ich gehöre nicht hierher, dachte Isabelle, die in einem der Sessel vor dem Kamin Platz genommen hatte.

»Was hast du gesagt?« fragte Giselle, die ihr gegenübersaß.

Isabelle deutete auf ihr Zimmer. »Ich fühle mich entsetzlich fehl am Platz in diesem Luxus.«

»Die Sterblichen wissen sich jeder Situation anzupassen«, erwiderte Giselle.

Isabelles Blick schweifte vom flackernden Kaminfeuer zu ihrem Schutzengel. Dann wandte sie den Kopf und musterte das kostbar möblierte Zimmer.

Der Raum war riesig, mindestens fünfmal so groß wie ihr Zimmer in Arden Hall. Das mit kunstvollen Schnitzereien versehene Himmelbett aus Mahagoni hätte mühelos vier bis fünf Personen Platz geboten. Die Tagesdecke aus Damast war auf die Bettvorhänge abgestimmt, die vor der Kälte schützten. Violett gemusterte Seidengobelins schmückten sämtliche Wände, und ein geknüpfter, offensichtlich aus dem Orient stammender Teppich bedeckte den Parkettboden.

Das Zimmer war mit sämtlichen Annehmlichkeiten ausgestattet. Es gab eine Frisierkommode, einen Ankleidespiegel, einen dreibeinigen Ständer mit einer Waschschüssel aus feinstem Porzellan, einen Nachtschrank, einen stummen Diener sowie Truhen und Schränke.

»Ich werde zum Essen nicht nach unten gehen«, kündigte Isabelle an. »Wenn Miles nicht bei mir ist, mache ich mich nur zum Gespött der Leute.«

»Du wirst hervorragend zurechtkommen«, versicherte ihr Giselle mit einem aufmunternden Lächeln. »Die Herzoginwitwe und ihre Schwester haben dich bereits in ihr Herz geschlossen.«

»Ich habe nichts anzuziehen«, maulte Isabelle. »Lobelia und Rue haben meine besten Kleider ruiniert.«

»Hast du denn gar kein Vertrauen in deinen Schutzengel?« fragte Giselle, während sie sich langsam erhob. Sie schlenderte durch das Zimmer auf eine der Kleidertruhen zu und öffnete sie. Dann holte sie ein veilchenblaues Kleid daraus hervor. »Du kannst dieses Kleid anziehen.«

Isabelle sprang auf und eilte durch das Zimmer auf

die alte Frau zu. »Das Kleid gehört mir nicht«, wandte sie ein. »Woher hast du das?«

»Engel vollbringen jeden Tag Wunder.«

»Können denn alle das Kleid sehen oder nur ich?« fragte Isabelle mit zusammengekniffenen Augen.

Giselle schmunzelte. »Vertraue mir, mein Kind, deine Stiefschwestern werden vor Neid erblassen, wenn sie dich darin sehen. Außerdem ist der Herzog bereits zu vernarrt in dich. Würde ich ihn den Wein kosten lassen, bevor er ihn bezahlt hat?«

Diese Bemerkung verwirrte Isabelle. »Das verstehe ich nicht.«

»Das ist auch nicht notwendig.« Erneut griff Giselle in die Truhe und holte die zu dem violetten Kleid passenden Accessoires hervor.

»Woher stammt das alles?« wollte Isabelle wissen.

»Von deiner Mutter«, klärte sie die Alte auf. »Nach ihrem Tod bewahrte dein Vater ihre Sachen auf, weil er es nicht übers Herz brachte, sie wegzugeben.«

Isabelles Augen strahlten voller Glück. Zaghaft berührte sie das Kleid und flüsterte: »Meine Mutter hat das getragen? Ja, ich kann ihre Gegenwart fast spüren.«

»Und, kannst du jetzt nach unten gehen?« Giselles faltige Lippen umspielte ein spitzbübisches Lächeln.

»Ich liebe dich«, rief Isabelle und umarmte die alte Frau.

»Komm jetzt«, sagte Giselle einen Augenblick später. »Ich helfe dir beim Anziehen.«

Eine Stunde später öffnete Isabelle ihre Zimmertür. Nach einem letzten Lächeln in Richtung ihrer alten Freundin trat sie in den Flur und machte sich auf den Weg durch den langen Gang.

Isabelle trug das veilchenblaue Seidenkleid mit der hoch angesetzten Taille und den angekrausten, halblangen Ärmeln, und um ihre Schultern hatte sie kunstvoll eine passende Kaschmirstola geschlungen. Giselle hatte ihr blondes Haar zu einem dicken Zopf geflochten und im Nacken hochgesteckt. Sie trug keine Handschuhe.

Isabelle fühlte sich wie eine Prinzessin. Sie schwebte über die Marmortreppe nach unten, blieb zögernd stehen und überlegte, in welche Richtung sie wohl gehen sollte.

»Bitte folgen Sie mir«, erklang Dobbs' Stimme, der wie aus dem Nichts aufgetaucht war. »Sie werden im Salon erwartet.«

Isabelle nickte und folgte dem Majordomus durch den Flur. »Ich danke Ihnen, Mister Dobbs«, hauchte sie, als der Mann ihr die Salontür öffnete.

Als sie den Salon betrat, drehten sich alle zu ihr um. Mit gemischten Gefühlen verharrte Isabelle auf der Schwelle.

»Du kommst spät«, herrschte Delphinia sie an.

»Woher hat sie das Kleid?« jammerte Rue.

»Hmhm! Sie trägt keine Handschuhe«, stellte Lobelia fest.

Ohne sie zu beachten, blickte Isabelle zu ihrem Vormund. Offensichtlich erfreut über ihr verändertes Äußeres, glänzten seine dunklen Augen.

»Wie reizend Sie heute abend aussehen«, hob John lobend hervor, während er durch den Raum auf sie zuschritt. »Ich hoffe, Sie machen mir die Freude, Sie zu Tisch begleiten zu dürfen.«

John ergriff höflich, aber bestimmt ihren Unterarm und führte sie aus dem Salon. Die anderen folgten ihnen in den Speisesaal.

John nahm am Kopfende der langen Tafel Platz. Zu seiner Rechten saßen seine Mutter, Delphinia und Rue; Isabelle, Tante Hester und Lobelia zu seiner Linken.

Unter Dobbs' gestrengem Blick servierten zwei Lakaien das Abendessen, das auf zugedeckten Silberplatten auf dem Büfett angerichtet stand. Nach einer Schildkrötensuppe wurde Hummer mit Erbsen und Kartoffeln gereicht sowie verschiedene Brotsorten zum Fleischgang. Das Dessert bestand aus einer riesigen Torte.

Während des Essens sprach Isabelle nur wenig. Sie ließ die törichten Äußerungen ihrer Stieffamilie hinsichtlich des aktuellen Gesellschaftsklatsches über sich ergehen. In dem riesigen Speisezimmer mit seinem meterlangen Mahagonitisch, den Kristallüstern, dem Silber und dem Porzellan fühlte sie sich vollkommen fehl am Platz. Sie hatte immer angenommen, daß sie in Arden Hall jeglichen Luxus besaßen, und sich selbst in ihren kühnsten Träumen nicht vorstellen können, daß Menschen in einem solchen Überfluß lebten.

Ihr Platz in der Nähe des Herzogs trug ein übriges dazu bei, daß sie sich gehemmt fühlte. Isabelle spürte die Gegenwart des Herzogs mit jeder Faser ihres Körpers. Und was noch schlimmer war, er beobachtete sie ständig. Selbst das Essen gestaltete sich für sie zum schwierigen Unterfangen.

»Bei allem gebotenen Respekt, Hoheit«, wandte sich Delphinia an die Herzoginwitwe, »Sie werden unendlich viel Geduld aufbringen müssen, wenn Sie meine Stieftochter in den gesellschaftlichen Umgangsformen unterweisen wollen. Der Himmel weiß, wie sehr ich mich darum bemüht habe, und dennoch ist es mir nicht gelungen.«

»Ich wage zu behaupten, daß unsere Stiefschwester erhebliche Schwierigkeiten haben wird, wenn sie einen Ehemann ergattern will«, stimmte Rue ihrer Mutter zu.

»Sie weigert sich sogar, Handschuhe zu tragen, es sei denn, es ist extrem kalt«, fügte Lobelia hinzu.

Mit ihren veilchenblauen Augen fixierte Isabelle ihre älteste Stiefschwester. »Mit Handschuhen Flöte zu spielen ist einfach unmöglich, Lobelia. Wenigstens besitze ich soviel Anstand, nicht abschätzig über eine Anwesende zu reden, als sei sie lediglich Luft und überdies noch taub.«

Der Herzog schmunzelte. Isabelles Blick schweifte zu ihm und dann zu seiner lächelnden Mutter.

»Pah! Mich in der Öffentlichkeit zurechtzuweisen ist extrem unhöflich«, erklärte ihr Lobelia.

»Ich werde eure Beleidigungen nicht länger dulden«, erwiderte Isabelle.

»Bravo, mein Kind! Es wird höchste Zeit, daß du dich gegen ihre Mißgunst verteidigst.«

Abrupt wandte Isabelle den Kopf und erspähte Giselle, die in der Nähe des Kamins stand. Ohne darüber nachzudenken, herrschte sie die Alte mit zorniger Stimme an: »Sei still.«

»Da sieht man es ja!« ereiferte sich Rue. »Isabelle *ist* verrückt.«

»Ach du meine Güte«, entfuhr es Lady Montague leise. »Das Mädchen führt Selbstgespräche.«

Isabelle wurde sich schlagartig der Anwesenden bewußt und versuchte, eine glaubwürdige Ausrede zu stammeln. »Ich ... ich ... ich ...« Ihr Verstand setzte schlicht und einfach aus.

»Miß Montgomery besitzt die bezaubernde Angewohnheit, laut zu denken«, bemerkte John und erlöste sie aus ihrer mißlichen Situation.

»Manchmal geht es mir genauso«, sagte die Herzoginwitwe zu Isabelles Verteidigung.

Isabelle bedachte beide mit einem dankbaren Lächeln und blickte dann zu Rue. »Wenn du mit zwei gräßlichen Stiefschwestern aufgewachsen wärst, würdest du ebenfalls Selbstgespräche führen.«

John brach in schallendes Gelächter aus.

»Isabelle Montgomery, jetzt reicht's«, wies Delphinia sie zurecht.

»Sie *ist* verrückt, warum ...«, zischte Rue.

»Wie ich erfahren habe, hat sie die geistige Umnachtung von ihrer Mutter geerbt«, unterbrach Lobelia ihre Schwester.

Bei dieser Beleidigung ihrer Mutter sprang Isabelle auf. Sie umklammerte ihr goldenes Medaillon und drohte: »Wenn du noch einmal so abfällig über meine Mutter sprichst, dann werde ich ...« Unfähig, sich etwas entsprechend Scheußliches einfallen zu lassen, drehte sich Isabelle auf dem Absatz um und marschierte aus dem Speisezimmer. Sie hörte, wie der Herzog ihren Namen rief, beachtete ihn jedoch nicht. In der Eingangshalle angelangt, trat sie durch das Hauptportal ins Freie, statt in ihr Zimmer hochzugehen.

Isabelle schlang ihren Schal fester um ihre Schultern und atmete die kühle Nachtluft in vollen Zügen. Eine ganze Weile verharrte sie so und versuchte, ihre Beherrschung wiederzuerlangen. Als sie zum nächtlichen Himmel emporblickte, sah Isabelle Tausende funkelnder Sterne, die ihr vom samtschwarzen Firmament herab zuzwinkerten, aber selbst dieser friedliche Anblick konnte ihre aufgewühlte Seele nicht beruhigen.

Wie konnte ihre Stiefschwester es wagen, so herabsetzend über ihre Mutter zu sprechen, die doch niemand von ihnen persönlich gekannt hatte?

Und dann spürte Isabelle, wie etwas Weiches um ihre Schultern gelegt wurde. Als sie an sich hinunterblickte, stellte sie fest, daß es sich um den riesigen Umhang eines Mannes handelte. Ein verstohlener Blick nach rechts, und sie erspähte den Herzog, der neben sie getreten war. Seine Freundlichkeit und der angenehme Anblick seines wohlgeformten Profils waren Balsam für ihre Seele.

»Wäre ich ein Mann, würde ich jede von ihnen zum Duell fordern«, sagte Isabelle.

»Duelle sind verboten«, erklärte ihr John. »Sie müssen schon eine erhebliche Buße für Ihren Zorn ableisten – eine der sieben Todsünden. Ansonsten werden Sie Ihren folgenschweren Fehltritt letztlich bereuen, wenn es schwarze Steine in Ihre Waagschale hagelt.«

Seine scherzhafte Zurechtweisung entlockte ihr ein Lächeln. »Verzeihen Sie, daß ich Ihr Abendessen ruiniert habe.«

»Sie haben überhaupt nichts ruiniert«, beruhigte er sie. »Ich könnte Miles auspeitschen lassen, daß er Sie die ganzen Jahre in ihrer Obhut zurückgelassen hat.«

»Er kann nichts dafür«, verteidigte sie ihren Bruder. »Vor dem Tod meines Vaters war alles anders.«

John nickte. »Ist Ihnen nicht kalt?«

Isabelle schüttelte den Kopf.

»Kommen Sie, wir gehen im Park spazieren«, schlug er vor.

John führte sie an einer Seite des Herrenhauses vorbei in den Park. Obwohl sie in der Dunkelheit nicht viel erkennen konnte, war Isabelle klar, daß der Garten genauso ansprechend sein mußte wie das Herrenhaus.

»Ich wußte, daß es niemals funktionieren würde«, sagte sie, während sie einen verschlungenen Pfad durch den Park nahmen. »Wenn Sie Wert auf Ihren Ruf legen, Euer Gnaden, dann gestatten Sie mir, in die Einsamkeit von Arden Hall zurückzukehren.«

»Nennen Sie mich John. Schon vergessen?«

Isabelle warf ihm einen verstohlenen Blick zu, lächelte schüchtern und nickte.

»Wieso glauben Sie, daß Ihr gesellschaftliches Debüt nicht klappen könnte?« wollte er wissen.

»Ich weiß nicht, wie ich mich verhalten soll«, gestand sie mit gesenktem Blick. »Ich fühle mich so unsicher.«

Abrupt blieb John stehen und zwang sie sanft, ihn anzuschauen. Mit einem Finger hob er ihr Kinn an und wartete, bis sie mit ihren veilchenblauen Augen zu ihm aufblickte.

»Erfolgreiches Auftreten in der Gesellschaft erfordert gewisse Verhaltensweisen«, erklärte er ihr. »Wenn Sie verunsichert sind, dann stellen Sie sich die im Raum Anwesenden doch einfach nackt vor.«

Erstaunt riß Isabelle die Augen auf. »Oh, das könnte ich niemals«, sagte sie kopfschüttelnd.

»Dann stellen Sie sich vor, alle würden lediglich Unterwäsche tragen«, lenkte John ein. »Das können Sie doch sicherlich, oder?«

Unbewußt musterte Isabelle seinen durchtrainierten Körper. Als sie ihre Reaktion bemerkte, kicherte sie und meinte: »Vermutlich könnte ich es versuchen.«

John bedachte sie mit einem entwaffnenden Lächeln. »Braves Mädchen«, flüsterte er rauh.

»Lobelia und Rue werden alles nur schlimmer machen«, sagte Isabelle. »Sie haben doch gesehen, wie sie sich bei Tisch verhielten.«

»Über Ihre Stiefschwestern machen wir uns später Gedanken.« Mit einem Augenzwinkern fragte er sie: »Wußten Sie eigentlich, daß *Lobelia* in der Blumensprache Boshaftigkeit und *Rue* Hochmut bedeutet?«

Isabelle schmunzelte. Offensichtlich übten ihre Stiefschwestern keinerlei Anziehungskraft auf ihn aus, und aus irgendeinem ihr unbekannten Grund beruhigte Isabelle diese Tatsache.

»Ihnen muß doch kalt sein«, bemerkte John und zog sie an sich. Noch ehe sie gegen diese Vertraulichkeit protestieren konnte, deutete er auf den südlichen Horizont. »Wie nennt man den rötlich leuchtenden Stern dort?«

»Beteigeuze«, antwortete sie.

»Und den da?«

»Sirius, der hellste Stern am Himmel.«

»Sie haben gut aufgepaßt«, lobte er. »Wie heißt der da drüben?«

»Polarstern«, erwiderte Isabelle. »Der konstante Richtungsweiser nach Norden.«

John war ihr so nah, daß ihr die Wärme seines Atems einen wohligen Schauer über den Rücken jagte. »Ich kann ebenso beständig sein wie der Polarstern.«

Seine Worte, seine Nähe und seine maskuline Ausstrahlung verwirrten Isabelle. Sie wußte weder was sie tun noch was sie sagen sollte; nie zuvor hatte ein Mann so vertraulich zu ihr gesprochen.

»Ich würde gern umkehren«, sagte sie mit gesenkten Lidern.

»Ihr Wunsch ist mir Befehl, Belle«, meinte John mit einem belustigten Unterton in der Stimme.

Isabelle fühlte sich seltsam verunsichert und wagte es nicht, ihn auch nur anzusehen. Als er sie nicht weiter bedrängte, war sie zwar einerseits erleichtert, andererseits aber auch bestürzt. John bot ihr seinen Arm, und sie kehrten gemeinsam zum Herrenhaus zurück.

Am Fuß der Marmortreppe küßte John ihre Hand. »Angenehme Träume, Miß Montgomery.« Mit diesen Worten wandte er sich zum Gehen.

»Euer Gnaden?« begann Isabelle.

Er drehte sich um.

»Ich danke Ihnen für Ihre Liebenswürdigkeit«, hauchte sie.

»Zum Dank besteht kein Anlaß.« Entwaffnend grinste er sie an. »Einem hübschen Mädchen Trost spenden zu dürfen ist mir Dank genug.«

Isabelle errötete. »Euer Gnaden, ich bete für Sie.«

»Danke«, erwiderte er und zwinkerte ihr zu. »Aber übertreiben Sie es nicht.«

In ihrem Zimmer angelangt, blickte Isabelle sich um, doch Giselle war verschwunden. Sie schlüpfte in ihr Nachtgewand, bürstete ihr seidiges Haar und schwang sich in das riesige Bett. Als sie die Augen schloß, wußte sie bereits, daß sie in dieser Nacht keinen Schlaf finden würde. Aufgrund der fremden Umgebung und ihres Spaziergangs mit dem Herzog waren ihre Nerven zum Zerreißen gespannt.

Eine Seite des Bettes neigte sich. Als Isabelle ihre Augen aufschlug, bemerkte sie Giselle.

»Der Herzog scheint Gefallen an dir zu finden«, meinte die alte Frau.

»Seine Gnaden weiß, wie man widerspenstigen Frauen schmeichelt«, widersprach ihr Isabelle.

»Ich habe den Eindruck, daß er es ernst meint.«

»Hast du etwa gelauscht?«

»Das würde ich nie tun«, wandte die Alte ein. »Ich muß lediglich meiner Aufgabe als Schutzengel nachkommen ... Schließe jetzt deine Augen, dann wird der Schlaf nicht lange auf sich warten lassen.«

Isabelle schloß die Augen. Sekunden später öffnete sie sie erneut, doch die alte Frau war wie vom Erdboden verschluckt. Seufzend legte sie sich zur Ruhe und fiel in einen tiefen, traumlosen Schlaf.

Während Isabelle ihr blondes Haar zurückkämmte und mit einem Band umschlang, wünschte sie sich insgeheim, daß die Schneiderinnen bald einträfen, damit sie nicht länger ihre alten Kleider tragen mußte. Nachdem sie sich im Spiegel begutachtet hatte, verließ sie ihr Zimmer und schlenderte durch den Flur zur Marmortreppe.

Wie sollte sie sich verhalten, wenn sie den Herzog traf? fragte sich Isabelle und verlangsamte ihre Schritte, als sie den Treppenaufgang erreichte. Am Abend zuvor war er so vertraulich im Umgang mit ihr gewesen, daß sie nicht wußte, ob sie darüber hinwegsehen oder es als Interesse an ihrer Person werten sollte. John war der anziehendste Mann, dem sie je begegnet war, und trotz seines zweifelhaften Rufs überaus galant. War er möglicherweise der dunkle Prinz, der sie erlösen sollte?

Während sie die Stufen hinunterschritt, fiel Isabelle die rege Betriebsamkeit in der Eingangshalle auf. Fieberhaft überlegte sie, was diese Geschäftigkeit zu bedeuten hatte. Als habe er ihre Gedanken erraten, tauchte der überaus anziehende Herzog wie aus dem Nichts auf. Er trug Reisegarderobe und griff gerade nach seinem Umhang.

»Guten Morgen, Euer Gnaden«, rief Isabelle.

Beim Klang ihrer Stimme wirbelte der Herzog zu ihr herum, musterte sie jedoch eher unfreundlich. In der Tat schien er alles andere als begeistert, sie zu sehen.

»Miß Montgomery, die Schneiderinnen sind einige Tage zu früh eingetroffen«, meinte er frostig, während er durch die Halle auf sie zuschritt.

Isabelle nickte. Dann fiel ihr Blick auf seinen Umhang.

»Ich fahre nach London«, erklärte John, der ihren Blick bemerkt hatte. »Dieser ganze Hokuspokus um die weibliche Eitelkeit ist mir zuwider.«

»Sie brechen noch vor Silvester auf?« entfuhr es Isabelle erstaunt.

John nickte.

Isabelles gute Laune sank ins Bodenlose, aber dennoch zwang sie sich zu einem Lächeln. »Dann sind Sie also nicht hier, wenn die Sterne in der Silvesternacht an ihrem angestammten Platz erstrahlen.«

»Wo auch immer ich am Silvesterabend bin«, erwiderte John, und sein angespannter Gesichtsausdruck wurde sanfter, »werde ich zum Himmel hinaufschauen und an Sie denken.«

»Wie nett von Ihnen«, murmelte Isabelle.

»Ich habe meiner Mutter Anweisung erteilt, daß Sie spätestens im März in der Stadtresidenz Ihres Bruders eintreffen müssen«, erklärte John, indem er abrupt das Thema wechselte. »Enttäuschen Sie mich nicht.«

Isabelle schwieg.

»Haben Sie mich verstanden, Belle?«

»Vollkommen.«

Ohne ein Wort des Abschieds drehte John sich auf dem Absatz um und verließ die Halle.

Isabelle schlenderte zum Eingangsportal und stellte sich neben Dobbs. Sie beobachtete, wie der Herzog in seine Kutsche stieg und diese sich in Bewegung setzte.

»Der Mann versucht seinen dir gegenüber gehegten Gefühlen zu entfliehen«, bemerkte Giselle.

»Das zu glauben fällt mir außerordentlich schwer«, wandte Isabelle ein.

»Was fällt Ihnen außerordentlich schwer?« fragte Dobbs und blickte sie von oben herab an.

»Nichts, Mister Dobbs.« Vor Verlegenheit lief Isabelle dunkelrot an. »Ich habe nur laut gedacht.«

»Verstehe, Mylady.« Der Majordomus wandte sich zum Gehen.

»Es tut mir leid«, entschuldigte sich Giselle und lächelte reumütig. »Ich vergaß, daß mich niemand außer dir sehen oder hören kann.«

»Ich verzeihe dir«, sagte Isabelle. »Bitte, tu das nie wieder.«

»Haben Sie etwas gesagt?« Abrupt drehte sich Dobbs zu ihr um.

Erneut spürte Isabelle, wie ihr das Blut in die Wangen schoß, und sie schüttelte den Kopf. Als der Majordomus mit einem Nicken verschwand, rannte sie die Treppe zu ihrem Zimmer hinauf, wo sie sich wieder beruhigte. Sie konnte nur inständig hoffen, daß Dobbs niemandem erzählte, daß er sie in ein Selbstgespräch vertieft ertappt hatte.

6

... so beständig wie der Polarstern.

Während sie in der Kutsche ihres Bruders saß und die vorüberziehende Landschaft betrachtete, dachte Isabelle über die Worte nach, mit denen sich der Herzog von Avon charakterisiert hatte. In den zwei Monaten seit seiner überstürzten Abreise von Avon Park hatte sie ihn nicht mehr gesehen. Hatte er am Silvesterabend die Sterne beobachtet und dabei an sie gedacht? Stimmte Giselles Einschätzung, daß er Avon Park verlassen hatte, weil er seinen ihr gegenüber gehegten Empfindungen zu entfliehen versuchte?

Das bezweifelte Isabelle. Eigentlich hoffte sie sogar, daß es nicht der Wahrheit entsprach. Ihre Reise nach London, die man exakt auf den ersten März gelegt hatte, unternahm sie wider besseres Wissen. Niemals würde die feine Gesellschaft eine junge Frau aufnehmen, die ständig Selbstgespräche führte, und sie selbst war nicht bereit, ihre einzige Freundin zu brüskieren, um Akzeptanz zu finden.

»Ich danke dir für deine Treue, mein Kind«, bemerkte Giselle, die ihr gegenüber saß.

Isabelle musterte die alte Frau. Dann beugte sie sich vor und tätschelte deren faltige Hand. »Und ich danke dir für deine Freundschaft.«

»Wie aufmerksam von Seiner Gnaden, daß er uns seine Kutsche zur Verfügung gestellt hat«, meinte Giselle.

»Ja, diese Geste war überaus freundlich«, stimmte ihr Isabelle zu. »Zu schade, daß meine Stieffamilie sie für sich beansprucht hat.«

»Ich bin froh, nicht in ihrer Begleitung reisen zu müssen«, erwiderte die Alte. »Acht Stunden gemeinsam in einer Kutsche wären unerträglich gewesen.«

»Du hast doch gesagt, daß wir uns in London treffen würden«, erinnerte sie Isabelle.

»Eine Reise zu zweit ist wesentlich angenehmer. Wollen wir Flöte spielen?«

»Später vielleicht«, meinte Isabelle und spähte erneut aus dem Fenster.

Der Märzhimmel war strahlend blau, und die Tage wurden bereits merklich länger. Der Waldboden war mit einem sattgrünen, dichten Moosteppich bewachsen, und Schwärme von Rotkehlchen hüpften über die braunen Stoppelfelder. Mutter Natur schien sich auf den Frühling einzustimmen.

»Heute ist das Fest des heiligen Albinus, der auf Gottes Geheiß Wunder vollbringen durfte«, sagte Isabelle. »Ich hoffe, daß das Schicksal ein Wunder geschehen läßt und mir den Weg in die Gesellschaft ebnet.«

»Soweit ich mich entsinne, bestanden die Wundertaten des heiligen Albinus darin, grausame Menschen mit seinem Atemhauch niederzustrecken«, bemerkte Giselle.

Isabelle warf ihrem Schutzengel einen verstohlenen Blick zu.

»Selbst ein Wirbelsturm könnte dir niemals den Weg in die Gesellschaft ebnen«, wandte die Alte mit einem durchtriebenen Grinsen ein. »Bedenke meine Worte, mein Kind. Saint-Germain ist dir zugeneigt, ansonsten hätte er niemals seine Kutsche geschickt.«

»Es fällt mir schwer, das zu glauben.«

Abermals schweifte Isabelles Blick zum Fenster. Als sie darüber nachdachte, welch einen aufsehenerregenden Anblick ihre Reisegesellschaft für Außenstehende darstellte, umspielte ein angedeutetes Lächeln ihre

Mundwinkel. Sie hätten gut und gerne als Prozession durchgehen können. Den voranreitenden Kurieren schloß sich die Kutsche der Herzoginwitwe, dann ihre eigene und schließlich die herzögliche Karosse mit ihrer Stieffamilie an. Mehrere mit Bediensteten beladene Kutschen und Gepäckkarren bildeten gemeinsam mit weiteren berittenen Lakaien den Abschluß. Pebbles war der einzige, der fehlte, da er bereits drei Wochen zuvor nach London aufgebrochen war, um Vorbereitungen für ihr Eintreffen in der Stadtresidenz der Montgomerys zu treffen.

Bald darauf bemerkte Isabelle, daß sie sich den Außenbezirken Londons näherten, denn die Bebauung nahm zu, und der Verkehr wurde dichter. Trotz ihrer Verunsicherung genoß Isabelle die sich ihr bietenden Eindrücke. Sie war noch nie in London gewesen, und die Hektik der Menschen war ihr völlig fremd.

Die Nachmittagssonne warf bereits lange Schatten, als ihre Reisegesellschaft über die Edgware Road in Richtung Park Lane und zu den Ausläufern des Hyde Parks fuhr.

Die Karosse der Herzoginwitwe verließ sie auf der Park Lane und fuhr dann weiter zur Residenz am Grosvenor Square. Am Hyde Park Corner bogen ihre Kutschen nach links in Richtung Piccadilly ab, wo ihre Reise am Berkeley Square in Mayfair beendet war.

Mit einem willkommen heißenden Lächeln öffnete Pebbles das Eingangsportal und verharrte dann auf dem Treppenabsatz, während eine kleine Schar von Bediensteten ihr Gepäck ablud. Als Isabelle der Kutsche ihres Bruders entstieg und ihrer Stieffamilie ins Herrenhaus der Montgomerys folgte, erregte ein zerlumptes, schmuddeliges junges Mädchen, das auf der Straße seine Blumen feilbot, ihre Aufmerksamkeit. Der Anblick des Mädchens rührte Isabelles Herz. Niemals hätte sie sich vorstellen können, daß es eine solche Armut gab. Auf dem Land sorgten die Menschen füreinander, gleichgültig, ob sie nun reich oder arm waren.

»Ist Nicholas schon eingetroffen?« Isabelle vernahm die von ihrer Stiefmutter an den Majordomus gerichtete Frage.

»Nein, Mylady«, antwortete Pebbles.

»Und der Herzog von Avon?«

»Nein, Mylady.«

Erleichterung durchströmte Isabelle, während sie einem der Hausmädchen durch das riesige Treppenhaus zu ihrem Zimmer folgte, das sich in der zweiten Etage befand. Es handelte sich um die entlegenste Kammer auf dem Flur mit Blick auf den trostlosesten Park, den sie jemals gesehen hatte. Sicherlich hatten Lobelia und Rue die großzügigeren Räume mit Blick auf den Berkeley Square in Beschlag genommen. Allerdings lag Isabelles Zimmer in unmittelbarer Nähe zum Dienstbotenaufgang im rückwärtigen Teil des Hauses, so daß sie gegebenenfalls unbemerkt entwischen konnte, ohne die Haupttreppe nehmen zu müssen.

Ihre Ankunft sorgte für das entsprechende Chaos im Haus der Montgomerys. Mägde und Lakaien eilten mit Gepäckstücken in die Zimmer und fachten die Kaminfeuer an, um die unangenehme Frühjahrskälte zu vertreiben. Trotz des warmen Tages war mit milden Frühlingstemperaturen frühestens in einem Monat zu rechnen.

Als es im zweiten Stockwerk ruhiger wurde, schlenderte Isabelle durch ihr Zimmer zum Fenster und blickte hinaus in den Garten und auf die Straße, die sich hinter der Grundstücksmauer anschloß. Wie befremdlich diese Stadt doch anmutete. Sie hätte ebensogut zu einem der entlegensten Orte der Erde reisen können. London war so völlig anders als ihr geliebtes Stratford.

Die Verzückungsschreie ihrer beiden Stiefschwestern hallten durch den Gang in ihr Zimmer. Offenbar hatten Lobelia und Rue ihre neue Garderobe entdeckt – Geschenke des Herzogs von Avon.

»Ich hasse diese Stadt«, stellte Isabelle an ihr leeres Zimmer gerichtet fest.

»Du wirst dich an das Leben hier gewöhnen«, sagte Giselle, die neben sie getreten war. »Vielleicht gefällt es dir sogar, wenn der dunkle Prinz erst einmal eingetroffen ist.«

Isabelle drehte sich zu ihrem Schutzengel um. »Der Prinz ist in London?«

Giselle nickte. »Er erwartet den Augenblick, in dem er dich erlösen kann.«

»Ich brauche keine Erlösung«, maulte Isabelle. Sie hätte Giselle weitere Fragen gestellt, doch das ständige Kreischen ihrer Stiefschwestern zerrte an ihren Nerven. »Ich besorge mir eine Tasse Tee und setze mich nach draußen. Kommst du mit?«

»Wir treffen uns dort.« Innerhalb von Sekundenbruchteilen war die alte Frau wie vom Erdboden verschluckt.

Isabelle verließ ihr Zimmer und schlenderte durch den langen Flur auf die Haupttreppe zu. Sie nahm die Stufen zum ersten Stock, wo sich der Salon, die Ahnengalerie und die Bibliothek befanden. Als sie an der verschlossenen Tür der Bibliothek vorüberging, blieb sie stehen, da sie die Stimme ihrer Stiefmutter und Nicholas deJewells Erwiderung vernahm.

»Du mußt ihr den Hof machen«, sagte Delphinia soeben. »Sorge dafür, daß sie sich in dich verliebt. Das kannst du doch, oder?«

»Die Kleine kann mich nicht ausstehen«, entgegnete Nicholas.

»Da der Herzog ihr Vormund ist, bleibt mir keine gesetzliche Handhabe«, bemerkte Delphinia. »Nicky, es gibt überhaupt keinen Grund, weshalb du sie nicht für dich einnehmen solltest.«

Keine Sekunde lang bezweifelte Isabelle, daß sie über sie sprachen. Um deJewell aus dem Weg zu gehen, eilte sie durch den Flur zurück zum Dienstbotenaufgang und dann die Treppe hinunter bis in die Küche, die sich im Souterrain befand.

Das Personal schrak zusammen, als Isabelle in die Küche stürmte und nach Pebbles Ausschau hielt. »Kann ich eine Tasse Tee haben?« fragte sie.

»Lady Isabelle, dafür müssen Sie doch nicht den ganzen Weg bis in den Keller auf sich nehmen.« Pebbles eilte auf sie zu. »Ich hätte Ihnen den Tee im Salon serviert.«

»Ich möchte ihn lieber draußen trinken und ...« Isabelle brach ab.

»... dem Neffen dieser Hexe entgehen?« beendete Pebbles ihren Satz.

»Exakt.«

Der Majordomus rückte ihr einen Stuhl zurecht. »Setzen Sie sich doch, bis der Tee fertig ist.« Dann wandte er sich an die anderen Bediensteten. »Geht euren Pflichten nach. Ich kümmere mich um Mylady.«

Obwohl sich das Küchenpersonal sogleich wieder an die Arbeit machte, war Isabelle bewußt, daß ihre Anwesenheit für Verlegenheit sorgte. Daher griff sie nach der *London Times*, die auf dem Tisch neben ihr lag. Sie überflog die Seiten der Zeitung, bis die Gesellschaftsspalten ihre Aufmerksamkeit erregten.

Die aktuellen Neuigkeiten über ihren Vormund füllten eine gesamte Spalte aus. Der Herzog von Avon war mit einer schwarzhaarigen Schönheit in der Oper gesehen worden; am Abend darauf hatte er mit einer attraktiven Rothaarigen das Theater besucht. Dem Bericht zufolge waren die beide Witwen nicht nur schön, sondern auch von untadeligem Ruf. Beabsichtigte Englands erster Herzog schließlich doch eine Wiederheirat? Und wenn ja, mit wem?

Isabelle spürte, wie sämtliche Farbe aus ihrem Gesicht wich. Wie unglaublich naiv von ihr, zu glauben, daß der Herzog Gefallen an ihr fand, nur weil er ihr seine Kutsche überlassen hatte! Vermutlich besaß dieser Halunke ein ganzes Dutzend Kutschen.

»Pebbles, vergessen Sie den Tee.« Isabelle erhob sich. »Ich glaube, ich setze mich einfach nur in den Garten.«

»Soll ich ihn draußen servieren?«

Isabelle schüttelte den Kopf und wandte sich zum Gehen.

»Mylady, ist Ihnen nicht gut?« Tiefe Besorgnis schwang in der Stimme des Mannes.

»Mir geht es hervorragend.« Isabelle zwang sich zu einem Lächeln. »Bitte, sagen Sie Nicholas nicht, wo ich bin.«

»Ich werde schweigen wie ein Grab«, versicherte ihr Pebbles und kniff scherzhaft die Lippen zusammen.

Isabelle schlenderte ins Freie und setzte sich auf die erste Steinbank, die ihr ins Auge fiel. Sie fühlte sich gedemütigt, da sie geglaubt hatte, der Herzog fände sie anziehend. Schließlich konnte dieser Mann jede Frau in England haben. Vermutlich in ganz Europa. Warum sollte er ausgerechnet sie in Erwägung ziehen? Nein, sie war lediglich seine Schutzbefohlene. Und er erfüllte seine Aufgabe als Vormund überdies nur widerwillig.

»Ist irgend etwas nicht in Ordnung, mein Kind?«

Isabelle fixierte die alte Frau zu ihrer Linken. »Wie ich sehe, machen Engel gelegentlich Fehler.«

»Was soll das heißen?« wollte Giselle wissen.

»Der Herzog führt mehrere Damen aus.«

»So?«

»Seine Gnaden fühlt sich nicht zu mir hingezogen«, erklärte Isabelle. »Um genau zu sein, kann er die Gesellschaft einer jungen und unerfahrenen Frau, wie ich es bin, vermutlich nicht ausstehen.«

»Jugendliche Unschuld kann Wunder bewirken.« Mit diesen Worten hob Giselle ihre Flöte an die Lippen und fing an zu spielen. Zunächst klang die Melodie schwungvoll und fröhlich, dann jedoch schwermütig und ergreifend.

»Willkommen in London«, rief jemand.

Diese Stimme hätte Isabelle zu jeder Zeit wiedererkannt. Als sie herumwirbelte, bemerkte sie den Herzog von Avon, der gerade die Freitreppe zur Straße hinunterschritt. Bis auf sein weißes Oberhemd völlig in Schwarz gehüllt, wirkte er so hypnotisch anziehend wie ein schwarzer Panther. Und genauso gefährlich.

»Woher wußten Sie, daß ich hier sitze?« fragte Isabelle anstelle einer Begrüßung.

John grinste. »Ich bin den süßen Klängen Ihrer Flöte gefolgt.«

Erstaunt drehte sich Isabelle zu Giselle um, die bereits verschwunden war. »Ihr London gefällt mir nicht«, erklärte sie dem Herzog.

»*Mein* London?« John nahm neben ihr auf der Bank Platz.

»Ich ziehe das Landleben in Stratford vor.«

»Und wie sah Stratford bei Ihrem Aufbruch aus?« wollte er wissen.

»Birken und Nußbäume schlugen bereits aus«, antwortete Isabelle. »Die Weidenkätzchen zeigten sich schon, und Krokusse blühten auf dem frostigen Boden.«

»Wie aufregend«, meinte John gedehnt.

»Einmal hörte ich sogar, wie ein Star seiner Angebeteten ein Liebeslied zwitscherte«, fügte sie hinzu.

John streckte seine langen Beine aus. »Meinetwegen können Sie nach der Ballsaison zu diesen naturverbundenen Reizen zurückkehren. Vielleicht ist aber auch ein attraktiver junger Schwan darunter, der Ihnen ein Liebeslied vorträgt.«

Isabelle warf ihm einen verärgerten Seitenblick zu und meinte schroff: »Es verwundert mich, daß Sie Ihre Damen überhaupt so lange verlassen konnten, um mich zu begrüßen.«

John beugte sich gefährlich nah zu ihr herüber. Die Wärme seines Atems streifte ihren Nacken. »Sie klingen wie eine eifersüchtige Ehefrau.«

Isabelle überhörte diesen Einwurf.

»Welche Damen meinen Sie denn?« fragte John amüsiert.

»Die lustigen Witwen, über die in der *Times* ein ausführlicher Bericht stand.«

»Oh, *diese* Damen«, meinte John. »Vielleicht warte ich lediglich auf Ihr gesellschaftliches Debüt, damit ich Ihnen ein Liebeslied singen kann.«

»Unter Berücksichtigung Ihrer zahlreichen Frauengeschichten sind Sie dafür vermutlich zu abgebrüht.« Unverhohlener Sarkasmus schwang in Isabelles Stimme. Dann erteilte sie ihm eine Lektion in Moral. »Ein guter Ruf ist unersetzlich. Einmal angekratzt, ist er für immer ruiniert. Der Umgang mit so vielen Frauen wird auch noch den letzten Rest Ihrer Reputation zerstören.«

Bedrohlich hatte sich John vor ihr aufgebaut. Offensichtlich verärgert über ihren Vortrag, sagte er kurz angebunden: »Miß Montgomery, ich bin nicht in der Stimmung, mir von irgend jemandem Vorhaltungen machen zu lassen und schon gar nicht von einem Schulmädchen wie Ihnen. Meine Frauengeschichten gehen Sie nichts an. Ich bin hier die Aufsichtsperson, und nicht Sie.«

Ohne ihre Reaktion abzuwarten, drehte sich John auf dem Absatz um und steuerte auf den Treppenaufgang zu. Als er ihre Stimme hörte, blieb er abrupt stehen.

»Ich verlange, daß Sie mich nach Hause zurückkehren lassen«, rief Isabelle und sprang von der Bank auf.

»Sie sind zu Hause, Belle.« Er deutete auf das Herrenhaus. »Das ist das Anwesen der Montgomerys.«

»Ich meinte Stratford.«

»Ihr gesellschaftliches Debüt findet am fünfzehnten März statt«, erklärte John und wandte sich ab.

»Wohin gehen Sie?«

»Ihrer Stiefmutter meine Aufwartung machen.«

»Die Tür ist dort«, meinte Isabelle und deutete auf die Küchentür.

»Bin ich ein Bediensteter, der den Dienstboteneingang benutzt?« fragte John, augenscheinlich entsetzt über ihren Vorschlag.

»Hochmut kommt vor dem Fall, Euer Gnaden.«

»Kluge Worte, die Sie sich zu Herzen nehmen sollten.« Ihre Blicke trafen sich. »Wir sehen uns im Haus.«

»Ich gehe direkt in mein Zimmer«, informierte ihn Isabelle.

»Wie Sie wünschen, Miß Montgomery.« John deutete eine Verbeugung an. »Bis zum fünfzehnten März.«

Nach einem wütenden Blick in seine Richtung marschierte Isabelle in die Küche. Über die Dienstbotentreppe stürmte sie ins zweite Stockwerk und knallte dann die Zimmertür hinter sich zu.

»Ruhe, mein Kind«, ertönte Giselles Stimme vom Kamin. »Du weckst noch die Toten auf.«

»Der Herzog macht mich rasend«, meinte Isabelle. »Er ist arrogant, selbstherrlich, unmoralisch ...« Ein Klopfen an der Tür ließ sie aufhorchen. »Ja, bitte?«

»Lady Delphinia bittet um Ihr Erscheinen im Salon«, meldete Pebbles. »Seine Gnaden möchte Sie in London willkommen heißen.«

»Ich habe Migräne«, schwindelte Isabelle. »Teilen Sie Seiner Gnaden mein Bedauern mit.«

»Wie Sie meinen, Mylady.«

»Ja, ich weiß. Für diese Lüge werde ich Abbitte leisten müssen«, sagte Isabelle mit einem Blick zu der Alten. Sie ließ sich auf dem Bettrand nieder. »Der Herzog hat dein Flötenspiel gehört.«

»Ich weiß.«

»Findest du das nicht auch merkwürdig?«

»Gute Frage«, pflichtete ihr Giselle mit einem hintergründigen Lächeln bei. »Der Herzog scheint über ein ausgezeichnetes Gehör zu verfügen.«

Isabelle sah sie gequält an.

»Nun ja«, lenkte Giselle ein. »Daß er mein Flötenspiel gehört hat, zeugt davon, daß er mit seinem Herzen wahrnimmt.«

Hüte dich vor den Iden des März, schoß es Isabelle durch den Kopf, während sie durch den Flur von Herzogin Tessas Herrenhaus schritt, wo sie anläßlich der Vorbereitungen für ihr Debüt ein Zimmer im zweiten Stockwerk zugewiesen bekommen hatte. Diese Zeile entstammte einem von Shakespeares Dramen.

»Das sagte der Wahrsager in *Julius Cäsar*.«

Abrupt blieb Isabelle stehen, wandte den Kopf und erblickte die alte Frau. »Deine Anwesenheit während des Debütantinnenballs wird mich in Teufels Küche bringen«, flüsterte sie, während sie vorsichtig durch den Gang spähte, um sicherzustellen, daß sie nicht belauscht wurde. »Bitte, geh sofort auf dein Zimmer.«

»Aber ich warte schon die ganzen Jahre darauf, dich endlich mit dem dunklen Prinzen tanzen zu sehen«, maulte Giselle wenig engelhaft.

»Der dunkle Prinz ist auf dem Debütantinnenball?«

Giselle nickte.

»Dann *mußt* du in dein Zimmer zurückkehren«, beharrte Isabelle.

»Nun gut«, gab Giselle nach. Während sie sich umdrehte und zurückschlenderte, knurrte die Alte irgend etwas von undankbaren Sterblichen.

Als Isabelle die Haupttreppe erreichte, verharrte sie für einen Augenblick, um sich zu sammeln. Mit entsetzlich zitternder Hand glättete sie eine imaginäre Falte in ihrer blauseidenen Abendrobe.

Das verschwommene Bild des Mannes, das sie vor vielen Jahren im Fluß Avon gesehen hatte, nahm vor ihrem geistigen Auge Gestalt an. Würde sie den Prinzen wiedererkennen, wenn sie ihn sah? Wußte er, daß sie für alle Ewigkeit füreinander bestimmt waren? Und, was das allerwichtigste war, würde sie sich vor der wartenden Menge lächerlich machen?

Isabelle konnte kaum atmen. Ihre Knie zitterten, als das Stimmengewirr von unten zu ihr hinaufdrang. Mittlerweile wünschte sie sich, Giselle nicht auf ihr Zimmer zurückgeschickt zu haben.

Sie starrte auf den kostbaren Teppich zu ihren Füßen. Unentschlossen verharrte sie auf dem Treppenabsatz. *Fliehen*, schoß es ihr durch den Kopf. Es war noch nicht zu spät, um auf ihr Zimmer zurückzukehren und hinter der verschlossenen Tür Zuflucht zu suchen. Als Kind hatte sie das unzählige Male getan, aber jetzt war sie kein Kind mehr. Weglaufen war feige.

»Oh, da sind Sie ja«, vernahm sie eine sonore Stimme.

Isabelles veilchenblaue Augen wanderten vom Teppich zu John Saint-Germain, der soeben die Treppe hinaufkam. Der Herzog wirkte überaus anziehend, und jede wohlerzogene junge Frau hätte ihn auf ihrem Debütantinnenball sicherlich liebend gern an ihrer Seite gesehen. Jede außer ihr.

»Kommen Sie, ich stelle Sie meinem Bruder vor, bevor die Gäste eintreffen.« Als spürte er ihre Furcht, reichte John ihr seine Hand und führte sie die Treppe hinunter ins erste Stockwerk.

Als sie den Ballsaal betraten, bemerkte Isabelle, daß sich die anderen bereits dort versammelt und zur Begrüßung der Gäste aufgereiht hatten. Herzoginwitwe Tessa, Tante Hester und Delphinia standen beisammen und plauderten, während Lobelia und Rue, die an diesem Abend erstaunlich hübsch aussahen, verstohlen einen etwa fünfundzwanzigjährigen Mann begutachteten.

Als er sie zu diesem jungen Mann führte, sagte John: »Miß Montgomery, ich möchte Sie meinem Bruder Ross vorstellen.«

»Angenehm, Ihre Bekanntschaft zu machen«, murmelte Isabelle.

»Es ist mir ein ganz besonderes Vergnügen, die junge Dame, die den Seelenfrieden meines Bruders so empfindlich gestört hat, endlich kennenzulernen«, entgegnete Ross Saint-Germain. Er bedachte sie mit einem Lächeln, das sie an ihren Vormund erinnerte. Obgleich sich die beiden ähnlich sahen, umgab den Bruder beileibe nicht die geheimnisvolle Aura des Herzogs.

»Miß Montgomery, es wäre mir eine Ehre, wenn Sie mir den ersten Tanz des heutigen Abends gewähren würden«, meinte Ross galant.

Lächelnd wollte Isabelle etwas erwidern, doch der Herzog kam ihr zuvor. »Miß Montgomery hat mir bereits den ersten und den letzten Tanz versprochen.«

Abrupt blickte Isabelle den Herzog an. Nichts dergleichen hatte sie versprochen. Genaugenommen hatte sie sich fast den ganzen Tag über den Kopf zerbrochen, ob sie überhaupt jemand zum Tanz auffordern würde, insbesondere, wenn man sie erneut ins Selbstgespräch vertieft ertappte.

»Dann müssen Sie mir wenigstens den zweiten Tanz gewähren«, sagte Ross Saint-Germain gerade.

»Mit Vergnügen, Mylord«, erwiderte Isabelle.

Der Majordomus der Herzoginwitwe nahm am Fuß der Treppe Haltung an. Minuten später kündigte er bereits die Gäste an, die in den Ballsaal strömten. Sämtliche Blicke schienen auf Isabelle zu ruhen, der jungen Frau, die die Aufmerksamkeit von Englands begehrtestem Witwer, dem Herzog von Avon, genoß.

Voller Entsetzen erspähte Isabelle die ersten geladenen Gäste auf der Treppe. Sie spürte, wie sämtliche Farbe aus ihrem Gesicht wich, und trat einen Schritt zurück, doch der Herzog hielt sie sanft am Ellbogen fest und verhinderte, daß sie fortrannte und sich blamierte.

»Stellen Sie sich einfach vor, daß die ganzen Leute lediglich Unterwäsche tragen«, erinnerte sie John.

Aufgrund seines Scherzes entkrampfte sich Isabelles Haltung. Sie warf ihm ein unsicheres Lächeln zu und begrüßte die Gäste so huldvoll wie eine junge Königin ihre Untertanen.

Voller Erstaunen beobachtete sie schließlich gebannt, wie zwei junge Adlige sich um die Gunst ihrer

Stiefschwestern bemühten. Stephen Spewing, der Baron von Barrows, bestand darauf, daß Lobelia ihm den ersten und den letzten Tanz gewährte. Charles Hancock, seines Zeichens Baron von Keswick, bekniete Rue förmlich, mit ihm zu tanzen.

»Die beiden Männer glauben, daß Ihre Stiefschwestern eine große Mitgift bekommen«, erklärte ihr John.

»Aber das stimmt nicht«, protestierte Isabelle.

»Mittlerweile schon«, meinte John mit einem durchtriebenen Grinsen. »Ich habe ein kleines Vermögen investiert, um diese beiden Hexen für immer aus Ihrem Leben zu verbannen.«

»Lobelia und Rue sind gar nicht so übel«, erwiderte Isabelle zu deren Verteidigung. »Sie sind nur ...«

»Töricht und schnippisch?«

»Genau.«

Und dann vernahm sie Lobelias Stimme und wand sich innerlich. »Das ist sicherlich Ihre Frau Mutter«, sagte ihre Stiefschwester gerade zu einem jungen Mann.

»Ich bin seine Gattin«, erwiderte besagte Frau mit frostiger Stimme, und die beiden gingen weiter.

Isabelle warf dem Herzog einen gequälten Blick zu. Statt einer Antwort zuckte er nur unmerklich die Schultern und grinste. Die Ignoranz ihrer Stiefschwester war einfach unverbesserlich.

»Oh, wie schön!« Isabelle hörte, wie Rue sich mit einer beleibten Frau unterhielt. »Sie bekommen ein Kind. Wann rechnen Sie denn mit dem freudigen Ereignis?«

»Ich bin nicht guter Hoffnung«, erwiderte die Dicke unterkühlt, drehte sich auf dem Absatz um und ließ sich nicht einmal mehr mit Isabelle bekannt machen.

»*Sie sehen überwältigend aus*, wäre die bessere Umschreibung gewesen«, raunte John Isabelle zu. »Etwas

Unverfängliches bietet mehr Freiraum für Interpretationen. Beherzigen Sie das.«

Isabelle nickte zustimmend.

»Jetzt wird's kritisch«, bemerkte eine ihr vertraute Stimme.

Schlagartig drehte sich Isabelle um und zwang sich, nichts zu erwidern.

»Lassen Sie sich bloß nicht dazu hinreißen, Selbstgespräche zu führen«, wies John sie in besorgtem Tonfall zurecht.

Als Isabelles Blick erneut zu den Anwesenden schweifte, mußte sie feststellen, daß Nicholas deJewell und ein blonder Mann vor ihr standen. Sie zwang sich, den Cousin ihrer Stiefmutter höflich anzulächeln, und es gelang ihr ebenfalls, dem Drang zu widerstehen, ihre Hand wegzuziehen, als er sie an seine Lippen führte.

»Isabelle, du bist die bezauberndste Dame des Abends.«

»Vielen Dank, Nicholas.« Isabelle spürte, daß John näher trat.

»Ich darf dich meinem Freund William Grimsby, dem Grafen von Ripon, vorstellen«, fuhr deJewell fort.

Isabelle blickte zu dem attraktiven blonden Mann auf. »Mylord, ich bin erfreut, Ihre Bekanntschaft zu machen.«

»Ich bin über die Maßen erfreut, Sie kennenzulernen«, erwiderte der Graf von Ripon. »Darf ich zu hoffen wagen, daß Sie mir einen Tanz reservieren?«

»Gern, Mylord.« Isabelle beobachtete, wie sich die beiden Männer John zuwandten. Als sie die unterkühlten Blicke zwischen Ihrem Vormund und Grimsby bemerkte, war ihr klar, daß sich die beiden nicht leiden konnten. Die Feindseligkeit zwischen ihnen war fast spürbar.

»Guten Abend, Euer Gnaden.« Nicholas begrüßte ihn als ersten. »Ich hoffe, es stört Sie nicht, daß ich einen Freund mitgebracht habe.«

»Es stört mich nicht im geringsten«, entgegnete John. Mit zusammengekniffenen Augenlidern musterte er den Blonden. »Wie geht's, Grimsby?«

»Hervorragend wie immer, Euer Gnaden«, erwiderte Grimsby mit einem aufgesetzten Lächeln. Nach einem Blick auf Isabelle fügte er hinzu: »Wie ich sehe, stehst du nach wie vor auf Blondinen.«

Isabelle spürte, wie sich John neben ihr verkrampfte, und sie hoffte inständig, daß der ungeladene Gast nicht für Schwierigkeiten sorgte. Warum feindeten sich diese beiden Männer an? Und warum blickten die meisten Gäste neugierig in ihre Richtung?

»Sollen wir tanzen?« fragte John, noch ehe die beiden Männer weiterschlenderten.

Isabelle nickte. Um der gespannten Situation zu entkommen, hätte sie fast allem zugestimmt.

Nachdem er Isabelle auf die Tanzfläche geführt hatte, bedeutete John dem Orchester mit einem kurzen Wink, den ersten Walzer aufzuspielen. Er bewegte sich mit der leichtfüßigen Anmut eines Mannes, der schon Tausende Male Walzer getanzt hatte, und sie folgte seinem Rhythmus, als sei sie dazu auserwählt, in seinen Armen zu schweben.

»Es ist üblich, sich während des Tanzens zu unterhalten«, warf John ein.

Ihre Blicke trafen sich, und nach einer kurzen Gesprächspause bemerkte Isabelle: »Finden Sie nicht, daß Lobelia und Rue heute abend ganz bezaubernd aussehen?«

John nickte, konnte sich jedoch ein Grinsen nicht verkneifen. »Ich mußte ihnen lediglich die Federn aus der Frisur rupfen«, meinte er.

»Was mußten Sie?« wiederholte Isabelle erstaunt.

»Ich erklärte ihnen, daß sie Junggesellen und nicht die Katzen aus der Nachbarschaft auf sich aufmerksam machen müßten.«

Isabelle lachte, und ihre Fröhlichkeit erregte die Aufmerksamkeit der in ihrer Nähe tanzenden Paare.

»Ich wußte doch, daß ich Sie zum Lachen bringen würde«, sagte John. »Ganz nebenbei, Sie tanzen hervorragend.«

»In meiner Kindheit habe ich Tanzen geübt, indem ich mich auf die Füße meines Vaters stellte«, erklärte Isabelle. »Jeden Abend wirbelten wir beide im Walzertakt durch die Eingangshalle. Ich war sehr geschickt.«

Bei dieser Vorstellung grinste John. »Vielleicht sollten wir das irgendwann auch einmal versuchen.«

Als nächstes tanzte Isabelle mit Ross Saint-Germain, der sie auf mehrere junge Frauen hinwies, die seit dem Tod von Johns Ehefrau mit dem Gedanken liebäugelten, Herzogin zu werden. Eine von ihnen war eine gutaussehende Brünette namens Amanda Stanley; Lucy Spencer – die andere – ein aparter Rotschopf. Aus irgendeinem unerfindlichen Grund beschlich Isabelle bei dem Gedanken, daß ihr Vormund eine der beiden attraktiven Frauen ehelichen könnte, eine nie gekannte Eifersucht.

Die folgenden Stunden verstrichen mit Tanz und Unterhaltung wie im Fluge. Der absolute Tiefpunkt des Abends war für Isabelle erreicht, als sie mit Nicholas deJewell tanzte; allerdings gelang es ihr, sich ihm gleich nach Beendigung der Musik zu entziehen.

Mehrmals erspähte sie Giselle, die an der Wand lehnte und sie beobachtete. In solchen Augenblicken konzentrierte sich Isabelle auf ihren Tanzpartner, damit die alte Frau sie nicht ansprechen konnte. Trotzdem fiel es ihr überaus schwer, sich zu beherrschen, um nicht zum Gespött der Anwesenden zu werden.

»Sie scheinen sich nicht sonderlich zu amüsieren«, bemerkte Ross Saint-Germain, der sie um den vorletzten Tanz gebeten hatte.

»Ich habe mich noch nie in meinem Leben so wohl gefühlt«, schwindelte Isabelle. »Ich kann mich gar nicht erinnern, jemals soviel Spaß gehabt zu haben.«

»Sie sind die schlechteste Lügnerin, die mir jemals begegnet ist«, wies sie Ross grinsend zurecht.

Beschämt senkte Isabelle den Kopf. »Jetzt, da ich mit Ihnen tanze, fühle ich mich erheblich besser.«

»Führen Sie wirklich Selbstgespräche?« wollte er wissen.

Erstaunt verfehlte Isabelle den Takt. »Wer hat Ihnen das denn ...«

»Ihre Stiefschwestern erzählen jedem, der es hören will, daß Sie seit dem Tod Ihres Vaters etwas unausgeglichen sind.«

»Meine Stiefschwestern haben Angst, daß sie keinen Mann finden werden«, erklärte Isabelle. »Um Ihre Frage zu beantworten, ich führe keine Selbstgespräche.«

»Ich bin davon ausgegangen, daß es sich lediglich um mißgünstiges Gerede handelt«, meinte Ross.

»Ich habe einen Schutzengel, mit dem ich mich unterhalte«, klärte ihn Isabelle auf. »Niemand außer mir kann sie wahrnehmen.«

Daraufhin verfehlte Ross Saint-Germain den Takt.

Isabelle grinste über seinen Fehler. »Ich vertraue meinem Schutzengel sämtliche Probleme an.«

Aufgrund ihres Grinsens hielt er das offensichtlich für einen Scherz. Ross entspannte sich und entgegnete: »Welche Sorgen kann eine hübsche junge Frau wie Sie denn haben?«

»Ich habe Lobelia und Rue«, erinnerte sie ihn.

Kopfschüttelnd lachte Ross über ihre Schlagfertigkeit.

Nachdem die Musik verklungen war, forderte John sie zum letzten Tanz auf. Als Isabelle sein anziehendes Gesicht musterte, beschlich sie plötzlich das seltsame Gefühl, diesen Mann bereits vor jenem denkwürdigen Tag auf Arden Hall gesehen zu haben. Und dann fiel ihr erneut William Grimsby ein.

»Warum haßt Sie der Graf von Ripon?« fragte sie, indem sie allen Mut zusammennahm.

Johns finsterer Blick verriet ihr, daß sie die Auseinandersetzung zwischen Grimsby und ihm nichts anging. »Ich werde Sie morgen auf Ihrem Anwesen aufsuchen und mich nach Ihrem Befinden erkundigen«, sagte er, ohne ihre Frage zu beantworten. »Vergessen Sie nicht: In der kommenden Woche geben die Debretts ihren Ball.«

Isabelle beschloß, das Thema fallenzulassen. Nach dem Ende des Balls kehrte sie zusammen mit ihrer Stieffamilie auf das Anwesen der Montgomerys zurück.

Bald darauf wurde es still im Haus; das aufgeregte Schnattern ihrer Stiefschwestern verstummte, und Isabelle setzte sich in eine Decke eingehüllt vor den Kamin. Eine Ewigkeit schien zu verstreichen, bis ihre alte Freundin schließlich auftauchte.

»Warum schläfst du denn nicht, mein Kind?« vernahm Isabelle endlich die vertraute Stimme.

Als sie zur Seite blickte, saß Giselle neben ihr im Sessel. »Ich habe auf dich gewartet.«

»Jetzt bin ich hier.«

»Wo war der dunkle Prinz?« wollte Isabelle unvermittelt wissen. »Ich habe ihn nirgends gesehen.«

»Das ist seltsam«, entgegnete die Alte. »Ich habe gesehen, wie du mit ihm getanzt hast.«

Diese Bemerkung machte Isabelle stutzig. »Ich soll mit ihm getanzt haben? Es waren doch gar keine Prinzen anwesend.«

»Das habe ich dir doch schon mehrmals erklärt, mein Kind. Prinzen tragen nicht zwangsläufig Kronen.«

»Also – welchen Mann meinst du?«

Giselle schenkte ihr ein rätselhaftes Lächeln. »Wenn du die Antwort erfahren willst, mein Kind, dann mußt du auf dein Herz und nicht auf deine Augen vertrauen.«

7

»Verdammt noch mal!« knurrte John mit wachsender Verärgerung.

Seine von Gallagher gesteuerte Kutsche war vom Piccadilly linker Hand in Richtung Berkeley Square eingebogen und dann so ruckartig zum Halten gekommen, daß er beinahe von seinem Sitz gerutscht wäre. Als John aus dem Fenster blickte und eine Ansammlung von Kutschen bemerkte, brüllte er: »Was, zum Teufel, geht da vor?«

»Stockender Verkehr«, rief Gallagher.

John öffnete den Kutschenverschlag und sprang ins Freie. »Fahren Sie zurück zur Park Lane«, befahl er seinem Kutscher. »Ich gehe zu Fuß.«

»Ja, Euer Gnaden.«

John schlenderte die Straße entlang auf sein Ziel zu. In einiger Entfernung erspähte er drei Herren, die das Anwesen der Montgomerys gerade über die Vortreppe verließen. Einen kurzen Augenblick unterhielten sich Lord Finch und Lord Somers mit Major Grimase, dann trennten sie sich, um zu ihren jeweiligen Kutschen zu gelangen.

Der Anblick dieser drei Besucher vor Isabelles Haus bewies John, daß er seine Schutzbefohlene und ihre beiden Stiefschwestern erfolgreich in die Gesellschaft eingeführt hatte. Aber warum verschaffte ihm das keinerlei Befriedigung? Im Gegenteil, die offensichtliche Anziehungskraft seines Schützlings bereitete ihm starkes Unbehagen. Die Möglichkeit, daß sie tatsächlich einen dieser drei borniertten Männer heiratete, erfüllte ihn mit Abscheu. Nun, er war ihr Vormund. Wer auch immer ihr den Hof machte, bedurfte seiner Erlaubnis, und er würde einer Eheschließung zwischen Isabelle und einem dieser drei Lackaffen niemals zustimmen.

Sekunden später traf er vor dem Anwesen der Montgomerys ein. Als er die Treppe hinaufstürmen wollte, vernahm er hinter sich eine Stimme. »Blumen für Ihre Dame gefällig, Mylord?«

John drehte sich um und bemerkte das Blumenmädchen. Einen langen Augenblick musterte er ihr zerlumptes Äußeres, dann fiel sein Blick auf den mit Veilchen und Vergißmeinnicht gefüllten Korb.

John verabscheute Hausierer. Es war ein Hausierer gewesen, der Lenore damals das Heilkraut verkauft hatte, das ... Die schreckliche Erinnerung verdrängend, meinte er kurz angebunden: »Danke, nein.« Dann wandte er dem Mädchen den Rücken zu und eilte die Treppe hinauf.

»Guten Tag, Euer Gnaden«, begrüßte ihn Pebbles und trat einen Schritt beiseite, um ihn einzulassen.

»Guten Tag.« John betrat die Eingangshalle.

Aus dem ersten Stockwerk drang Gelächter zu ihm. Offensichtlich erfreuten sich Isabelle und ihre Stiefschwestern großer Beliebtheit. Es konnte nicht allzu schwierig sein, alle drei Mädchen unter die Haube zu bringen. Schließlich hatte er keinesfalls die Absicht, noch lange die Beschützerrolle für die drei zu spielen.

»Die Herrschaften haben sich im Salon eingefunden«, beschied ihm Pebbles.

Johns Blick fiel auf einen in der Eingangshalle stehenden Tisch mit einem Silbertablett voller Visitenkarten. »Warum befinden sich denn die Visitenkarten hier, obwohl die Damen ihre Besucher letztlich doch empfangen?« wollte er wissen.

»Lady Isabelle hat Migräne«, berichtete ihm Pebbles. »Mehrere Besucher wollten Mylady ihre Aufwartung machen.«

John griff nach dem Stapel Visitenkarten. Sorgfältig las er jede einzelne.

»Bei allem anerbotenen Respekt, Euer Gnaden, aber diese Visitenkarten sind für meine Herrin bestimmt«, wandte Pebbles ein.

Johns unergründlicher Blick musterte den Majordomus. »Ist Ihnen bewußt, daß Sie Isabelles Vormund vor sich haben?«

Das Gesicht des alten Mannes hellte sich auf. »Es tut mir außerordentlich leid, Euer Gnaden. Ich hatte vergessen, daß ...«

»Ich verzeihe Ihnen Ihr ungebührliches Benehmen, da ich Ihre Loyalität gegenüber meiner Schutzbefohlenen zu schätzen weiß.«

»Danke, Euer Gnaden. Darf ich Sie in den Salon führen?«

Statt einer Antwort überflog John die letzten drei Visitenkarten. Blinder Zorn und Eifersucht – Empfindungen, die er längst vergessen geglaubt hatte – keimten erneut in ihm auf. Nicholas deJewell, William Grimsby und sogar sein eigener Bruder Ross hatten dem Anwesen der Montgomerys einen Besuch abgestattet, um Isabelle ihre Aufwartung zu machen.

Als Pebbles sich verlegen räusperte, sah John ihn an. »Ich werde nicht bleiben«, erklärte er dem Bediensteten.

»Möchten Sie Ihre Visitenkarte hinterlassen, Euer Gnaden?« ließ sich Pebbles mit sarkastischem Unterton vernehmen.

Nachdem er entschieden hatte, daß der Majordomus der Montgomerys unverbesserlich war, blickte John den alten Mann kopfschüttelnd an. »Ich möchte, daß Sie meine Karte unverzüglich an Isabelle weiterleiten«, sagte er und drückte dem Mann seine eigene Visitenkarte in die Hand.

Nachdem er sämtliche Visitenkarten der anderen Besucher eingesteckt hatte, schweifte Johns Blick erneut zu dem erstaunten Majordomus. In schweigendem Einvernehmen sahen sich die beiden an.

Schließlich verzogen sich Pebbles' Lippen zu einem unmerklichen Grinsen. »Ich habe die traurige Bande gesehen, Euer Gnaden«, bemerkte er, »und kann Ihr Vorgehen nur gutheißen.«

»Das erleichtert mich ungemein«, meinte der Herzog gedehnt.

Als er erneut den Gehsteig betrat, spähte John in Richtung Piccadilly. Eine zerlumpte alte Frau stand nur wenige Meter von ihm entfernt und winkte mit der Hand. Bedeutete sie ihm etwa, ihr zu folgen? Er wandte sich um, sah aber mit Ausnahme des Blumenmädchens keine Passanten.

Erneut winkte ihm die Alte.

John schlenderte auf sie zu. Die alte Frau verschwand über eine Treppe im Park der Montgomerys. Als er wie angewurzelt auf der obersten Stufe stehenblieb, fiel Johns Blick auf Isabelle, die allein auf einer Bank saß. Mit gesenktem Kopf konzentrierte sie sich auf eine Handarbeit.

Sie wirkte so bezaubernd wie ein blonder Engel. Andererseits wußte niemand besser als er, was sich hinter der weiblichen Anmut verbergen konnte.

»Wohin ist die alte Frau gegangen?« rief John, während er die Stufen zum Park hinunterstieg.

Beim Klang seiner Stimme schrak Isabelle zusammen. »Wie bitte?«

»Ich habe eine merkwürdige Alte gesehen, die über diese Treppe verschwunden ist.« John kam auf sie zu, drehte sich im Kreis und musterte die einsame Parklandschaft. »Haben Sie die Alte denn nicht gesehen?«

Offensichtlich erstaunt, öffnete Isabelle den Mund. »Trug sie einen zerschlissenen schwarzen Umhang?«

»Ja, das war sie.«

Isabelle schüttelte den Kopf. »Ich habe sie nicht gesehen.«

»Sie wissen, was sie anhatte, haben sie aber trotzdem nicht gesehen?« Ihre Antwort verblüffte John.

»Natürlich habe ich sie schon gesehen.« Isabelle lächelte verhalten. »Giselle trägt immer dieselben Sachen.«

»Giselle, so heißt sie?«

Isabelle nickte. »Gelegentlich kommt sie auf unser Anwesen, um eine Mahlzeit zu erbetteln, und vermutlich ist sie in der Küche verschwunden, ohne daß ich sie bemerkt habe.«

John akzeptierte ihre Erklärung und entspannte sich. »Wenn Sie allein hier draußen sitzen, werden Sie keinen Ehekandidaten finden«, bemerkte er und setzte sich neben sie.

»Ich bin nicht allein. Sie sind bei mir«, erwiderte Isabelle und starrte dann für einen langen Augenblick ins Leere. Schließlich wandte sie ihm ihr Gesicht zu. »Euer Gnaden, es tut mir leid, daß Sie mich in einer solch melancholischen Stimmung vorfinden. Ich frage mich, wo Miles ist und was er wohl gerade macht.«

»Unsere Brüder befinden sich mittlerweile in New York, und ich hoffe, daß sie dort erfolgreiche Geschäfte tätigen«, erklärte John. »Es besteht kein Grund zur Besorgnis. Im Sommer werden sie zurückkehren.«

Isabelle strahlte ihn an. Die Aussicht auf die Heimkehr ihres Bruders schien ihre Stimmung zu heben.

Plötzlich überkam John der brennende Wunsch, daß sich eine reizende junge Frau auch über seine Heimkehr freuen sollte. Vor langer Zeit war er dem törichten Glauben erlegen, eine solch große Liebe gefunden zu haben. Wie erschreckend naiv er doch damals gewesen war. Lenore Grimsby hatte ihn wegen seines Titels geheiratet und ihm das Leben schwergemacht, bis sie schließlich ...

»Was machen Sie eigentlich hier, da Ihr Salon doch voller Bewunderer ist?« fragte John und zwang sich, seine Schwermut zu überwinden.

»Ihnen aus dem Weg gehen«, antwortete Isabelle durchtrieben grinsend. »Ich stricke einen Schal.«

»Für wen?«

»Für das Mädchen, das am Berkeley Square Blumen verkauft«, antwortete Isabelle. »Mir ist aufgefallen, daß sie nichts Warmes zum Anziehen hat. Die Nächstenliebe ist eine Tugend.«

»Sie können die Welt nicht verändern, Belle.«

»Stimmt, aber sicherlich kann ich ein armes Kind vor der Kälte schützen.«

»Ist das der Versuch, sich einen weißen Stein zu verdienen?« scherzte John. »Sie werden mehr als einen Stein benötigen, um Ihre gestern abend geäußerte Lüge hinsichtlich der Schönheit Ihrer Stiefschwestern aufzuwiegen.«

»Notlügen verzeiht der Herr«, wandte sie ein.

»Also, Miß Montgomery, jetzt erklären Sie mir, warum *Ihre* Lügen Notlügen sind.« John streckte seine langen Beine aus. Sein Blick fiel auf ihre Hände, die das Strickzeug umklammert hielten. Sie hatte lange, schlanke Finger, und ihre Hände waren so zart, daß er ...

»Stimmt irgend etwas nicht?«

»Nein«, erwiderte John und blickte sie an. Was sollte er sagen? *Ich überlegte gerade, wie es wäre, wenn mich Ihre Hände zärtlich streichelten? Würden sie mich im Rausch der Leidenschaft fest umklammern?* Gütiger Himmel, diese Jungfrau würde in Ohnmacht fallen, wenn er ihr seine wahren Gedanken verriet.

Sie starrte ihn an, und ein verwirrter Ausdruck glitt über ihr überaus liebreizendes Gesicht.

»Ich erwarte, daß Sie mich hinsichtlich Ihrer Notlügen aufklären«, bemerkte John.

»Eine verwerfliche Lüge ist immer schmerzvoll, aber eine gute Lüge, also eine Notlüge, verhindert Verärgerung oder Betroffenheit«, erklärte Isabelle. »Mit anderen Worten, eine schlimme Lüge erzeugt Schmerz, eine gute verhindert ihn.«

»Miß Montgomery, es erleichtert mich zu wissen, daß Sie ein fehlbarer Mensch wie jeder andere sind«, sagte John und beugte sich zu ihr vor.

Isabelle errötete. »Selbstverständlich bin auch ich fehlbar. Aber wie meinen Sie das?«

»Sünder und Verbrecher rechtfertigen ihre Fehltritte«, neckte er sie. »In Wahrheit ist jede Lüge verwerflich.«

Obwohl ihm Isabelle einen empörten Blick zuwarf, verzogen sich ihre Lippen zu einem Grinsen. »Ich bin anderer Meinung, Euer Gnaden.«

John erhob sich und wechselte abrupt das Thema. »Versprechen Sie mir etwas, bevor ich aufbreche?«

»Sofern es in meiner Macht steht«, erwiderte Isabelle mit schiefgelegtem Kopf.

»Gehen Sie dem Grafen von Ripon aus dem Weg. William Grimsby ist keine geeignete Partie für Sie. Sie können jeden anderen in Erwägung ziehen, aber nicht ihn.«

Der störrische Ausdruck, der sich auf ihrem Gesicht abzeichnete, verriet John, daß er soeben einen Fehler begangen hatte, indem er ihr den Umgang mit einem der Gäste des Balls untersagte. Sie hatte gar nicht die Absicht geäußert, daß sie einen Ehemann suchte; hinsichtlich Grimsby hätte er schlicht und einfach schweigen sollen.

»Ich ziehe es vor, mir mein eigenes Urteil über meine Mitmenschen zu bilden«, erwiderte Isabelle mit einem honigsüßen Lächeln. »Aus naheliegenden Gründen schenke ich Gerüchten keinen Glauben.«

»Verflucht, Belle. Ich ermögliche Ihnen diese herrliche Ballsaison und die Aussicht auf ...«

»Eine Ballsaison in London habe ich nie gewollt«, erinnerte sie ihn und erhob sich von der Bank.

»Denken Sie an den Ball der Debretts in der kommenden Woche.« John wandte sich zum Gehen.

»Ich werde nicht hingehen.«

»Sie werden dort sein«, rief ihr John über die Schulter hinweg zu und stürmte dann die zur Straße führende Treppe hinauf.

»Nein, werde ich nicht.«

John beachtete sie nicht weiter. Er verabscheute Frauen, die stets das letzte Wort haben mußten.

Auf dem Gehsteig blickte John nach links und bemerkte in einigen Metern Entfernung das Blumenmädchen. Er setzte sich in entgegengesetzte Richtung zum Piccadilly in Bewegung.

Ich kann ein armes Kind vor der Kälte schützen.« Er besann sich auf die weltfremde Einstellung seines Schützlings. Man stelle sich vor, eine Dame strickt einen Schal für ein Blumenmädchen! Er konnte sich keine andere Dame der Gesellschaft vorstellen, die für ein Blumenmädchen gestrickt hätte, und bei diesem Gedanken mußte er grinsen.

Schlagartig blieb er stehen. »He!« rief er und drehte sich abrupt um. »Komm her, Kleine!«

Das verblüffte Blumenmädchen eilte auf ihn zu. »Ja, Mylord?«

»Wie heißt du, mein Kind?«

»Molly.«

John griff in seine Jackentasche. Alles, was er bei sich trug, waren eine Fünf- und eine Zehnpfundnote, viel zuviel für die von ihr feilgebotenen Blumen. Er wußte, daß er sich lächerlich verhielt, dennoch gab er dem Mädchen die Fünfpfundnote und sah insgeheim das anerkennende Lächeln seiner Schutzbefohlenen vor sich.

»Ich nehme alle deine Blumen«, erklärte John dem erstaunten Mädchen. »Behalte das Wechselgeld und kauf dir davon etwas zum Essen.«

Molly drückte ihm ihre sämtlichen Veilchen- und Vergißmeinnichtsträuße in die Hand. »Der Herr beschütze Sie, Mylord.«

»Dich auch, mein Kind.«

Dann drehte er sich um und eilte schnellen Schrittes über den Piccadilly zu seinem Anwesen in der Park Lane. Er konnte das Fallen eines weißen Steins fast hören.

Eine lange, einsame Woche verstrich.

Um ihre Besucher abzuwimmeln, schob Isabelle jeden Tag Migräne vor. Sie hatte ihren Vormund nicht mehr zu Gesicht bekommen, obwohl die *Times* tagtäglich über seine nächtlichen Streifzüge berichtete. Er hatte Lady Amanda Stanley in die Oper begleitet, und Lady Lucy Spencer hatte anläßlich einer kleinen Abendgesellschaft in ihrem Stadthaus unschicklich viele Male mit ihm getanzt. Was noch schlimmer war, Giselle tauchte nicht mehr auf, so daß Isabelle völlig abgeschieden von der Außenwelt ihren Gedanken nachhing.

Schließlich traf Isabelle eine Entscheidung für ihr Leben. Angefangen mit dem Ball der Debretts, würde sie der Welt lächelnd gegenübertreten und mit ihren

Bewunderern flirten; allerdings beabsichtigte sie, jeden von ihnen auf Abstand zu halten, bis Miles von seiner Geschäftsreise zurückgekehrt war. Dann wollte sie nach Stratford zurückkehren, einige Monate verstreichen lassen und gemeinsam mit Giselle am Fluß Avon sitzen. Das Leben war so angenehm ruhig verlaufen, bis der Herzog von Avon alles zunichte gemacht hatte. Es würde mindestens ein halbes Jahr dauern, bis sie sich von dem aufgrund seiner Nähe ausgelösten Gefühlschaos erholt hatte.

Genau eine Woche nach der Auseinandersetzung mit ihrem Vormund begleitete Isabelle Herzoginwitwe Tessa und Tante Hester zum Ball der Debretts. Delphinia, Lobelia und Rue fehlten ebenfalls nicht. Fest entschlossen, den inneren Kampf gegen ihre Unsicherheit für sich zu entscheiden, schritt Isabelle hocherhobenen Hauptes die Treppe zum Ballsaal hinunter.

Noch nie in ihrem ganzen Leben hatte Isabelle so bezaubernd ausgesehen. Ihre Ballrobe war aus blaßviolettem, mit Goldfäden durchwirktem Musselinstoff geschneidert. Das Oberteil wurde von schmalen Trägern gehalten, welche die makellose alabasterweiße Haut ihrer Arme und Schultern zur Geltung brachten. Ihr goldenes Haar war zu Zöpfen geflochten und im Nacken zu einem klassischen Knoten hochgesteckt.

Isabelle war sich dessen bewußt, daß sie ebenso herausgeputzt war wie die anderen anwesenden jungen Damen. Aber warum besaß sie nicht deren Selbstsicherheit? Sie fühlte sich so linkisch wie die junge Waise, die am Avon Flöte gespielt hatte.

Und dann wurde es Isabelle schlagartig bewußt. Auch wenn sie sich so kleiden und so benehmen konnte wie die anderen Mädchen, würde sie in ihrem Herzen niemals eine von ihnen sein.

Sie berührte ihr goldenes Medaillon und hoffte, daß ihr der Geist ihrer liebenden Mutter die Kraft verlieh, diesen Abend und auch alle anderen durchzustehen, bis Miles schließlich zurückkehrte. Dann fiel ihr der Herzog von Avon ein. Was würde er von ihr denken, wenn er ihre Wandlung von der schüchternen Debütantin zur weltgewandten Dame bemerkte? Warum war es ihr so wichtig, ihm zu gefallen? Schließlich war der Mann ein unerträglicher Draufgänger.

Neben der Mutter und der Tante des Herzogs stehend, schweifte Isabelles Blick durch den Ballsaal. John war noch nicht eingetroffen. Delphinia tanzte bereits mit Major Grimase, während Lobelia und Rue die Herren Spewing und Hancock als Tanzpartner hatten.

»Guten Abend, Eure Hoheit«, vernahm sie eine sinnliche weibliche Stimme.

»Lady Montague«, erklang eine weitere Frauenstimme.

Isabelle drehte sich um und sah Amanda Stanley und Lucy Spencer, die Johns Mutter und Tante Hester lächelnd begrüßten. Obwohl die Brünette und der Rotschopf mit den älteren Damen plauderten, hingen beider Blicke an Isabelle.

»Wie ich sehe, sind die lustigen Witwen heute abend auf Beutezug«, meinte Herzoginwitwe Tessa süffisant.

Die beiden Frauen lächelten höflich, augenscheinlich bemüht, die Mutter des Herzogs nicht zu brüskieren.

»Haben Sie schon Johns Schutzbefohlene, Lady Isabelle Montgomery, kennengelernt?« fragte die Herzoginwitwe die beiden.

»Wir sind uns noch nicht offiziell vorgestellt worden«, erwiderte Amanda Stanley.

»Von ihren Stiefschwestern haben wir allerdings

schon einiges über Sie erfahren«, fügte Lucy Spencer schnippisch hinzu.

Entschlossen, sich nicht einschüchtern zu lassen, bedachte Isabelle beide mit einem arroganten Lächeln. »Ich bin sicher, daß meine geliebten Stiefschwestern nur das Beste zu berichten wußten.« Gelangweilt wandte sie sich von ihnen ab und stellte fest, daß blasiertes Verhalten gar nicht so schwierig war.

Und dann erspähte Isabelle Nicholas deJewell, der sich einen Weg durch die Menge bahnte und auf sie zusteuerte. Aufgrund der von ihr vorgeschobenen Migräne war es ihr während der vorangegangenen Tage gelungen, ihm im Stadthaus der Montgomerys aus dem Weg zu gehen. Wie konnte sie es vermeiden, an diesem Abend mit ihm tanzen zu müssen? Sie fühlte sich wie ein in die Falle gegangenes Tier und stöhnte innerlich bei dem Gedanken an die Berührung seiner Hände, wenn er sie im Walzerschritt durch den Ballsaal führte.

»Guten Abend, Eure Hoheit ... Lady Montague.« Nicholas begrüßte zunächst die beiden älteren Damen. »Guten Abend, Isabelle. In der vergangenen Woche habe ich dich vermißt.«

Isabelle zwang sich zu einem Lächeln. »Ich hatte Migräne, Nicholas.«

»Nun, jetzt wirkst du völlig wiederhergestellt.« Er ergriff ihre Hand. »Komm, tanz mit mir.«

Völlig unerwartet wurde ihm Isabelles Hand entrissen. Erstaunt fiel ihr Blick auf den Grafen von Ripon.

»Tut mir leid, Nicky. Diesen Tanz hat Miß Montgomery mir versprochen.« William Grimsby blickte ihr tief in die Augen. »Nicht wahr, Mylady?«

»Aber gewiß doch, Lord Grimsby«, bekräftigte Isabelle. Sie war erleichtert, Nicholas entkommen zu sein, und fühlte sich geschmeichelt, von einem der attraktivsten Männer des Abends zum Tanz aufgefordert zu werden.

»Nennen Sie mich doch William«, bat sie der Graf von Ripon, während er sie auf die Tanzfläche führte.

»Dann müssen Sie mich Isabelle nennen«, erwiderte sie. »Ich danke Ihnen, daß Sie mich vor einer Walzertortur mit Nicholas bewahrt haben.«

»Sie mögen deJewell nicht?«

»Nicht besonders.«

»Warum?«

Mit einem boshaften Lächeln gestand ihm Isabelle: »Er erinnert mich an ein Wiesel.«

Der Graf von Ripon schmunzelte. »Auf mich wirkt Nicky eher wie eine Ratte.«

»Nicholas besitzt aber nicht die Intelligenz einer Ratte«, konterte sie.

Grimsby lachte. »Sie, werte Isabelle, erinnern mich an einen erfrischenden Herbstwind nach der Hitze des Sommers.«

»Ich betrachte das als Kompliment«, entgegnete Isabelle und schenkte ihm ein schmachtendes Lächeln. Warum auch nicht, müßiges Gepläkel mit irgendwelchen Männern gestaltete sich genauso einfach wie blasiertes Verhalten.

»Sie tanzen himmlisch«, schmeichelte ihr Grimsby mit einem galanten Lächeln. »Ach übrigens, wie kam es eigentlich dazu, daß Saint-Germain zu Ihrem Vormund bestimmt wurde?«

»Mein Bruder bat Seine Gnaden, vorübergehend meine Vormundschaft zu übernehmen, solange er sich in Amerika aufhält«, erklärte ihm Isabelle. »Sobald Miles im Sommer heimkehrt, trennen sich die Wege des Herzogs und meine. Allerdings muß ich zugeben, daß Miles eine gute Wahl getroffen hat. Die Gegenwart Seiner Gnaden hält Nicholas auf Abstand.«

»Dann würden Sie eine Eheschließung mit deJewell niemals in Erwägung ziehen?«

»Eher würde ich als alte Jungfer sterben.« Aufgrund von Isabelles Worten grinste er. »Würden Sie mir eine Frage beantworten?«

Der Graf von Ripon nickte.

»Warum sind Sie und John eigentlich über Kreuz?«

»Unsere Feindschaft ist rein geschäftlicher Natur«, erwiderte er.

»Verstehe.«

»Nein, das verstehen Sie nicht«, erwiderte William lächelnd. »Ich versichere Ihnen jedoch, daß unsere Differenzen bald ausgeräumt sein werden.«

»Gesegnet sind die Friedliebenden«, zitierte Isabelle die Bibel, »denn sie sind wahre Kinder Gottes.«

Der Graf von Ripon schien erstaunt über ihre Feststellung. Er wollte etwas erwidern und verfehlte den Takt. Isabelles Blick folgte dem seinen in Richtung Treppenaufgang.

Mit versteinerter Miene stand der Herzog von Avon auf dem Treppenabsatz. Sein dunkler Blick ruhte auf ihnen.

Isabelle gelang es nicht, ihren Blick von dem bedrohlichen Gesichtsausdruck des Herzogs abzuwenden. Sie beschlich das Gefühl, einen schweren Fehler gemacht zu haben, indem sie mit dem Grafen tanzte.

»Mylord, ich möchte gern zu Ihrer Hoheit zurückkehren«, bemerkte Isabelle.

»Lassen Sie sich nicht von Saint-Germain einschüchtern«, erwiderte William.

»Bitte, Mylord.« Die Musik endete und ersparte es ihnen, sich den Weg durch die tanzenden Paare bahnen zu müssen. Bevor das Orchester einen weiteren Walzer aufspielte, lächelte Isabelle den Grafen an. »Nochmals vielen Dank, William.«

Ohne seine Antwort abzuwarten, verließ Isabelle die Tanzfläche und schlenderte in Richtung der Herzoginwitwe. Beinahe gleichzeitig mit ihrem Vormund traf sie dort ein.

John ergriff ihre Hand und führte sie auf die Tanzfläche. »Sie sind ja fast nackt«, flüsterte er in vorwurfsvollem Ton.

»Im Vergleich zu den Roben der anderen Damen ist mein Kleid geradezu sittsam«, entgegnete Isabelle. In ihrer Stimme schwang ein beißender Unterton, als sie hinzufügte: »Sehen Sie sich doch nur Amanda Stanley oder Lucy Spencer an.«

Johns dunkle Augen verengten sich zu Schlitzen. »Warum haben Sie mit Grimsby getanzt?«

»Er hat mich aufgefordert.« Isabelle ließ sich nicht beirren.

»Würden Sie von einer Brücke springen, wenn Grimsby Sie dazu aufforderte?«

»Sie verhalten sich geradezu lächerlich.« Isabelle wollte sich abwenden und die Tanzfläche verlassen.

John umklammerte ihre Hand fester und hinderte sie am Entkommen. »Wagen Sie es ja nicht, von dieser Tanzfläche zu verschwinden.«

Isabelle ergab sich in ihr Schicksal. Schließlich durfte sie keinesfalls einen Skandal provozieren.

»Halten Sie sich von Grimsby fern«, warnte John. »Er ist kein Mann für Sie.«

»Ich finde William recht charmant«, erwiderte Isabelle und bedachte ihn mit einem zuckersüßen Lächeln.

»William, so ist das also?« wiederholte John. »Hören Sie mir gut zu, Miß Montgomery. Grimsby würde mich liebend gern vor aller Augen kompromittieren, und er würde auch nicht davor zurückschrecken, Sie zu benutzen, um dieses Vorhaben in die Tat umzusetzen.«

»Das nehme ich Ihnen nicht ab«, wandte Isabelle ein. »Der Graf von Ripon ist ein Ehrenmann.«

Der Walzer klang aus. Um der Verärgerung ihres Vormunds zu entkommen, erklärte Isabelle: »Den nächsten Tanz habe ich einem anderen Herrn versprochen.«

Isabelle mußte so rasch wie möglich nach einem weiteren Tanzpartner Ausschau halten. Ihr Blick fiel auf einen schmächtigen, dunkelhaarigen Mann, der an einer Wand lehnte und sie betrachtete. Zum erstenmal in ihrem Leben ging sie auf den Baron von Redesdale zu.

»Ich bin bereit«, sagte Isabelle.

»Wofür?« wollte Nicholas deJewell wissen.

»Für unseren Tanz, schon vergessen?«

DeJewell nahm ihre Einladung an. Er ergriff ihre Hand und führte sie auf die Tanzfläche.

Die Berührung seiner Hand war widerlich, doch Isabelle zwang sich, gute Miene zum bösen Spiel zu machen. Soweit möglich hielt sie Nicholas auf Abstand und fragte sich insgeheim, ob die Verärgerung ihres Vormunds nicht leichter zu ertragen gewesen wäre.

»Ich muß mit dir unter vier Augen reden.« Nicholas drängender Tonfall lenkte sie von ihren verwirrenden Überlegungen ab.

»Was ist denn?« fragte Isabelle mißtrauisch.

»Ich habe eine Nachricht von deinem Bruder erhalten«, erklärte er ihr. »Bitte, begleite mich nach draußen.«

Einen langen Augenblick musterte ihn Isabelle. Das letzte, wonach ihr der Sinn stand, war ein Spaziergang mit Nicholas deJewell im Freien. Dann fiel ihr ein, daß Nicholas stiller Teilhaber an den Geschäften ihres Bruders war und wahrscheinlich die Wahrheit sagte. Aber warum hatte John keine Nachricht von ihren Brüdern erhalten? Vermutlich schon, überlegte sie, aber die kurze Zeitspanne, die sie miteinander verbracht hatten, hatten sie sich gestritten.

Als Isabelles Blick suchend durch den Ballsaal schweifte, bemerkte sie ihn mit Amanda Stanley auf der Tanzfläche. Ihre veilchenblauen Augen wanderten zurück zu Nicholas, dann nickte sie.

Beim Verlassen der Tanzfläche warf sie Nicholas einen schiefen Seitenblick zu und stellte fest, daß er jemandem im Saal zunickte. Als sie in seine Blickrichtung sah, bemerkte sie, daß ihre Stiefmutter unmerklich den Kopf senkte. Gaben sich die beiden etwa heimlich Zeichen? Und wenn ja, warum? Irgend etwas stimmte hier nicht.

Isabelle überlegte, ob sie Nicholas vielleicht besser nicht begleiten sollte, aber dann ... Der Wunsch, etwas von Miles zu erfahren, zwang sie zum Weitergehen.

»Bist du sicher, daß unser gemeinsamer Aufbruch schicklich ist?« fragte Isabelle voller Besorgnis.

Nicholas lächelte sie aufmunternd an. »Ich versichere dir, daß auch andere Paare draußen spazierengehen.«

Als sie ins Freie traten, mußten sich Isabelles Augen zunächst an die Dunkelheit gewöhnen, dann entspannte sie sich. Obwohl sie nur wenige Meter in den Park hineinschauen konnte, bemerkte sie ein weiteres Paar in der Nähe des zur Straße führenden Aufgangs und entschied, daß sie völlig ungefährdet war. Nicholas führte sie in die entgegengesetzte Richtung, und als sie die Begrenzungsmauer zum Nachbargrundstück der Debretts erreicht hatten, grinste er sie hinterhältig an.

»Also, welche Neuigkeiten hast du von Miles erfahren?« wollte Isabelle wissen.

Völlig unerwartet umklammerte Nicholas ihre Unterarme und zog sie dicht an seinen Körper. Entsetzt durchfuhr Isabelle der absurde Gedanke, daß er weitaus stärker war, als sie angenommen hatte.

»Isabelle, ich bete dich an«, flüsterte Nicholas, während sein Mund ihre Lippen suchte.

»Laß mich los, du Idiot!« schrie Isabelle und setzte sich heftig zur Wehr.

»Ich liebe dich«, sagte er lauter und umschlang sie noch fester. »Ich möchte dich zu meiner ...«

»Die Dame sagte, daß Sie sie loslassen sollten«, erklang eine Stimme aus der Dunkelheit.

Nicholas ließ seine Hände sinken, und Isabelle sprang hastig zurück. Als sie herumwirbelte, sah sie, daß ihr William Grimsby zu Hilfe geeilt war.

»Gnade dir Gott, Nicholas«, sagte Isabelle und beeilte sich, an die Seite ihres Retters zu gelangen. »William, ich möchte ins Haus zurück.«

Als Isabelle gemeinsam mit William den Park verlassen wollte, waren sie plötzlich mit John Saint-Germain konfrontiert. Der unheilvolle Gesichtsausdruck ihres Vormunds entsetzte Isabelle.

Sie versuchte die Umstände zu erklären. »Nicholas hat mich mit falschen Versprechungen nach draußen gelockt, und William hat mich vor seinen Zudringlichkeiten bewahrt.«

Johns dunkle Augen wanderten von ihr zu Grimsby. William nickte kurz, drehte sich um und verschwand im Haus der Debretts.

»Sollten Sie meine Schutzbefohlene jemals wieder in eine solch skandalöse Situation bringen«, warnte John und blickte deJewell durchdringend an, »werde ich Ihrem mißratenen Leben mit dem größten Vergnügen ein Ende bereiten. Haben Sie mich verstanden?«

Der Baron von Redesdale nickte hektisch und stürmte dann auf das Herrenhaus zu.

»Ihre Ignoranz bringt mich noch um den Verstand«,

bemerkte John, der sich ihr unvermittelt zugewandt hatte. »Sich allein mit einem Mann in einem dunklen Park aufzuhalten könnte Sie in eine verfängliche Situation bringen. Ihr Ruf wäre ruiniert, und Ihnen bliebe nichts anderes übrig, als den besagten Mann zu heiraten.«

Wortlos drehte sich Isabelle um und wollte zum Herrenhaus eilen, doch John hinderte sie daran, indem er sie festhielt und sie mit sanfter Entschlossenheit zwang, ihn erneut anzusehen.

»Versuchen Sie ja nicht, mir noch einmal wegzulaufen, wenn ich mit Ihnen rede«, knurrte er.

»Ich befolge nur Ihren Rat, Euer Gnaden«, klärte sie ihn auf. »Ich muß sofort ins Haus zurück, damit mein Ruf keinen Schaden nimmt und mir letztlich nichts anderes übrig bleibt, als mit Ihnen zum Altar zu schreiten. Das, so versichere ich Ihnen, wäre ein schrecklicheres Schicksal als der Tod.«

»Der Sarkasmus steht Ihnen nicht zu Gesicht«, herrschte John sie an.

»Ihre Grobheit ist ebenfalls fehl am Platz.«

Seine Verärgerung schien sich zu legen. »Sie haben recht«, meinte John zu ihrem Erstaunen. »Ich möchte Sie lediglich davor warnen, wie gefährlich und hinterhältig Männer sein können.«

»Gegenüber dem Grafen von Ripon haben Sie sich sehr unhöflich verhalten«, stellte Isabelle fest. »Sie haben ihm nicht einmal dafür gedankt, daß er mir zu Hilfe eilte.«

»Warum sollte ich?« Ein unmerkliches Lächeln umspielte Johns Lippen. »Schließlich hat er sich widerrechtlich meiner Pflichten bemächtigt.«

»Euer Gnaden, Sie sind unverbesserlich.«

»Isabelle, hören Sie mir gut zu. Grimsby haßt mich und würde Sie als Mittel zum Zweck verwenden, wenn er mir dadurch schaden kann.«

»Das glaube ich einfach nicht«, widersprach sie ihm. »Warum sind Sie eigentlich verfeindet?«

John senkte die Lider. »Grimsby will mich finanziell ruinieren.«

Isabelle blickte ihn an. Sie spürte, daß er etwas vor ihr verbarg.

»Widmen Sie sich wieder Ihren heiratswilligen Junggesellen und entscheiden Sie sich für einen von ihnen.« Der Gedanke, sie könnte einen der jungen Tölpel im Ballsaal der Debretts heiraten, erfüllte John mit einem so plötzlichen Widerwillen, daß seine Stimmung auf den Tiefpunkt sank. »Ich möchte, daß Sie so schnell wie möglich wieder aus meinem Leben verschwinden«, fuhr er fort. »Ich habe die Verantwortung satt.«

»Ich habe Sie nicht darum gebeten, die Verantwortung für mich zu übernehmen«, sagte Isabelle zornig, weil sie niemandem zur Last fallen wollte und schon gar nicht ihm.

»Aber Ihr Bruder«, meinte John kurz angebunden. »Hören Sie mir zu, Isabelle. Es tut mir leid, daß ...«

»Ich habe Kopfschmerzen«, unterbrach Isabelle seine Entschuldigung. »Ich fahre nach Hause.«

»Ich werde Gallagher anweisen, Sie zum Anwesen der Montgomerys zu bringen«, erwiderte John und reichte ihr seine Hand.

Isabelles veilchenblaue Augen wanderten von seinem Gesicht zu der ihr entgegengestreckten Hand. Hocherhobenen Hauptes schlüpfte sie an ihm vorbei und marschierte zum Eingang des Herrenhauses.

Sie war nicht bereit, die Überheblichkeit des Herzogs zu entschuldigen, solange er ihr Vorschriften machte. Und sie schwor sich, erst dann wieder einem gesellschaftlichen Ereignis beizuwohnen, wenn Giselle erneut auftauchte, um sie unter ihre Fittiche zu nehmen.

8

Ihr knurrender Magen erinnerte sie an die vielen Stunden, die seit dem letzten Abendessen verstrichen waren. Gütiger Himmel, sie hatte einen Bärenhunger.

Isabelle betrachtete sich in dem Ankleidespiegel, der in einer Ecke ihres Zimmers stand. Während sie die Ereignisse des Vorabends Revue passieren ließ, glättete sie gedankenverloren ihr weißes Batistkleid; dann wandte sie sich ab, um den Raum zu verlassen.

»Gott sei Dank«, entfuhr es Isabelle überrascht, als sie die alte Frau in ihrem Sessel vor dem Kamin erblickte. »Wo hast du denn die ganze letzte Woche gesteckt?«

»Hier und dort und überall«, antwortete Giselle mit einer beiläufigen Geste. »Hast du dir Sorgen gemacht?«

»Du hast mir gefehlt.«

Isabelle durchquerte das Zimmer, um sich neben der Alten niederzulassen.

»Ich danke dir, mein Kind.«

»Ich brauchte deinen Rat.«

»In diesem Fall tut es mir wirklich leid, daß ich so lange fort war«, erwiderte Giselle.

»Ich verzeihe dir.«

»Vergebung ist ein göttliches Geschenk«, bemerkte Giselle.

»Warum warst du so lange fort?« wollte Isabelle wissen. »Gibt es noch andere Sterbliche, die du beschützen mußt?«

»Nein, mein Kind. Jeder Mensch hat seinen eigenen Schutzengel«, antwortete Giselle. »Warum wolltest du meinen Rat?«

»Der Herzog von Avon hat dich an jenem Tag im Garten gesehen«, flüsterte Isabelle.

»Ja, ich weiß.«

»Wie ist das möglich? Niemand hat dich je zuvor wahrgenommen.«

Die alte Frau zuckte mit den Achseln. »Seine Gnaden besitzt ein großes Herz.«

»Seine Gnaden besitzt überhaupt kein Herz.«

»Mein Kind, da irrst du dich gewaltig. John Saint-Germain verbirgt seine Gefühle, um nicht erneut tief verletzt zu werden.«

»Hat man John denn so verletzt?« fragte Isabelle erstaunt. »Wer denn?«

»Seine verstorbene Frau.«

»Was ist denn vorgefallen?«

»Du weißt, daß ich nichts um das Gerede der Menschen gebe. Das muß dir Seine Gnaden selbst anvertrauen.«

Isabelle warf ihrem Schutzengel einen vorwurfsvollen Blick zu.

»Du wirst mich nicht erweichen, daß ich irgend etwas preisgebe«, sagte Giselle. »Wenn du wissen willst, was passiert ist, mußt du ihn selbst fragen.«

»Na schön«, erwiderte Isabelle und wechselte das Thema. »Wann kehrt Miles zurück?«

»Dein Bruder wird erst heimkehren, wenn der Prinz und du verheiratet seid.«

»Solange ich nicht verliebt bin, habe ich keinesfalls die Absicht zu heiraten«, wandte Isabelle ein. »Ich möchte noch viele Tage mit dir gemeinsam am Fluß Avon musizieren.«

»Ich bin nicht von dieser Welt und kann nicht ewig bei dir bleiben«, meinte Giselle. »Eines Tages wirst du wieder unten am Avon sitzen, aber dann wird deine Tochter dich begleiten.«

Bei dem Gedanken an ein eigenes Kind lächelte Isabelle. Sicher, augenblicklich hatte sie nicht das Bedürfnis zu heiraten, aber eines Tages wünschte sie sich durchaus eine eigene Familie.

»Nimm die Einladung des Grafen von Ripon zu einer Spazierfahrt an.« Giselles Äußerung ließ Isabelle aufhorchen.

»Der Graf hat mich aber nicht zu einer Spazierfahrt eingeladen«, erklärte ihr Isabelle.

»Er wird es noch tun.«

»Ist William Grimsby denn der dunkle Prinz?«

»Siehst du schlecht?« erwiderte Giselle. »William Grimsby ist blond.«

Verärgert sprang Isabelle auf und musterte ihren Schutzengel. »Oh, du bist unverbesserlich.«

»Geh zum Frühstück«, meinte die Alte lächelnd.

Isabelle verließ ihr Zimmer und schlenderte durch den Flur. Als sie sich dem Zimmer ihrer Stiefmutter näherte, drang eine vertraute Stimme aus dem Innern. Widerwillig trat sie näher an die Tür heran und lauschte.

»Aber du hast es doch selbst gesagt«, jammerte Nicholas deJewell.

»Ich habe gesagt, daß du sie verführen sollst, von Zudringlichkeiten war nie die Rede«, erwiderte Delphinia empört.

»Ich nahm an, sie würde mich heiraten, wenn ich sie in eine kompromittierende Situation brächte«, verteidigte sich Nicholas.

»Deine Annahme war falsch.«

»Hätte sich Grimsby nicht eingemischt, dann ...«

»Nicholas, hör auf zu jammern«, fuhr ihm Delphinia ins Wort. »Du klingst wie ein geprügelter Hund.«

»Was sollen wir jetzt tun?« fragte Nicholas.

»Halte dich ein bis zwei Wochen vom Anwesen der

Montgomerys fern«, erklärte ihm Delphinia. »Bis dahin ist dieser unliebsame Zwischenfall längst vergessen. Dann mußt du ihr erneut den Hof machen. Und nimm um Himmels willen den Dienstbotenaufgang; ich möchte nicht, daß sie dich sieht.«

Warum war Nicholas deJewell so erpicht darauf, sie zu heiraten, obwohl er sie nicht liebte? Genaugenommen war sie mittellos. Gewiß, Miles würde ihr eine großzügige Mitgift bereitstellen, aber warum verschwendete er seine Zeit mit ihr, statt eine reiche Erbin zu umwerben?

Isabelle hatte keinen Bedarf an weiteren Einzelheiten. Verwundert über die merkwürdige Unterhaltung, ging sie in Richtung Haupttreppe. Wenigstens brauchte sie sich in den kommenden ein, zwei Wochen keine Sorgen zu machen, Nicholas über den Weg zu laufen.

»Es tut mir leid, Mylord«, drang Pebbles' Stimme aus der Eingangshalle zu ihr hinauf. »Lady Isabelle ist noch nicht nach unten gekommen.«

»Dann hinterlasse ich ihr meine Karte«, vernahm sie die Stimme eines Mannes.

Als sie über das Treppengeländer nach unten spähte, fiel Isabelles Blick auf William Grimsby. »Guten Tag, Mylord!« rief sie und eilte die Treppe hinunter.

Beim Klang ihrer Stimme drehten sich die beiden Männer zu ihr um.

Der Graf von Ripon lächelte. »Sie wollten mich doch William nennen. Schon vergessen?«

Isabelle nickte und erwiderte sein Lächeln. »Was verschafft mir die Ehre?«

»Ich war Ihretwegen besorgt und wollte mir lediglich Gewißheit verschaffen, daß Ihnen die gestrige Erfahrung keinen Kummer bereitet«, erklärte er.

Isabelle errötete. »Mit mir ist soweit alles in Ordnung, allerdings erteilte mir mein Vormund eine strenge Lektion hinsichtlich des Alleinseins mit Männern.«

»Dieses eine Mal muß ich Saint-Germain recht geben«, erwiderte William. Stirnrunzelnd fügte er hinzu: »Daß ich Ihnen zu Hilfe kam, hat seine Laune vermutlich nicht eben gebessert.«

»Der Herzog von Avon ist zwar mein vorübergehender Vormund«, sagte Isabelle, »aber er kann mir keine Vorschriften machen.«

»Würde es Ihnen unter diesen Umständen etwas ausmachen, morgen früh gemeinsam mit mir eine Spazierfahrt durch den Hyde Park zu unternehmen?« fragte William.

Giselle hatte es ihr prophezeit, dennoch zögerte Isabelle, bevor sie antwortete. Ihren Vormund würde die Wahl ihres Begleiters stören, obwohl der Graf ihren guten Ruf gerettet hatte.

»Vermutlich hegen Sie Zweifel, ob Saint-Germain Ihren Entschluß billigt«, bemerkte William.

»Mit dem größten Vergnügen fahre ich morgen mit Ihnen.« Isabelle schenkte ihm ihr gewinnendstes Lächeln und wirkte wesentlich selbstbewußter, als ihr eigentlich zumute war.

»Sagen wir gegen neun Uhr?«

Isabelle nickte zustimmend. »Neun Uhr ist eine hervorragende Zeit.«

Ihre Hand an seine Lippen führend, murmelte William: »Bis dahin wird es mir wie eine Ewigkeit vorkommen, Mylady.«

»Nennen Sie mich Isabelle. Schon vergessen?« sagte sie, fasziniert von seinem galanten Auftreten.

William grinste. »Bis morgen, Isabelle.«

Nach seinem Aufbruch musterte Isabelle ihre Hand und bereute ihre Entscheidung. Sie fühlte sich verpflichtet, die Einladung des Grafen anzunehmen; er hatte sie vor dem Neffen ihrer Stiefmutter beschützt. Außerdem gefiel ihr sein charmantes Verhalten. Und, was das wichtigste war, Giselle hatte ihr dazu geraten, seine Einladung anzunehmen.

Trotzdem quälte sie ein unangenehmes Gefühl wegen ihres Vormunds, und das nahm ihr jeglichen Appetit. Sie beschloß, in ihr Zimmer zurückzukehren und diese neuen, verwirrenden Empfindungen ihrem Schutzengel anzuvertrauen.

Gedankenversunken schlenderte Isabelle durch die Eingangshalle und stieg langsam die Stufen hinauf. Wie aus weiter Ferne vernahm sie ein Klopfen am Hauptportal und die Schritte des Majordomus.

»Isabelle!«

Die Stimme des Herzogs von Avon ließ sie innehalten. Seine Gnaden klang nicht sonderlich fröhlich.

Isabelle drehte sich um und hielt dem Blick seiner dunklen Augen stand. Eigentlich sollte ein Mann nicht so verdammt attraktiv sein, dachte sie im stillen. Die dunkle, geheimnisvolle Aura des Herzogs zog sie auf eine Weise an, wie es dem blonden Grafen niemals gelungen wäre.

»Kommen Sie zu mir«, wies John sie an. »Ich möchte mit Ihnen reden.«

»Beabsichtigen Sie, sich für Ihr unhöfliches Benehmen gestern abend zu entschuldigen?«

John marschierte durch die Eingangshalle und baute sich am Fuß der Treppe auf. »Was wollte Grimsby von Ihnen?«

Ihm fest in die Augen blickend, erwiderte Isabelle: »William war besorgt um mein Wohlergehen ...« Sie zögerte und senkte die Lider, als sie schließlich hinzufügte: »Er hat mich zu einer Spazierfahrt durch den Hyde Park eingeladen.«

»Ich verbiete Ihnen, auch nur irgend etwas mit ihm zu unternehmen.«

»Sie *verbieten* es mir?« wiederholte Isabelle ungläubig.

»Grimsby ist ein gefährlicher Mann. Ich will nicht, daß Sie Umgang mit ihm haben.«

»Was Sie wollen, interessiert mich nicht im geringsten«, erwiderte Isabelle, drehte sich um und stürmte die Treppe hinauf.

Am nächsten Morgen stand Isabelle früher als gewöhnlich auf, um sich für ihren Ausflug in den Hyde Park zurechtzumachen. Sie trug ein knöchellanges, blaues Wollkleid mit hohem Kragen, einen darauf abgestimmten Umhang mit Kapuze und schwarze Wildlederstiefeletten. Auch wenn ein Hut wesentlich modischer als eine Kapuze gewesen wäre, verabscheute Isabelle jegliche störende Kopfbedeckung, da sie dann ständig das Gefühl hatte, ein Vogelnest auf dem Kopf spazieren zu führen.

Während sie sich auf ihre Verabredung mit William Grimsby vorbereitete, wuchsen ihre Schuldgefühle.

»Meinst du, ich sollte absagen?« fragte Isabelle an die alte Frau gerichtet, die immer noch vor dem Kamin saß. »Ich könnte einen weiteren Migräneanfall vorschieben.«

»Die Lüge ist eine schreckliche Sünde.«

»Ja, aber je mehr man lügt, um so einfacher wird es.«

»Mein Kind, ich möchte dich daran erinnern, daß die Friedensstifter gesegnet und wahre Kinder Gottes sind«, erklärte Giselle.

»Du sprichst in Rätseln.«

Giselle warf ihr ein vielsagendes Lächeln zu. »Tatsächlich?«

Isabelle umklammerte ihr Medaillon, starrte ins Leere und überlegte, was die alte Frau damit gemeint hatte. Plötzlich eilte sie zu ihrem Schutzengel. »Ich könnte die Gelegenheit nutzen, um Frieden zwischen John und William zu stiften.«

»Eine wunderbare Idee«, erwiderte die Alte.

Isabelles Lippen verzogen sich zu einem versonnenen Lächeln. »Und überdies stammt sie von mir.«

»Geh jetzt, mein Kind. Es ist bereits neun Uhr.«

Als Isabelle im Erdgeschoß eintraf, bat Pebbles gerade den Grafen von Ripon in die Eingangshalle. »Guten Morgen, William«, begrüßte sie ihn lächelnd. »Wie Sie sehen, bin ich pünktlich.«

»Welch eine angenehme Abweichung von der Norm«, bemerkte William und ergriff ihre Hand.

»Wie meinen Sie das?«

»Damen von Stand lassen die Herren für gewöhnlich warten«, erklärte er ihr.

Isabelle errötete. »Oh, das wußte ich nicht.«

»Ich bin froh darüber.« William lächelte. »Und ich versichere Ihnen, daß angesichts Ihrer überwältigenden Schönheit der Reiz dieses herrlichen Frühlingsmorgens verblassen wird.«

»Vielen Dank für Ihre Liebenswürdigkeit«, murmelte Isabelle erfreut. Es war so einfach, sich an die Schmeicheleien der Männer zu gewöhnen.

»Ich sage lediglich die Wahrheit.« Mit diesen Worten führte sie der Graf von Ripon ins Freie und half ihr in seinen von zwei Schimmeln gezogenen Landauer. Sie nahmen die Straße zum Piccadilly.

Isabelle lehnte sich zurück und betrachtete die Umgebung. Seit sie Stratford verlassen hatte, war sie nicht mehr spazierengegangen, und das vermißte sie sehr.

Ein klarer blauer Frühlingshimmel wölbte sich über der zu neuem Leben erwachenden Natur. In Stratford würden um diese Jahreszeit die Rotkehlchen über die Stoppelfelder hüpfen und die Stare ihren Weibchen ein Liebeslied zwitschern. Krokusse reckten ihre Blütenkelche den ersten wärmenden Sonnenstrahlen entgegen.

Plötzlich überkam Isabelle entsetzliches Heimweh. Seufzend dachte sie darüber nach, daß ihr all diese vertrauten Freuden bis zum Ende der Londoner Ballsaison versagt blieben.

»Ist irgend etwas?« fragte William.

Isabelle zwang sich zu einem zaghaften Lächeln und schüttelte den Kopf. »Ich habe Heimweh nach Stratford.«

»Das kann ich verstehen«, meinte William mitfühlend. »Auch ich sehne mich gelegentlich nach der Abgeschiedenheit unseres Familiensitzes in Nordengland.«

Bei seinen Worten, die ihre eigenen Empfindungen widerspiegelten, horchte Isabelle auf. »Wir müssen Seelenverwandte sein.«

Als sie die Piccadilly hinter sich gelassen hatten, steuerte William den Landauer nach rechts in Richtung der Park Lane. Von dort fuhren sie in den Hyde Park.

»Isabelle!« hörte sie ein Rufen.

Als Isabelle sich umdrehte, fiel ihr Blick auf Lobelia, die neben Stephen Spewing, dem Baron von Barrows, in einer Kutsche saß. Sie winkte ihrer Stiefschwester zu, doch ihr freudestrahlendes Lächeln erstarb, als sie das Paar zu Pferd erspähte. John Saint-Germain ritt gemeinsam mit Amanda Stanley aus.

»Gestern ist er in Begleitung von Lucy Spencer ausgeritten«, bemerkte William.

»Es interessiert mich nicht, mit wem mein Vormund ausreitet«, log Isabelle. »Um ehrlich zu sein, kann ich die Heimkehr meines Bruders kaum erwarten, um den Herzog von Avon endlich loszuwerden.«

»Das kann ich Ihnen nicht verdenken«, erwiderte William.

Gesegnet sind die Friedensstifter, denn sie sind wahre Kinder Gottes, dachte Isabelle im stillen. Laut sagte sie: »Eigentlich ist er gar nicht so übel.«

»Der Teufel besitzt die Kraft, ansprechende Gestalt anzunehmen.« William bedachte sie mit einem schiefen Seitenblick.

Isabelles veilchenblaue Augen musterten ihr Gegenüber. »Wäre es möglich, daß Sie und John Ihre Differenzen beilegten?«

»Was geschehen ist, kann man nicht ungeschehen machen«, antwortete William, ohne sie dabei anzusehen.

»Wie meinen Sie das?«

William brachte den Zweispänner neben dem Fahrweg zum Stehen. Dann blickte er sie durchdringend an.

»John Saint-Germain hat meine Schwester umgebracht«, sagte er schließlich.

Isabelle hatte das Gefühl, einen Tritt in den Magen bekommen zu haben. Sämtliche Farbe war aus ihrem Gesicht gewichen, und sie atmete nur noch stoßweise.

»Fühlen Sie sich nicht wohl?« Mit besorgtem Gesichtsausdruck beugte sich William zu ihr vor.

Isabelles unwirsche Handbewegung ließ ihn zurückweichen. Langsam fand sie zu ihrer Beherrschung zurück und verteidigte ihren Vormund.

»Mylord, Sie irren sich«, begann sie. »Seine Gnaden verhält sich zwar hin und wieder abscheulich, trotzdem würde er niemals ...«

»John Saint-Germain heiratete meine Schwester Lenore und ist für ihren frühen Tod verantwortlich«, sagte William mit haßerfülltem Blick. »Ich beabsichtige, ihn dafür zur Rechenschaft zu ziehen.«

Das hatte sie nicht gewußt. Warum hatte ihr John den Grund für die zwischen ihm und Grimsby schwärende Feindschaft nicht genannt?

»Mir ist nicht gut«, flüsterte Isabelle, entsetzt über die verblüffende Enthüllung und den unheilvollen Glanz in den blauen Augen des Grafen. »Bitte bringen Sie mich zurück nach Hause.«

»Es war beileibe nicht meine Absicht, Ihnen diesen herrlichen Morgen zu verderben.« Williams Miene entspannte sich, nachdem er zu seiner Beherrschung zurückgefunden hatte.

»Das glaube ich Ihnen, trotzdem möchte ich umkehren.« Diesmal waren Isabelles Kopfschmerzen echt.

William nickte und fuhr den Weg zurück, den sie gekommen waren. Schweigend verbrachten sie die kurze Strecke zum Berkeley Square. Als sie das Anwesen der Montgomerys erreicht hatten, wollte ihr William beim Aussteigen behilflich sein, doch sie winkte ab.

»Bemühen Sie sich nicht.« Völlig undamenhaft sprang Isabelle aus dem Landauer und stürmte die Vortreppe hinauf.

»Isabelle!« rief William.

Ohne ihn zu beachten, riß Isabelle die Eingangstür auf und knallte sie hinter sich zu. Um ihrer aufgewühlten Gefühle Herr zu werden, schloß sie die Augen und lehnte sich gegen die Tür, als könnte das massive Eichenholz einen beruhigenden Einfluß auf ihre Nerven ausüben.

»Mylady, ist Ihnen unwohl?« fragte Pebbles.

»Mir ist schwindlig«, antwortete Isabelle und öffnete die Augen.

»Ich helfe Ihnen nach oben.«

Als Isabelle den Kopf schüttelte, bereute sie diese

Bewegung sogleich. Mit zitternden Knien durchquerte sie die Eingangshalle und stieg die Stufen zu ihrem Zimmer hoch.

»Der Versuch, Frieden zu stiften, war das Verkehrteste, was ich hätte tun können«, schrie Isabelle beim Betreten ihres Zimmers.

»Was ist denn daran verkehrt, mein Kind?« Giselle blickte sie über die Schulter hinweg an.

»John Saint-Germain hat Williams Schwester getötet!«

»Mein Kind, manchmal erstaunst du mich«, sagte Giselle, und dann war sie wie vom Erdboden verschluckt.

»Verlaß mich nicht!« rief Isabelle und drehte sich suchend im Kreis um. »Ich brauche dich!«

»Was du brauchst, ist lediglich Zeit zum Nachdenken.«

Eine Woche lang weigerte sie sich, Besucher zu empfangen.

Am Morgen des letzten Märztages setzte sich Isabelle in einen der Sessel vor dem Kamin in ihrem Zimmer. Ihre aufgewühlten Gedanken ließen sie nicht zur Ruhe kommen. Um sich zu zerstreuen, hob sie ihre Flöte an die Lippen, besaß jedoch nicht den Mut zu spielen. Wenn Giselle sie doch nur in der Stunde der Not nicht verlassen hätte!

Isabelle legte die Flöte neben ihrem Sessel auf dem Boden ab und atmete tief durch. Die ganze letzte Woche hatte sie versucht, diesen verwirrenden Gedanken zu entfliehen. Vielleicht war es besser, sich ihnen zu stellen.

Hatte William Grimsby an jenem Tag im Hyde Park die Wahrheit gesagt? Hatte der Herzog von Avon seine Frau umgebracht und war aufgrund seiner gesellschaftlichen Stellung einer Verurteilung entgangen?

Isabelle konnte einfach nicht glauben, daß John einen Mord begangen hatte. Der entscheidende Punkt war allerdings der, daß William Grimsby das glaubte. Trotz der ständigen Auseinandersetzungen mit ihrem Vormund war Isabelle bewußt, daß sie ihm etwas schuldig geblieben war, nachdem er sie vor einer Heirat mit dem Neffen ihrer Stiefmutter bewahrt hatte. Sie mußte John warnen, daß Grimsby auf Vergeltung sann.

»Jetzt denkst du schon vernünftiger.«

Abrupt drehte Isabelle den Kopf und gewahrte Giselle im Sessel neben ihr. »Endlich bist du zu mir zurückgekommen«, seufzte sie erleichtert. »Wo warst du?«

»Überall«, antwortete Giselle schulterzuckend. »Du bist also überzeugt, daß Seine Gnaden nicht in der Lage ist, einen Mord zu begehen?«

»Täusche ich mich etwa?«

»Zweifle nie an dir selbst, mein Kind.«

»Sieh dich um.« Isabelle deutete mit einer schwungvollen Handbewegung auf ihr Zimmer.

Die alte Frau blickte sich um und lächelte. Der Raum war ein Blumenmeer aus Veilchen und Vergißmeinnichtsträußen.

»Vielleicht strickt das Blumenmädchen *dir* eines Tages einen Schal«, meinte Giselle süffisant.

»Wovon redest du?«

Giselle kicherte. »In den vergangenen sieben Tagen hat John Saint-Germain dem armen Mädchen sämtliche Blumen abgekauft und sie hierhergeschickt.«

»Woher weißt du, bei wem er sie gekauft hat?«

»Ich halte meine Augen und Ohren offen.«

»Ich habe dich kein einziges Mal bemerkt.«

»Mein Kind, würde ein Schutzengel den Sterblichen im Stich lassen, für den er verantwortlich ist?«

»Du warst die ganze Zeit hier auf dem Anwesen?«

»Bedeutet die Tatsache, daß du mich nicht sehen kannst, daß ich verschwunden sein muß?« fragte Giselle. »Die Liebe kannst du weder sehen noch berühren, und doch gibt es sie.«

Isabelle nickte versonnen. »Genau wie den Haß«, fügte sie hinzu und dachte dabei an William Grimsby.

»Der Haß verbittert die Menschen. Frieden findet man nur, wenn man sich auf die Liebe besinnt«, erklärte ihr Giselle. »Ich bin heute aufgetaucht, weil du zur Vernunft gekommen bist und ich dir einen Rat geben will.«

Erwartungsvoll blickte Isabelle sie an.

»Morgen früh mußt du das Anwesen der Saint-Germains aufsuchen und Seine Gnaden zur Rede stellen«, sagte Giselle.

»Das kann ich nicht tun«, protestierte Isabelle. »Einen Herrn zu besuchen ist unschicklich und würde meinen Ruf ruinieren.«

»So früh am Morgen wird dich niemand bemerken«, wandte Giselle ein. »Außerdem ist morgen der erste April, an dem gewisse abweichende Verhaltensweisen geduldet werden. Das Fest der Narren beginnt bei Sonnenaufgang und endet gegen Mittag.«

»Ich weiß nicht.« Isabelle zögerte. »Was ist, wenn ...«

»Warum verhaltet ihr Sterblichen euch nur immer so entsetzlich unschlüssig?« fuhr ihr Giselle verärgert ins Wort. »Wenn ich schweige, erbittest du meinen Rat; biete ich dir meinen Rat an, behauptest du, ihn nicht annehmen zu können. Das Glück ist mit den Tapferen. Mein Kind, habe ich dich jemals schlecht beraten?«

Betreten schüttelte Isabelle den Kopf. »Bitte verzeih mir. Ich werde auf deine göttliche Weisheit vertrauen.«

»Herr, hab Dank für deine kleinen Wunder«, murmelte Giselle und wandte den Blick himmelwärts.

Pünktlich um acht Uhr öffnete Isabelle am folgenden Morgen ihre Zimmertür einen Spaltbreit und lauschte auf Schritte. Alles blieb still. Sie spähte zur Tür hinaus, um sich zu vergewissern, daß der Flur menschenleer war. Dann blickte sie sich zu ihrer alten Freundin um und flüsterte: »Wünsch mir viel Glück.«

»Viel Spaß bei deinem Abenteuer«, erwiderte Giselle.

Nachdem sie in den Gang hinausgetreten war, schloß Isabelle geräuschlos die Zimmertür und eilte dann zum Dienstbotenaufgang im rückwärtigen Teil des Herrenhauses. Mit einem schwarzen Kapuzenumhang und schwarzen Stiefeln bekleidet, sah sie aus wie ein Bauernmädchen auf dem Weg zum Markt. Unter ihrem Umhang trug sie einen dünnen Wollrock und eine hochgeschlossene weiße Leinenbluse. Es konnte gefährlich werden, wenn man Londons Straßen durchstreifte und zu wohlhabend wirkte. Das hatte Giselle jedenfalls behauptet.

Isabelle schlenderte in die Küche, versetzte den Bediensteten einen gehörigen Schrecken und schenkte ihnen ihr strahlendstes Lächeln. »Ich konnte nicht schlafen und beschloß, an die frische Luft zu gehen«, verkündete sie, während sie an ihnen vorbeischlüpfte.

»London und frische Luft?« hörte sie eines der Küchenmädchen flüstern.

Als sie ins Freie trat, verbarg Isabelle ihr blondes Haar unter der Kapuze; dann eilte sie die Treppe hinunter, die zur Straße führte. Sie ließ den Berkeley Square hinter sich und ging zielstrebig in Richtung Piccadilly, von dem die Park Lane abzweigte, wo ihr Vormund wohnte.

Eine Viertelstunde später stand Isabelle vor dem

Anwesen John Saint-Germains. Sie blickte sich um, doch die Straße war menschenleer. Nachdem sie in fieberhafter Hast die Vortreppe hinaufgeeilt war, griff sie nach dem Türklopfer und betätigte ihn mit schwungvoller Energie. Sie konnte nur hoffen, daß sie eingelassen wurde, bevor sie irgendein Passant bemerkte.

Die Tür wurde geöffnet, und der Majordomus sah sie überrascht an.

»Dobbs«, hauchte sie erleichtert.

»Miß Montgomery, was machen Sie denn hier?«

»Ich muß mit Seiner Gnaden sprechen.« Ihre Stimme klang drängend.

Dobbs trat zurück und gewährte ihr Einlaß. »Beeilen Sie sich, Mylady, bevor Sie jemand sieht.« Er schloß die Tür hinter ihr.

Isabelle blickte sich in der Eingangshalle um, ohne jedoch die prächtige Ausstattung zu beachten. Erleichtert über ihr unbemerktes Eintreffen, war sie voll und ganz damit beschäftigt, was sie dem Herzog mitteilen wollte.

»Seine Gnaden ist noch nicht nach unten gekommen«, erklärte Dobbs. »Würde es Ihnen etwas ausmachen, im Salon zu warten?«

Unschlüssig kaute Isabelle an ihrer Unterlippe. Eine Verzögerung ihrer Unterredung konnte zur Folge haben, daß ihre Abwesenheit zu Hause bemerkt wurde.

»Welche Räume bewohnt er?« fragte sie, während sie durch die Halle in Richtung der Marmortreppe marschierte.

»Miß Montgomery!« entfuhr es Dobbs entrüstet.

Isabelle hatte ihren Stiefel bereits auf die unterste Treppenstufe gesetzt. »In wenigen Minuten muß ich wieder aufbrechen, denn sonst fällt mein Verschwinden auf.«

»Die Gemächer Seiner Gnaden befinden sich im zweiten Stockwerk, erste Türe rechts«, erklärte Dobbs.

Isabelle stürmte die Treppe hinauf und blieb erst stehen, als sie die besagte Tür erreicht hatte. Verunsichert verharrte sie einen langen Augenblick. Sie nahm all ihren Mut zusammen und klopfte schließlich an die Tür.

»Herein«, vernahm sie die Stimme des Grafen.

Isabelle öffnete die Tür und betrat den Raum, aber bei dem sich ihr bietenden Anblick wäre sie beinahe in Ohnmacht gefallen. Ihr Vormund, der gerade seine Morgentoilette beendet hatte, trug lediglich eine dunkle Hose und einen schwarzen Seidenmorgenmantel.

»Ich dachte, Sie hätten mir meine Sachen schon zurechtgelegt, Dobbs«, meinte John, während er sich den restlichen Rasierschaum vom Gesicht wischte.

Isabelle blieb wie angewurzelt stehen und schwieg.

Langsam drehte John sich um. Bestürzung und Verärgerung spiegelten sich auf seinem Gesicht, dann warf er das Handtuch zu Boden.

»Was machen Sie denn hier?« John kam mit langen Schritten auf sie zu. »Sie müssen sofort verschwinden.«

»Ich muß etwas Wichtiges mit Ihnen besprechen.« Hartnäckige Entschlossenheit zeichnete sich auf Isabelles hübschem Gesicht ab. »Solange wir nicht miteinander geredet haben, bleibe ich, wo ich bin.«

»Falls man von Ihrer Anwesenheit erführe, wäre Ihr Ruf für alle Zeit ruiniert.«

»Ich pfeife auf meinen Ruf.«

»Dann warten Sie im Salon auf mich«, meinte John mit einem angedeuteten Lächeln, als er ihr die Tür öffnete.

Isabelle schüttelte den Kopf. »Meine Stiefmutter weiß nicht, daß ich unser Haus verlasse habe. Sie verschwenden lediglich Zeit.«

John senkte den Kopf und fügte sich ihren Wünschen. Er deutete auf die eleganten Stilmöbel vor dem Kamin. »Kommen Sie, wir setzen uns und reden über das, was Ihrer Meinung nach so wichtig ist.«

Isabelle blickte von ihrem teuflisch gutaussehenden Vormund zu den eleganten Stilmöbeln; dann befeuchtete sie ihre Lippen, die aufgrund ihrer Nervosität völlig ausgetrocknet waren. Entschlossen straffte sie die Schultern, schlüpfte an ihm vorbei und nahm auf einer Ecke des Sofas Platz. Als er sich neben sie setzte, mußte sie allerdings dagegen ankämpfen, nicht hinunterzufallen.

Während Isabelle auf ihre zitternden, im Schoß gefalteten Hände blickte, bemerkte sie, daß er so dicht neben ihr saß, daß sie die Wärme seines Schenkels spürte. Tausende kleiner Schmetterlinge flatterten plötzlich in ihrem Bauch. Noch nie war sie einem Mann so nahe gewesen. Warum, in drei Teufels Namen, mußte er auch so attraktiv sein?

Als sie ihn anblickte, beschlich Isabelle das Gefühl, in den dunklen, unergründlichen Tiefen seiner Augen zu versinken. Ihre Stimme schien plötzlich zu versagen. »Danke für die Blumen«, brachte sie schließlich hervor.

»Gern geschehen«, erwiderte er mit einem schelmischen Lächeln. »Also, was ist von solcher Bedeutung, daß Sie deshalb Ihren Ruf aufs Spiel setzen?«

»William Grimsby verbreitet üble Gerüchte über Sie«, berichtete sie ihm stirnrunzelnd. Nach einem kurzen Zögern stammelte sie: »Er behauptet, daß Sie Ihre verstorbene Gattin getötet haben.«

»Und? Glauben Sie, was er sagt?« fragte John, während er sanft ihre Hand umschloß.

»Seien Sie nicht so hirnlos. Sie könnten niemandem auch nur ein Haar krümmen.«

John grinste daraufhin.

»Grimsbys Behauptung bringt Sie in Gefahr«, warnte sie ihn.

»Machen Sie sich wegen William keine Sorgen«, entgegnete John. »Mein früherer Schwager ist ein harmloser Schwätzer und überdies nicht in der Lage, mich zu ruinieren.«

»Der Graf sucht Vergeltung für den Tod seiner Schwester«, wandte Isabelle ein. »Ich habe seinen haßerfüllten Blick bemerkt.«

»Sie haben Ihren Ruf aufs Spiel gesetzt, um mich zu warnen?«

»Vermutlich«, murmelte Isabelle und senkte ihre Lider erneut.

Völlig unerwartet führte John ihre Hand an seine Lippen und zwang sie dann mit sanfter Gewalt, ihn anzusehen. »Lenore Grimsby starb infolge einer Fehlgeburt.«

»Oh, John, es tut mir ja so leid.« Isabelle berührte mit der Handfläche seine Wange.

John wandte den Kopf und hauchte einen Kuß auf ihre tröstende Hand. »Ihre Augen sind von einem faszinierenden Veilchenblau. Ein Mann könnte in ihren Tiefen versinken«, meinte er rauh. »Ich habe immer versucht, Distanz zu Ihnen zu wahren.«

Wie gebannt beobachtete Isabelle sein Gesicht, das dem ihren immer näher kam. Der Anblick seiner suchenden Lippen ließ ihr Herz vor Aufregung schneller schlagen.

Sie schloß die Augen. Ihre Lippen trafen sich. Seine Lippen fühlten sich warm und zärtlich an, und sein maskuliner Duft betörte ihre Sinne.

Das überwältigende Gefühl seines Mundes auf ihren Lippen machte Isabelle willenlos. Als seine starken Arme sie umschlossen und an seinen muskulösen Körper zogen, umschlang sie seinen Hals.

Sich dieser neuen und erregenden Empfindung hingebend, erwiderte Isabelle seinen Kuß. Als seine Zunge Einlaß in ihren Mund suchte, öffnete sie ihm ihre Lippen. Sofort drang seine Zunge in ihren Mund ein – suchend und erkundend, schmeckte er ihre unglaubliche Süße.

Isabelle erschauerte in seiner Umarmung und ergab sich ihm. Unter seinem fordernden Kuß dahinschmelzend, folgte sie seinem Beispiel und liebkoste seine Zunge mit der ihren.

Isabelle ließ sich auf das Sofa zurücksinken, während John zärtliche Küsse auf ihre Schläfen, ihre Lider, ihre Halsbeuge hauchte.

Als sich ihrer Lippen erneut fanden, bemerkte Isabelle entrückt, daß er ihr den Umhang ausgezogen und ihre Bluse beiseite gestreift hatte, um ihre Brüste zu betrachten. Aber das kümmerte sie nicht. Und dann folgten seine suchenden Lippen seinem Blick.

Isabelle erbebte vor Leidenschaft. Außer sich vor Begehren schmiegte sie ihren jungfräulichen Körper an den seinen ...

9

»John Saint-Germain, laß sofort das unschuldige Mädchen los!«

Noch ganz benommen von seiner Leidenschaft, wandte John den Kopf und blickte in Richtung der aufgebrachten Stimme. Im gleichen Augenblick hörte er das verwirrte Seufzen der neben ihm liegenden Frau.

Herr im Himmel, fluchte John insgeheim und wurde sich schlagartig der Situation bewußt. Seine eigene Mutter stand in seinem Schlafzimmer, während er sein halbnacktes Mündel im Arm hielt.

»Sobald ich aufstehe, bedeckst du deine Blößen«, flüsterte er Isabelle ins Ohr.

John erhob sich so von seinem Sofa, daß seine Mutter Isabelle nicht sehen konnte, die rasch ihre Bluse hochstreifte. Während er seine Mutter fixierte, erkannte John, daß die Situation bei weitem mißlicher war, als er zunächst angenommen hatte. Sein Schlafzimmer schien überfüllter als ein Jahrmarkt.

John musterte jeden der Anwesenden. Seine Mutter schien außer sich vor Zorn, seine Tante ebenfalls. Der Gesichtsausdruck der im Gang stehenden Delphinia Montgomery war von Entsetzen gezeichnet. Am schlimmsten aber war die Reaktion seines Bruders. Ross stand da und grinste wie ein Vollidiot. Zur Hölle, er kam sich vor wie ein Schuljunge, den man bei seinem ersten Kuß ertappt hatte.

John warf Isabelle, die neben ihn getreten war, einen verstohlenen Blick zu. Das arme Mädchen hatte sich schützend in ihren Umhang eingehüllt, und ihr von der soeben erwachten Leidenschaft rosig überhauchtes Gesicht war kreidebleich geworden.

»Es tut mir leid, Euer Gnaden«, meldete sich Dobbs, der hinter den Eindringlingen verharrte, zu Wort. »Ich habe alles versucht, um die Herrschaften im Salon aufzuhalten.«

»Ich weiß Ihre Bemühungen zu schätzen«, sagte John zu seinem Bediensteten. »Widmen Sie sich wieder Ihren Aufgaben.«

Der Majordomus drehte sich auf dem Absatz um und verließ den Raum.

Erneut wandte sich John den anderen zu, denn er beabsichtigte, sie in den Salon zu bitten, doch Delphinia Montgomery schritt bereits auf ihn zu. Da er Verständnis dafür hatte, daß die Frau außer sich war, ihre Stieftochter in einer solch prekären Situation vorzufinden, verharrte er wortlos, während sie näher kam. Statt jedoch an ihn heranzutreten, blieb sie vor Isabelle stehen.

Völlig unerwartet hob Delphinia Montgomery ihre Hand, um Isabelle zu schlagen. Allein Johns rasche Reaktion hinderte sie daran.

»Sollten Sie jemals wieder Ihre Hand gegen meine zukünftige Gattin erheben, wird Ihnen das sehr, sehr leid tun«, drohte John, während er ihr Handgelenk umschlossen hielt.

»Ihre zukünftige Frau?« wiederholte Isabelle erstaunt.

»Oh, welch eine hervorragende Neuigkeit«, entfuhr es der Herzoginwitwe.

Tante Hester nickte zustimmend. »Ich wußte schon immer, daß du deine Söhne richtig erzogen hast, Tessa.«

John beachtete die drei Frauen nicht weiter. Statt dessen fixierten seine dunklen Augen Delphinia. »Haben Sie meine Warnung verstanden, Lady Montgomery?«

Delphinia nickte. »Allerdings besteht überhaupt keine Veranlassung, daß Sie sich unglücklich machen«, erwiderte sie. »Nicky wird die Kleine heiraten.«

»Ich werde deJewell nicht heiraten«, rief Isabelle.

»Es steht völlig außer Frage, daß sie Ihren Neffen ehelicht«, bemerkte John. »Ich habe Belle die Ehe versprochen. Nicht wahr, mein Schatz?«

Um einer Eheschließung mit deJewell zu entgehen, hätte Isabelle allem zugestimmt. »Ja, ich habe den Antrag Seiner Gnaden angenommen«, erwiderte sie ohne zu zögern. »Ich bin mir sicher, daß Miles meine Entscheidung nach seiner Heimkehr billigen wird.«

»Ross, führe alle in den Salon, damit ich mich fertig ankleiden kann«, wies John seinen Bruder an. »Ich werde mich in Kürze dort einfinden.«

»Miß Montgomery, ich bestehe darauf, Sie zu begleiten«, wandte Ross ein, als sie zur Tür schritt. »Sie werden mir doch jetzt nicht in Ohnmacht fallen, oder?«

Isabelle schüttelte den Kopf. John konnte sich lebhaft vorstellen, wie ein zaghaftes Lächeln über ihr bezauberndes Gesicht huschte.

»Aber natürlich wird sie nicht in Ohnmacht fallen«, zeterte Tante Hester, während die anderen aus dem Zimmer strömten. »Die geschätzte Isabelle ist aus härterem Holz geschnitzt. Meinst du nicht auch, Tessa?«

»Mit Sicherheit«, bekräftigte Johns Mutter beim Hinausgehen. »Genau deshalb ist sie ja die perfekte Ehefrau für meinen Sohn.«

Als John zehn Minuten später den Salon betrat, blieb er abrupt stehen. Die beiden Damen Montgomery vermittelten den Eindruck, als sei soeben jemand gestorben. Immer noch kreidebleich, saß Isabelle auf der

Kante einer mit rotem Samt bezogenen Ottomane und umklammerte deren vergoldete Lehne. Ihre Stiefmutter saß ihr gegenüber und bedachte sie mit wütenden Blicken.

Warum widersetzte sich eine Frau, der so offensichtlich daran gelegen war, in höhere Gesellschaftskreise aufzusteigen, seiner Eheschließung mit ihrer Stieftochter? fragte sich John. Er war Englands erster Herzog und wurde von allen als die beste Partie des Jahrzehnts angesehen.

»Bevor wir die Einzelheiten besprechen«, lenkte John die Aufmerksamkeit der Anwesenden auf sich, »will ich wissen, warum sich in besagtem Augenblick alle auf meinem Anwesen aufhielten.«

Ross sprach als erster. »Ich kam von einer anstrengenden Nacht nach Hause und hatte den Wunsch, hier vorbeizuschauen.«

»Ich hatte die gleiche Idee«, meinte seine Mutter. »Ich hatte das Gefühl, daß du in Schwierigkeiten stekken könntest.«

»Mir war einfach klar, daß Isabelle hier sein mußte«, erklärte Delphinia. »Es war beinahe so, als hätte mir das jemand ins Ohr geflüstert.«

»Genauso war es«, bekräftigte Ross.

»Ich hatte die gleiche Eingebung«, fügte die Herzoginwitwe hinzu.

»Weißt du etwas davon?« fragte John an Isabelle gewandt.

»Ich habe keine Stimme gehört«, antwortete sie, scheinbar erstaunt über seine Frage.

»Wer wußte, daß du das Anwesen der Saint-Germains besuchen wolltest?« In Johns Stimme schwang ein beißender Unterton.

Isabelle wollte etwas erwidern, besann sich jedoch eines Besseren. Ihr Blick fixierte die gegenüberliegende Wand des Salons, als sie schließlich antwortete: »Gott allein kannte mein Ziel.«

Sie lügt, entschied John und musterte sie erbost. Das war so offensichtlich wie die Tatsache, daß sie ihn soeben zu einem Eheversprechen genötigt hatte. Es gab keine andere Erklärung für die Geschehnisse dieses Morgens. Sie war genauso wie Lenore. Gütiger Himmel, hatte er denn nichts aus seiner unglücklichen Ehe gelernt?

»Ein Wunder, gewiß doch. Sehen wir die Angelegenheit im Moment als abgeschlossen an, und wenden wir uns den Einzelheiten zu«, bemerkte John, nicht gewillt, Isabelle vor seiner Mutter der Lüge zu bezichtigen, da die Herzoginwitwe das Mädchen offenbar ins Herz geschlossen hatte. Er wandte sich seiner Mutter zu. »Du und Tante Hester werdet mit Lady Montgomerys Hilfe die Vorbereitung der Hochzeitsfeierlichkeiten übernehmen. Selbstverständlich trage ich sämtliche Kosten.«

»Oh, wir werden viel Spaß haben«, entfuhr es der Herzoginwitwe.

»Tessa, eigentlich habe ich noch nie an der Vorbereitung einer Hochzeit mitgewirkt«, wandte Tante Hester ein.

»Ich bin sicher, wir schaffen das mit Leichtigkeit«, erwiderte die Herzoginwitwe. »Das ist wie die Ausrichtung eines Balles.«

»Die Trauungszeremonie wird in Stratford in der Dreifaltigkeitskirche stattfinden, der anschließende Empfang für zweihundert geladene Gäste in Avon Park«, informierte sie John. »Der vierundzwanzigste Juni erscheint mir ein gutes Datum.«

»Das läßt uns lediglich elf Wochen Zeit für die Vorbereitungen«, protestierte seine Mutter.

»Entweder du gibst dich mit diesen elf Wochen zufrieden«, meinte John in einem Tonfall, der keinerlei Widerspruch duldete, »oder wir flüchten nach Gretna Green.«

Die beiden älteren Damen seufzten angesichts eines möglichen Skandals. Ross schmunzelte.

John wandte sich an Delphinia. »Heute nachmittag um exakt fünf Uhr werde ich mich auf dem Anwesen der Montgomerys einfinden. Halten Sie sich für die Unterzeichnung der Verlöbnisvereinbarung bereit.«

Trotz ihres überaus unglücklichen Gesichtsausdrucks gelang es Delphinia, kurz zu nicken.

»Ich möchte nicht, daß irgendwelche Klatschgeschichten über Isabelle in Umlauf geraten«, bemerkte John. »Zum Ausgleich für Ihre Verschwiegenheit werde ich Ihren Töchtern dabei behilflich sein, Spewing und Hancock zu einem Eheversprechen zu bewegen. Ich nehme an, daß diese beiden Herren ihre bevorzugten Opfer sind?«

»Ich würde die Absichten meiner Töchter nicht unbedingt so formulieren«, erwiderte Delphinia unterkühlt.

»Wir wollen keine Haarspalterei betreiben, werte Stiefschwiegermutter«, meinte John mit einem aufgesetzten Lächeln. »Sind wir uns handelseinig geworden?«

»Ja, Euer Gnaden.«

»Da im Augenblick alles geregelt scheint, darf ich Sie jetzt bitten, mich zu entschuldigen.« Mit diesen Worten gab John das Zeichen zum Aufbruch. »Ross, bleib noch einen Moment. Ich möchte mit dir unter vier Augen sprechen.«

Herzoginwitwe Tessa, Tante Hester und Delphinia erhoben sich. Isabelle blieb als einzige sitzen.

»Niemand hat danach gefragt, was ich eigentlich will.« Ihre Stimme war kaum lauter als ein Flüstern.

John ergriff ihre Hand und half ihr beim Aufstehen. Er blickte in die entwaffnendsten veilchenblauen Augen, die er jemals gesehen hatte.

»Mein Schatz, du wirst in Kürze eine Herzogin«, erklärte er ihr. »Was willst du eigentlich mehr?«

Ihre vor Zorn weit aufgerissenen Augen sprühten Blitze.

John traute seinen Augen nicht. Die blonde Hexe aus Stratford verhielt sich, als sei sie die Betrogene und nicht das durchtriebene Biest, das diese ganze Sache sorgfältig eingefädelt hatte. Zu schade, daß sie kein Mann war. Die Regierung hätte sicher Verwendung für ihre Talente.

»Wir sehen uns später«, erklärte John. »Dann wirst du dich wieder besser fühlen. In der Zwischenzeit stellst du eine Liste der Personen zusammen, die du zur Hochzeit einladen möchtest.«

Herzoginwitwe Tessa hakte Isabelle unter und führte sie, gefolgt von Tante Hester und Delphinia, aus dem Salon.

»Ich dachte, du verabscheust Blondinen«, bemerkte Ross, sobald die Damen verschwunden waren.

John warf seinem Bruder einen mißfälligen Blick zu. »Ich verstehe nicht, wie ich dieser kleinen Hexe in die Falle gehen konnte. Sie konnte nicht einmal wissen, daß ich zu Hause war.«

»Isabelle Montgomery ist keine Hexe«, erwiderte Ross. »Sie ist genauso, wie sie sich gibt. Deine erste Ehe beeinträchtigt dein Beurteilungsvermögen, obwohl ich nicht begreife, warum. Der tragische Verlauf der Fehlgeburt war Lenores Schicksal, aber nicht ihr Fehler.«

»Welche andere Erklärung hast du dann dafür, daß ihr euch alle genau in diesem verhängnisvollen Augenblick in meinem Haus aufhieltet?« fragte John, indem er Ross' Erwähnung von Lenore ignorierte.

»Dafür habe ich keine Erklärung«, antwortete Ross. »Gib es doch einfach zu, Bruderherz. Seit du Isabelle Montgomery das erstemal gesehen hast, wolltest du sie haben.«

»Ein Mann sollte seine Wünsche stets sorgfältig abwägen«, meinte John mit einem Anflug von Sarkasmus.

»Wie du meinst. Ich jedenfalls habe das Gefühl, daß du die Heirat mit Isabelle Montgomery nie bereuen wirst«, erklärte Ross. »Ich bedaure nur, daß sie keine Schwester hat, die genauso ist wie sie.«

»Isabelle hat zwei Stiefschwestern«, erwiderte John mit einem durchtriebenen Grinsen. »Ich bin sicher, daß ich da etwas arrangieren könnte.«

»Mach dir keine Umstände.«

»Eins macht mich allerdings stutzig«, erklärte John seinem Bruder. »Warum ist Delphinia gegen eine Eheschließung zwischen Belle und mir?«

Ross zuckte die Schultern. »Vermutlich hätte sie es gern gesehen, wenn eine ihrer leiblichen Töchter dich betört hätte.«

»Eher unwahrscheinlich.« John verzog das Gesicht. »Ich glaube nicht, daß Lady Montgomery sich diesbezüglich Hoffnungen gemacht hat. Ihre Motive bleiben noch zu klären. Übrigens – bist du mein Trauzeuge?«

»Es wäre mir eine Ehre«, antwortete Ross. »Ich frage mich, was Miles Montgomery nach seiner Rückkehr dazu sagen wird.«

»Der Graf von Stratford gab mir zu verstehen, daß ich seine Schwester ehelichen könne, sofern ich das wünschte«, entgegnete John.

Ross kicherte. »Ich bezweifle, daß er damit rechnete, du könntest ihn beim Wort nehmen. Kann ich irgend etwas für dich tun?«

»Benachrichtige die *Times*, daß der Herzog von Avon erneut heiraten wird, und nenne ihnen den Namen der jungen Dame«, antwortete John. »Während du damit beschäftigt bist, muß ich meinem Anwalt Anweisungen für die Verlöbnisvereinbarung erteilen. Daran anschließend werde ich in Londons feinsten Juwelierläden nach einem Verlobungsring Ausschau halten müssen.«

Ross nickte und wandte sich zum Gehen.

»Sei um fünf Uhr bei den Montgomerys«, rief ihm John hinterher. »Ich brauche einen Zeugen für die Unterschrift.«

Nachdem sein Bruder gegangen war, trat John ans Fenster. Er hoffte, sein Bruder behielte mit seiner Aussage recht, daß Isabelle genauso war, wie sie sich nach außen hin gab. Er konnte sich des Eindrucks nicht erwehren, daß sich diese Hochzeit bei weitem von seiner ersten unterschied. Ja, Isabelle Montgomery war falsch und hinterhältig, trotzdem wollte er sie. Mit jeder Faser seines Herzens.

»Du hast dir einen Aprilscherz mit mir erlaubt!«

Isabelle stand am Fenster und blickte die alte Frau, die wie stets vor dem Kamin saß, vorwurfsvoll an.

»Mein Kind, ich weiß gar nicht, worauf du hinauswillst«, erwiderte Giselle mit unschuldiger Miene.

»Hast du schon jemals irgend etwas anderes getan, als in diesem Sessel zu sitzen und mir Schwierigkeiten zu bereiten?« hakte Isabelle nach, entrüstet über diese offensichtliche Lüge. Wie konnte eines von Gottes himmlischen Geschöpfen lügen, ohne eine Miene zu verziehen?

»Nimm dich in acht, oder ich verlasse dich«, warnte Giselle. »Also, welches Ungemach habe ich dir bereitet?«

»Deine Einmischung hat mich in eine unsägliche Lage gebracht«, erklärte ihr Isabelle.

Giselle schenkte ihr ein durchtriebenes Lächeln. »Nenne es göttliche Fügung, mein Kind. Wollen wir musizieren?«

»Nein, ich habe keine Lust, Flöte zu spielen.« In Isabelles Stimme schwang unterschwellige Verärgerung. Sie schlenderte durch ihr Zimmer und musterte sich im Ankleidespiegel. »Wie du siehst, bin ich für meine Verlobung mit dem Herzog von Avon gekleidet, der jeden Augenblick eintreffen wird.«

»Du siehst sehr schön aus«, lobte die Alte. »Vergiß nicht, es gibt Schlimmeres im Leben, als John Saint-Germain zu heiraten.«

Ihren Schutzengel mit Verachtung strafend, betrachtete Isabelle ihr Ebenbild im Spiegel und war angenehm überrascht. Trotzdem fragte sie sich, warum der Herzog sie zu heiraten beabsichtigte. Ihr Abendkleid war aus schwarzem Samt geschneidert und mit Goldborten abgesetzt. Das weit ausgeschnittene Oberteil hatte lange Ärmel. Ihr goldenes Haar war im Nakken zu einem strengen Knoten zusammengesteckt. Als einzigen Schmuck trug sie das goldene Medaillon mit der Miniatur ihrer Mutter.

»Die Farbe des Kleides und der strenge Knoten sind absolut unmodern«, warf Giselle ein. »Vielleicht solltest du dich für ein farbenfrohes Kleid entscheiden. Was wird die feine Gesellschaft sagen, wenn sie erfährt, daß du bei deiner Verlobung Schwarz getragen hast?«

»Schwarz zu tragen ist eine Offenbarung«, klärte Isabelle sie auf. »Wenn mir an der Meinung der Gesellschaft etwas läge, würde ich nicht mit dir reden.«

»Ich gebe mich geschlagen.« Ein Lächeln huschte über das faltige Gesicht der Alten. »Hast du von deinen Stiefschwestern Nachhilfe bekommen?«

Widerwillig grinste Isabelle. Sie durchquerte das Zimmer, ließ sich in dem Sessel neben Giselle nieder und ergriff deren knochige Hand. »Verzeih mir meine Grobheit. Aber wo bleibt der von dir versprochene dunkle Prinz?«

Entmutigt über diese Frage ihres Schützlings, schüttelte Giselle den Kopf. »Mein Kind, John Saint-Germain ist der dunkle Prinz.«

»Das kann ich nicht glauben.«

»Ich habe dir schon oft gesagt, daß Prinzen nicht zwangsläufig Kronen tragen.«

»John besitzt keinerlei Ähnlichkeit mit dem Mann, dessen Gesicht ich im Fluß gesehen habe«, wandte Isabelle ungläubig ein.

»Du hast ihn mit den Augen einer Zehnjährigen gesehen«, meinte Giselle. »Jetzt bist du eine Frau, die sich heute morgen mit Sicherheit zu ihm hingezogen fühlte.«

Isabelle errötete vor Verlegenheit. War ihr Schutzengel vielleicht in ihrer Nähe gewesen, als John und sie …? Sie zwang sich, diesen bestürzenden Gedanken zu verdrängen. Ein Klopfen an der Tür ließ sie aufhorchen.

»Ja?« rief Isabelle.

»Mylady, alle sind im Salon versammelt«, informierte sie der Majordomus.

»Ich danke Ihnen, Mister Pebbles.«

Isabelle trat aus ihrem Zimmer und stieg langsam die Stufen zum ersten Stockwerk hinunter, in dem sich der Salon befand. Durch die geöffnete Tür hörte sie vor ihrem Eintreten noch, wie sich eine ihrer Stiefschwestern beklagte.

»Unglaublich, daß es Isabelle gelungen ist, dem Herzog ein Eheversprechen abzuringen«, jammerte Rue.

Das unverkennbare Geräusch einer Ohrfeige schloß

sich dieser Äußerung an, und dann hörte sie die Stimme ihrer Stiefmutter. »Kannst du nicht ein einziges Mal in deinem Leben den Mund halten?«

Isabelle umklammerte ihr Medaillon, straffte die Schultern und betrat den Salon. Abrupt blieb sie stehen, denn sämtliche Blicke waren auf sie gerichtet. Als der Bruder des Herzogs kicherte, tastete sie erneut nach ihrem Medaillon.

»Auf ihrer eigenen Verlobung trägt sie Schwarz«, entfuhr es Lobelia.

Delphinia erhob ihre Stimme und bemerkte in zurechtweisendem Tonfall: »Isabelle Montgomery, ich verlange, daß du sofort wieder nach oben gehst und ...«

Mit einer Handbewegung bat John um Ruhe, dann schritt er durch den Salon auf sie zu. Seine dunklen Augen suchten ihren Blick, doch Isabelle war nicht im mindesten eingeschüchtert. Ihr fiel auf, daß seine Mundwinkel zuckten, als müsse er gewaltsam ein Grinsen unterdrücken.

Es erstaunte sie, daß John keineswegs wütend war, sondern ihr tief in die Augen blickte. Dann führte er ihre Hand an seine Lippen und küßte sie.

»Belle, du siehst bezaubernd aus«, bemerkte er in ruhigem Ton. »Ich halte mich für den glücklichsten aller Männer.«

Für Sekundenbruchteile fragte sich Isabelle, ob er sie zum Narren hielt. Was auch immer er vorhatte, sie mußte mit ihm unter vier Augen reden und ihm die Möglichkeit einräumen, von dieser Verbindung Abstand zu nehmen. »Euer Gnaden, darf ich ...«

»Nach unserem gemeinsam verbrachten Schäferstündchen am heutigen Morgen besteht durchaus kein Grund mehr zur Förmlichkeit«, unterbrach er sie mit gesenkter Stimme, so daß nur sie ihn verstand.

Isabelle lief dunkelrot an.

John legte seine Handfläche auf ihre feuerrote Wange und betrachtete ihr Gesicht. »Brennt es?«

Isabelle warf den Anwesenden einen raschen Blick zu. »Bevor wir den Vertrag unterzeichnen, muß ich mit dir reden.«

John nickte zustimmend. »Wir kehren gleich zurück«, erklärte er den anderen, dann winkte er ihr zu. »Komm, wir ziehen uns in das Büro deines Bruders zurück.«

Schweigend führte sie John zum Ende des Ganges, während jede Faser ihres Körpers seine männliche Ausstrahlung spürte.

Als sie das Arbeitszimmer betraten, schloß John die Tür hinter ihnen und schob dann einen der vor dem Kamin stehenden Sessel zum Schreibtisch. Er ließ sich auf dem Schreibtischstuhl ihres Bruders nieder, so daß ihr nichts anderes übrigblieb, als sich wie eine Bittstellerin ihm gegenüber zu setzen. Diese autoritäre Geste entging ihr nicht.

Isabelle faltete ihre Hände im Schoß und starrte sie mutlos an. »Du mußt mich nicht heiraten, John.«

»Redest du mit deinen Händen oder mit mir?« wollte er wissen.

Isabelle richtete ihren Blick auf ihn und faßte sich. »Ich biete dir lediglich die Gelegenheit, von dieser absurden Eheschließung Abstand zu nehmen.«

»Warum bezeichnest du sie als absurd?«

»Wir kennen uns doch kaum.«

John grinste. »Dann frag mich doch, was du wissen willst.«

»Wo werden wir leben?« fragte sie im Hinblick auf ihre Abneigung gegenüber London.

»Wo du willst«, antwortete er.

Von seiner Seite war keine Unterstützung zu erwarten.

»Stratford ziehe ich London vor«, erklärte Isabelle.

»Dann werden wir einen Großteil des Jahres in Stratford verbringen.«

Gütiger Himmel, dachte Isabelle im stillen. Sie hatte den Grafen noch nie so umgänglich und ausgeglichen erlebt.

»Quält dich sonst noch etwas?« fragte er.

»Ich möchte ein Zuhause mit vielen Kindern«, erwiderte sie.

»Ich auch, mein Schatz.«

»Du brauchst nicht *mein Schatz* zu mir zu sagen, wenn wir allein sind«, fauchte Isabelle, erzürnt über seinen lässigen Gebrauch dieses Zuneigung bekundenden Begriffs. »Wie du weißt, bin ich sehr gläubig. Ich beabsichtige, meine Töchter nach den sieben Tugenden zu benennen.«

»Und wie lauten diese?« fragte John, die Worte *mein Schatz* geflissentlich weglassend.

Erstaunt über seine Unwissenheit, starrte Isabelle ihn an. »Glaube, Hoffnung, Güte, Bescheidenheit, Mäßigung, Gerechtigkeit und Tapferkeit.«

John zog fragend seine Brauen hoch. »Die tapfere Fortitude Saint-Germain?«

Isabelle bedachte ihn mit ihrem bezauberndsten Lächeln und nickte. Sie glaubte, daß er sich die Sache vielleicht doch noch anders überlegte, seine anschließende Äußerung traf sie jedoch völlig unerwartet.

»Ich neige eher zu den sieben Todsünden, insbesondere zur Faulheit«, meinte John, ohne eine Miene zu verziehen. »Ich würde unsere Söhne gern nach ihnen benennen.«

Ungläubig starrte ihn Isabelle an. »Sloth Saint-Germain, das Faultier?« entfuhr es ihr.

»Klingt doch gut.« Er schmunzelte und zerstörte dadurch den Effekt. »Ich scherze doch nur, Belle. Gibt es sonst noch irgend etwas?«

Isabelle schüttelte den Kopf. »Ich habe keinerlei diesbezügliche Erfahrungen; von daher weiß ich eigentlich gar nicht, was ich fragen soll.«

»Verstehe«, erwiderte John. »Hast du deine Gästeliste fertig?«

»Ich habe sie hier.« Isabelle beugte sich über den Schreibtisch, um das am Nachmittag dort niedergelegte Blatt Papier hervorzufischen.

John öffnete das sorgfältig gefaltete Stück Papier und blickte sie dann erstaunt an. »Du hast nur drei Namen notiert. Miles, Pebbles und Juniper.«

»Das sind die drei einzigen Menschen auf der Welt, die ich als meine Familie und meine Freunde ansehe«, erklärte sie.

»Was ist mit deiner Stieffamilie?«

»Ich habe sie nie als meine Familie betrachtet.«

»Warum?«

Isabelle senkte den Blick auf ihren Schoß, da sie sich sicher war, Mitleid in seinen Augen bemerkt zu haben. »Sie haben mich nie zu ihren Angehörigen gezählt.«

»Trotzdem müssen Delphinia und ihre Töchter eingeladen werden.«

»Nun, ich nehme es an«, lenkte sie ein. »Dann laß sie auf deiner Seite der Kirche sitzen.«

John brach in schallendes Gelächter aus. Isabelle lächelte gequält, da sie erkannte, wie töricht sie sich doch verhielt.

»Miles ist bis dahin vielleicht noch nicht zurückgekehrt«, bemerkte John mit einem erneuten Blick auf ihre Liste. »Pebbles ist euer Majordomus. Und wer ist Juniper?«

»Bis zu dem Tag, als mein Vater starb, war Missis

Juniper mein Kindermädchen«, erklärte Isabelle. »Ich sehe sie als meine Vertraute an.«

»Wie alt warst du, als dein Vater starb?«

»Zehn Jahre.«

John runzelte die Stirn. »Warum hat Missis Juniper ihre Stellung aufgegeben? Vermutlich brauchtest du sie in dieser schwierigen Situation doch um so dringender.«

»Delphinia erklärte, daß sie Juniper gefeuert habe, weil sie kalten Tee trank. Ob kalter oder heißer Tee, wo liegt da der Unterschied? Nein, der wahre Grund ist der, daß mich Juniper liebte und meine Stiefschwestern verabscheute!«

John schien gegen ein Grinsen anzukämpfen, scheiterte jedoch kläglich. »Liebling, kalter Tee ist ein beschönigender Ausdruck für Brandy. Offenbar sprach Missis Juniper dem Alkohol zu.«

»Könnte Juniper denn nicht unsere Kinder betreuen?« fragte Isabelle. »Ich weiß, daß sie liebend gern in unserem Haushalt leben würde.«

»Ich werde darüber nachdenken«, meinte John unschlüssig.

»Falls Miles bis dahin noch nicht zurückgekehrt ist, hätte ich Mister Pebbles gern zum Brautvater«, warf Isabelle ein, wohl wissend, daß er ihr diesen Wunsch abschlagen würde.

»Das kann ich nicht zulassen«, entgegnete John und runzelte die Stirn. »Pebbles ist ein Bediensteter, und seine Anwesenheit vor dem Altar würde uns zum Gespött der Gesellschaft machen.«

»Für mich zählt Pebbles zur Familie«, protestierte sie.

»Wenn es sein muß, wirst du allein das Kirchenschiff durchschreiten«, beharrte John. »Ich werde Pebbles erlauben, gemeinsam mit Missis Juniper in der ersten Kirchenbank zu sitzen.«

»Welch eine edle Geste«, erwiderte Isabelle gleichermaßen sarkastisch wie er. Um ihn zu verärgern, fragte sie: »Und was ist mit meinem Schutzengel? Wo wird er sitzen?«

»Engel können sitzen, wo sie wollen«, erwiderte John mit einem umwerfenden Lächeln. »War das alles?«

»Ja.«

John erhob sich, doch statt zur Tür zu schreiten, kniete er sich vor sie. Er blickte in die veilchenblauen Tiefen ihrer Augen und ergriff ihre Hand. »Isabelle Montgomery, wirst du mir die Ehre erweisen, meine Frau und meine Herzogin zu werden?«

Erstaunt und gerührt über sein Zartgefühl, nickte Isabelle. »Ja, John, ich will dich heiraten.«

John griff in die Tasche seines Jacketts und entnahm ihr eine kleine samtüberzogene Schachtel. Er öffnete sie und zauberte einen Ring daraus hervor.

»Ich habe ganz London durchkämmt, bis ich schließlich diesen Ring fand.« Mit diesen Worten streifte er das Schmuckstück über ihren Finger.

Isabelle blickte auf ihren Verlobungsring; etwas Derartiges hatte sie noch nie zuvor gesehen. Blütenknospen aus Amethysten, umgeben von Blättern aus funkelnden Smaragden, ruhten auf einem Bett aus Diamanten.

»Der Juwelier nannte diese Arbeit ›Veilchen im Schnee‹, und genau daran erinnerst du mich – an ein bezauberndes Veilchen im Schnee«, erklärte John mit rauher Stimme.

Strahlend vor Glück, blickte Isabelle ihn an. Die weit zurückliegende Prophezeiung ihres Schutzengels hatte sich bewahrheitet. John Saint-Germain *war* der dunkle Prinz, den sie vor langer Zeit in der spiegelnden Wasserfläche des Avon erblickt hatte.

10

Es war ein Fehler, Isabelle Montgomery zu heiraten.

Dieser Gedanke schoß John sicherlich schon zum hundertsten Mal seit der fünf Tage zurückliegenden Verlobung durch den Kopf. Er hatte schon einmal eine flatterhafte Frau geheiratet, die ihn schließlich zutiefst verletzt hatte, und Isabelle schien noch launenhafter als die erste. Wenigstens hatte ihm Lenore zu Beginn Gefühle vorgegaukelt; Isabelle Montgomery hingegen verhielt sich spröde und abweisend.

Warum begehrte er eine Frau, die ihn nicht wollte? überlegte John. Lag es an ihrem scharfen Verstand? Oder fühlte er sich zu ihrer außerordentlichen Schönheit hingezogen? Oder war es sein Schicksal, daß ihn die Frauen ständig zum Narren hielten?

John stand im Arbeitszimmer seines Herrenhauses und blickte aus dem Fenster auf den weitläufigen Park. Er zog dieses Büro im hinteren Teil seiner Stadtresidenz vor, weil es ihm die Aussicht auf seine Ländereien bot und er weniger vom Straßenlärm abgelenkt wurde. Wenn er seine Geschäftsbücher, Verträge und Berichte satt hatte, konnte er die Beine ausstrecken und ins Freie schauen, ohne daß ihn der Anblick von Kutschen und Fußgängern dabei störte. Doch heute erschien ihm die Abgeschiedenheit alles andere als wohlgesonnen; sie drängte ihn mit aller Macht, seinen letzten Fehler zu bereuen – um genau zu sein, sein Verlöbnis mit Isabelle Montgomery.

Schließlich gab John sich innerlich einen Ruck, und er konzentrierte sich auf das neu erwachende Leben in seinem Garten. Die Blütenkelche der Narzissen lugten unter den Forsythien hervor. Der Rasen neben dem Herrenhaus hatte sich in ein Meer aus violetten Veilchen verwandelt, was ihn sogleich wieder an Isabelle erinnerte.

»Verzeihung, Euer Gnaden.«

Beim Klang der Stimme seines Majordomus wandte sich John vom Fenster ab. »Ja, Dobbs?«

»Baron Barrows ist soeben eingetroffen, Euer Gnaden.«

»Bitten Sie ihn herein«, wies ihn John an und nahm seinen Platz hinter dem Mahagonischreibtisch ein.

Dobbs nickte und verließ den Raum. Augenblicke später kehrte er gemeinsam mit dem Baron zurück und schloß – nach einem bezeichnenden Blick seines Dienstherrn – die Tür, um zu gewährleisten, daß die beiden Männer ungestört reden konnten.

»Nehmen Sie Platz, Spewing.« John deutete auf einen vor seinem Schreibtisch stehenden Sessel.

»Danke, Euer Gnaden.« Stephen Spewing setzte sich und musterte verstohlen das Büro. »Ich bewundere Ihren auserlesenen Geschmack, Euer Gnaden.«

»Ich finde mein Arbeitszimmer behaglich.« John griff nach der Kristallkaraffe sowie zwei Kristallschwenkern, die auf einem Silbertablett auf seinem Schreibtisch standen. »Nehmen Sie einen Whisky?«

»Gern, Euer Gnaden.«

Gemächlich schenkte John zwei Gläser Whisky ein und reichte eins davon dem Baron. Dann hob er prostend sein Glas hoch. »Auf Ihr Wohlergehen.«

»Und auf das Ihre, Euer Gnaden«, beeilte sich der jüngere Mann zu erwidern.

Beide Männer tranken ihren Whisky.

»Meine Gratulation zu Ihrer bevorstehenden Hochzeit, Euer Gnaden«, bemerkte Spewing.

»Oh, dann haben Sie die gute Nachricht also schon

erfahren?« fragte John, während seine dunklen Augen sein Gegenüber fixierten.

»In der Tat, Euer Gnaden, ganz London spricht von nichts anderem«, begann der Jüngere. Als befürchte er, der Herzog könne verärgert über die Gerüchteküche sein, fügte er hinzu: »Die *Times* hat die Meldung gebracht.«

»Ja, ich weiß.« John grinste und schenkte erneut nach. »Allerdings habe ich Sie nicht eingeladen, um mit Ihnen über meine Eheschließung zu sprechen. Im Augenblick interessiert mich *Ihre* Hochzeit.«

»*Meine* Hochzeit?« wiederholte Spewing überrascht. »Wie soll ich das verstehen, Euer Gnaden?«

»Wie Sie wissen, bin ich der vorübergehende Vormund der Montgomery-Mädchen«, erklärte John, die Wahrheit leicht verzerrend. »Um genau zu sein, wie sind eigentlich Ihre Absichten gegenüber Lobelia?«

»Überaus ernst gemeint, das versichere ich Ihnen.« Nervös rutschte Spewing in seinem Sessel hin und her. »Ich hege eine tiefe Zuneigung zu Lobelia.«

»Das dachte ich mir«, erwiderte John gedehnt. »Der Mann, der um Lobelias Hand anhält, wird eine großzügige Mitgift und als mein angeheirateter Schwager eine – wenn auch geringe – Beteiligung an meinen Geschäften erhalten.« John legte eine kurze Pause ein und ließ diese Information auf den anderen Mann einwirken. »Ich habe Sie stets außerordentlich geschätzt und würde es begrüßen, wenn Sie derjenige wären, der von einer Eheschließung mit Lobelia profitierte. Ich weiß, daß sie keine Schönheit ist, aber ...«

»Ich finde Lobelia überaus attraktiv«, unterbrach ihn Spewing. »Man sagt doch, die Schönheit liegt im Auge des Betrachters.«

John nickte. »Also ziehen Sie ernsthaft in Erwägung, um ihre Hand anzuhalten?«

»Ich würde es sofort tun, wenn ich Ihre Erlaubnis hätte.«

»Meine Zustimmung ist Ihnen gewiß«, erwiderte John. »Allerdings ziehe ich es vor, daß Sie Ihren Antrag erst nach meinem Verlobungsempfang vorbringen, der am dreiundzwanzigsten April auf dem Anwesen meiner Mutter stattfindet. Isabelle wäre mißgestimmt, wenn Lobelias freudige Nachricht das Interesse von ihr ablenkte. Sie wissen doch, wie Frauen sind.«

»Verstehe, Euer Gnaden.«

John stand auf und deutete damit stillschweigend an, daß ihr Gespräch beendet war. Spewing verstand den Hinweis und erhob sich ebenfalls.

John trat hinter seinem Schreibtisch hervor und schüttelte dem jüngeren Mann die Hand. »Auf unsere gewinnbringende Zukunft als angeheiratete Schwäger.« Daraufhin begleitete er ihn zu den Mahagonidoppeltüren, die auf den Gang hinausführten.

»Zu Ehren der römischen Glücksgöttin werde ich unsere erste Tochter auf den Namen Fortuna taufen«, stotterte Spewing aufgeregt. »Ihre Zustimmung hat mich zum glücklichsten aller Männer gemacht, Euer Gnaden.«

John nickte huldvoll wie ein Prinz, der soeben die Ehrerbietung eines Untergebenen entgegengenommen hat. »Nach Bekanntgabe Ihrer Verlobung werden wir die weiteren Einzelheiten besprechen.«

Als er dem jüngeren Mann die Tür öffnete, fiel sein Blick auf seinen Bruder Ross, der durch den Flur auf sein Arbeitszimmer zusteuerte.

»Nochmals vielen Dank, Euer Gnaden«, sagte Spewing zum Abschied. »Ich weiß Ihr Vertrauen zu schätzen.«

Mit diesen Worten machte sich Baron Barrows auf

den Weg. Als er an Ross vorüberkam, nickte er ihm kurz zu.

Ross betrat das Arbeitszimmer seines Bruders und setzte sich in den soeben frei gewordenen Sessel. Dann schenkte er sich einen Whisky ein und lehnte sich zurück.

»Euer Gnaden, ich weiß Ihr Vertrauen zu schätzen«, imitierte Ross den Tonfall des erwartungsfrohen Barons. »Darf ich den Boden küssen, auf dem Euer Gnaden zu wandeln belieben? Möchten Euer Gnaden, daß ich den Staub von seinen Stiefeln lecke?«

John setzte sich hinter seinen Schreibtisch, goß sich ebenfalls einen Whisky ein und prostete seinem Bruder zu. »Mein erstes Opfer ist mir soeben in die Falle gegangen. Gleich nach meiner Verlobungsfeier wird Spewing um Lobelias Hand anhalten.«

»Und was ist mit dem zweiten von dir ins Auge gefaßten Opfer?« wollte Ross wissen.

»Hancock beabsichtige ich erst nach meiner Eheschließung festzunageln«, erklärte John. »Es soll nicht zu offensichtlich werden, daß ich mir Delphinias Stillschweigen erkauft habe. Außerdem würden zwei so rasch aufeinanderfolgende Anträge an zwei der nichtssagendsten Mädchen, die ich jemals kennengelernt habe, in den Gesellschaftskreisen Verdacht erregen, und ich darf sie nicht der Lächerlichkeit preisgeben. Wenn ich bis zum Herbst warte, wird Hancocks Antrag glaubwürdiger erscheinen.«

»Wie überaus verschlagen von dir«, bemerkte Ross.

»Ich werte das als Kompliment.«

»Meine Worte waren voll des Lobes.«

John grinste. »Nun, was kann ich für dich tun?«

»Nichts. Ich bin hier, um etwas für dich zu tun.«

»Welch merkwürdiger Gesinnungswandel. Bist du krank?«

»Überaus witzig«, sagte Ross grinsend. »Spaß beiseite, ich komme gerade von White's, wo sich mir ein denkwürdiger Eindruck bot.«

»Und der wäre?«

»Ein Treffen des Verliererclubs.«

Fragend zog John seine dunklen Brauen hoch.

»William Grimsby und Nicholas deJewell saßen zusammen und schienen in ein wichtiges Gespräch vertieft«, klärte ihn Ross auf. »Sie hatten die Köpfe zusammengesteckt und sprachen sehr leise. Kurz gesagt, Grimsby und deJewell scheinen sich gegen einen gemeinsamen Gegner verschworen zu haben – nämlich gegen dich.«

»Danke für die Warnung, aber ich bin sicher, daß ich mit den beiden fertig werde.« John erhob sich. »Würdest du mich jetzt bitte entschuldigen? Ich beabsichtige, meiner zauberhaften Verlobten einen Besuch abzustatten.«

»Soll ich dich begleiten?« erbot sich Ross.

»Nein, danke.«

Eine Viertelstunde später betrat John die Eingangshalle des Herrenhauses der Montgomerys. Entferntes Flötenspiel drang an seine Ohren.

Als er sich dem Salon näherte, wurde der Klang der Flöte lauter. Die Melodie war so unbeschwert wie sommerliches Vogelgezwitscher oder das flirrende Sonnenlicht auf einem kristallblauen See. Ja, an diesem Tag erfreute sich seine Verlobte augenscheinlich bester Laune.

Im Türrahmen zum Salon verharrte er und betrachtete Isabelle. Mit ihrem seidenweichen, goldblonden Haar, dem anmutigen Profil und dem blaßrosafarbenen Kleid erschien sie ihm beinahe wie ein Engel.

Als spürte sie seinen forschenden Blick, drehte Isabelle den Kopf und sah ihn an. Sogleich unterbrach sie ihr Flötenspiel und schenkte ihm ein strahlendes Lächeln.

»Guten Morgen, John«, begrüßte sie ihn.

»Ich begreife immer noch nicht, wie du es schaffst, daß dein Flötenspiel wie ein Duett klingt«, meinte John, während er durch den Salon schlenderte und sich auf dem Sofa neben ihr niederließ.

Isabelles Augen funkelten vor Übermut. »Mein Schutzengel begleitet mich. Ich muß zugeben, er spielt besser als ich.«

»Schon gut, behalte deine musikalischen Geheimnisse für dich«, entgegnete John mit einem Grinsen.

»Du glaubst nicht an Schutzengel?« Isabelle warf ihm einen schelmischen Blick zu. »Wie wäre es mit der Akustik des Salons?«

John brach in schallendes Gelächter aus. Sie war die durchtriebenste, aber auch charmanteste kleine Hexe, die ihm jemals begegnet war.

»Wie ich sehe, bist du glücklicherweise allein«, bemerkte er.

»Delphinia und ihre Töchter vergnügen sich mit gesellschaftlichen Antrittsbesuchen«, erklärte sie ihm.

»Und diese Beschäftigung übt keinerlei Reiz auf dich aus?« fragte er, obwohl er ihre Antwort bereits kannte.

»Nicht im geringsten.«

»Ich habe Missis Juniper eine Einladung zu unserer Hochzeit und genügend Geld geschickt, daß sie sich ein dem Anlaß angemessenes Kleid kaufen kann«, bemerkte John.

»Das hätte ich doch auch machen können«, erwiderte Isabelle. »Können wir nicht warten, bis Miles heimkehrt? Ich bin seine einzige Schwester.«

Zögernd sann John auf eine Antwort. Mit jedem Tag wuchsen die Spannungen zwischen England und den

Vereinigten Staaten. Eine Auseinandersetzung schien unausweichlich. Sollten sich ihre Brüder bei Kriegsausbruch noch in New York aufhalten, verschob sich ihre Abreise vermutlich; doch damit wollte er seine Verlobte unter gar keinen Umständen behelligen.

»Wir können nicht warten, bis unsere Brüder zurückkehren«, antwortete John in einem Tonfall, der keinen Widerspruch zuließ. Er rückte näher an sie heran und nahm ihren Veilchenduft wahr. »Du duftest so gut, daß ich dich mit Haut und Haaren verschlingen möchte.«

Isabelle errötete und wechselte das Thema. »Mein Schutzengel hat mir vor langer, langer Zeit prophezeit, daß du in mein Leben treten würdest.«

»Er wußte schon vor unserer ersten Begegnung von meiner Existenz?«

»Ja, allerdings ist mein Schutzengel eine *sie* und heißt Giselle. Sie weiß wesentlich mehr als wir Sterblichen«, berichtete sie ihm. »Giselle erzählte mir, daß ich einen dunklen Prinzen heiraten würde.«

»Giselle heißt sie?« John runzelte die Stirn. »Ich bin zwar Herzog, trotzdem danke ich dir, daß du mich in den Stand eines Prinzen erhoben hast.«

»Prinzen tragen nicht zwangsläufig Kronen«, erwiderte Isabelle. »So ähnlich drückt es Giselle jedenfalls aus.«

»Das alte Mädchen verfügt über einen gesunden Menschenverstand ... Bevor ich es vergesse, hast du Lust, morgen mit mir eine Spazierfahrt durch den Hyde Park zu unternehmen?«

»Mit dem größten Vergnügen.«

John beugte sich so nahe zu ihr vor, daß ihr Veilchenduft seine Sinne betörte. Mit einem entwaffnenden Lächeln senkte er seinen Kopf und küßte sie zärtlich.

»Miß Montgomery, Sie sind eine Versuchung«, hauchte er an ihren Lippen.

»Das Begehren ist eine der sieben Todsünden, Euer Gnaden«, klärte ihn Isabelle auf und entzog sich jeglicher weiteren Versuchung.

Lachend erhob sich John. »Also dann bis morgen um neun.«

»Ich werde bereit sein.« Isabelle schlenderte mit ihm zur Tür des Salons. »Hoffen wir nur, daß das Wetter mitspielt.«

»Mein Kind, ich werde uns einen Tag mit herrlichem Sonnenschein, wolkenlos blauem Himmel und einer sanften Brise bestellen.«

»Und vielleicht noch ein paar weißen Schäfchenwolken als schmückendes Beiwerk?«

»Das könnte sich als schwierig erweisen«, antwortete John mit einem jungenhaften Grinsen. »Ich werde sehen, was sich machen läßt.«

Welch eine göttliche Vorsehung, dachte Isabelle fasziniert, als sie am nächsten Morgen die Vorhänge beiseite schob, um aus dem Fenster zu blicken.

Helle Streifen orangefarbenen Sonnenlichts erstrahlten am violetten Horizont und versprachen herrliches Wetter und einen wolkenlosen Himmel. Die knospenden Zweige der Bäume im Garten regten sich nicht, was auf angenehme Windstille hindeutete.

»Seine Gnaden muß von Gott erhört worden sein«, bemerkte Isabelle über ihre Schulter hinweg. »Es ist ihm gelungen, einen herrlichen Morgen für unsere Spazierfahrt zu arrangieren.«

»Ich habe das für ihn übernommen«, murmelte Giselle, während sie brütend ins Kaminfeuer starrte.

»Warum bist du so trübsinnig?« Isabelle durchquerte den Raum und setzte sich ihr gegenüber auf eine Sessellehne.

»Saint-Germain hat mich gehört und gesehen«, beklagte sich die Alte, »trotzdem zweifelt er nach wie vor an meiner Existenz.«

»Einen Skeptiker zu überzeugen ist äußerst schwierig, wenn nicht sogar unmöglich«, erwiderte Isabelle.

»Ich dachte immer, Sehen heißt Glauben«, entgegnete Giselle.

»Nur für Männer mit Namen Thomas.«

»Wie witzig.«

»Laß John Zeit«, meinte Isabelle. »Gemeinsam werden wir seinen Glauben an die göttliche Vorsehung stärken.«

»Mein Kind, du fängst an, ihn in dein Herz zu schließen.« Giselle warf ihr einen schiefen Seitenblick zu.

Diese Bemerkung erstaunte Isabelle. »Wie kommst du darauf?«

»Du hast ihn gerade vor mir in Schutz genommen und behauptet, daß er kein absolut hoffnungsloser Fall ist.«

Da ihr das Gesprächsthema in Anbetracht ihrer wachsenden Zuneigung für den Herzog unbehaglich wurde, erhob sich Isabelle. »Es ist noch recht früh. Ich denke, ich gehe wieder ins Bett.«

»Soll ich so lange für dich Flöte spielen, bis du eingeschlafen bist?« fragte Giselle. »Genau wie früher, als du noch ein Kind warst? Weißt du noch?«

»Das wäre himmlisch.«

Isabelle kletterte ins Bett und deckte sich zu. Die alte Frau ließ sich am Bettrand nieder und spielte ein Wiegenlied, bis ihr Schützling in einen tiefen, traumlosen Schlaf fiel.

Drei Stunden später wartete Isabelle auf ihren Auftritt im Hyde Park. Sie trug ein pfauenblaues Kleid aus Seide und federleichter, feingesponnener Wolle. Dazu hatte sie einen modischen Umhang und Stiefeletten gewählt. Wie gewöhnlich verzichtete sie auf eine Kopfbedeckung und trug ihr blondes, zu einem dicken Zopf geflochtenes Haar zu einem Nackenknoten frisiert.

Nach einem letzten Blick in den Ankleidespiegel schickte sich Isabelle an, das Zimmer zu verlassen. Erwartungsvoll spähte sie zum Kamin, doch ihr Schutzengel war verschwunden.

»Giselle, ich breche jetzt auf«, rief Isabelle zaghaft. »Wo auch immer du sein magst.«

Sie eilte zur Tür, verharrte jedoch schlagartig, als sie eine Stimme vernahm: »Viel Spaß, mein Kind.«

Isabelle wirbelte herum, doch der Raum war leer. Sie lächelte über die Eigenheiten ihres Schutzengels und verließ gutgelaunt ihr Zimmer.

Bester Stimmung schritt Isabelle rasch die Haupttreppe zur Eingangshalle hinunter. John wartete bereits auf sie. Als sie die letzten Stufen hinabstieg, blickte er auf. Sein Willkommenslächeln ließ ihr Herz schneller schlagen.

Ist das wirklich die Liebe? überlegte sie. Oder werde ich etwa krank?

»Deine Pünktlichkeit ist erfreulich«, meinte John, als sie vor ihm stand. »Ich hasse jegliche Verspätung.«

»Ich bin immer pünktlich«, versicherte ihm Isabelle. »Trotzdem habe ich mir sagen lassen, daß Pünktlichkeit bei den Damen der Londoner Gesellschaft aus der Mode gekommen ist.«

»Bleib, wie du bist, Belle.« John führte sie zur Tür. »Genauso gefällst du mir.«

Für Anfang April war der herrliche Tag eine Seltenheit. Die Sonne strahlte am wolkenlos blauen Himmel, und es wehte ein angenehmer Wind.

Isabelle blieb stehen, als John ihr seine Hand reichte, um ihr beim Einsteigen in seine Kutsche behilflich zu sein. Ihre Augen mit einer Hand abschirmend, blickte sie suchend in den blauen Himmel.

»Was machst du da?« wollte er wissen.

»Ich suche die von mir bestellten Schäfchenwolken.« Dann drehte sie sich zu ihm um und bemerkte, daß er grinste.

In dem von Apfelschimmeln gezogenen Landauer saßen sie dicht nebeneinander. Er ergriff die Zügel und manövrierte die Kutsche in Richtung Piccadilly. Von dort aus fuhren sie über die Park Lane zum Eingang des Hyde Parks.

An jenem zauberhaften Aprilmorgen hatte sich jeder, der in London Rang und Namen hatte, im Park eingefunden. Die meisten grüßten den Herzog von Avon und seine Verlobte, und es erfüllte Isabelle mit Erstaunen, wie viele Menschen ihren zukünftigen Gatten kannten und zu respektieren schienen.

»Ich wußte gar nicht, daß mich diese Leute kennen«, sagte Isabelle, als ihr aus einer mit älteren Damen besetzten Kutsche zugewunken wurde.

»Freundinnen meiner Mutter«, erklärte John. »Sie haben deinen Debütantinnenball besucht.«

»Sie grüßen mich nur wegen dir«, erwiderte Isabelle gedankenlos.

»Du mußt mehr Selbstvertrauen zeigen.« Er drehte sich zu ihr um. »Hast du etwa Angst vor diesen Leuten?«

Sie zuckte die Schultern.

»Vertraue mir, mein Schatz«, sagte John. »Diese Leute haben sicherlich mehr damit zu kämpfen, daß du sie nicht akzeptieren könntest.«

»Nur wegen dir.« Isabelle verkniff sich weitere Kommentare und atmete die würzige Frühlingsluft in vollen Zügen ein. »Wie ist es dir gelungen, einen so herrlichen Tag heraufzubeschwören?«

»Der Allmächtige hat meine Gebete erhört.«

»Betest du, Euer Gnaden?«

»Wie man's nimmt«, antwortete John mit einem Lächeln, das ihr einen wohligen Schauer über den Rücken jagte. »Ich glaube, daß die herausragendsten Persönlichkeiten im Diesseits auch im Jenseits herzlich aufgenommen werden. Wie geht es eigentlich deinem Schutzengel?«

»Um ehrlich zu sein, ist sie wütend, daß du ihre Existenz leugnest.«

»Ich bin wohl ein unverbesserlicher Skeptiker.«

Isabelle ging nicht auf seinen Scherz ein. Statt dessen fiel ihr Blick auf ein Paar, das hoch zu Roß in ihre Richtung ritt. Als sie William Grimsby erkannte, verkrampfte sich ihr Magen. Seine Begleiterin war eine schwarzhaarige Schönheit, die sie noch nie zuvor gesehen hatte.

Hatte der Graf von Ripon von ihrer Verlobung mit dem Herzog von Avon erfahren? fragte sie sich. Wie töricht von ihr, etwas anderes zu glauben! Ganz London wußte von ihrer Verlobung. Schließlich war sie in der *Times* angekündigt worden.

»Ist irgend etwas?« fragte John.

»William Grimsby reitet auf uns zu.« Isabelle legte ihre Hand auf seinen Unterarm. »Ich hoffe, daß ihr beiden keine Auseinandersetzung heraufbeschwört.«

John wandte den Kopf und erblickte das ihnen entgegenreitende Paar. Sein entspannter Gesichtsausdruck verfinsterte sich. Zu Isabelles Erstaunen fixierte er die dunkelhaarige Schönheit und nicht den Grafen.

William Grimsby nickte, als er und seine Begleiterin den Landauer passierten. Völlig unerwartet brachte die schwarzhaarige Frau ihr Pferd vor der Kutsche zum Stehen.

»Guten Morgen, Euer Gnaden«, bemerkte die Frau mit einem katzenhaften Lächeln.

»Lisette, wie geht es Ihnen?« erwiderte John höflich, doch sein gleichbleibend finsterer Gesichtsausdruck verriet sein Mißfallen über das Auftauchen dieser Frau.

»Einfach hervorragend«, entgegnete Lisette. »Aber das war Ihnen sicherlich längst bewußt, Euer Gnaden.« Ihr Blick fiel auf Isabelle, die sich aufgrund dieser kritischen Musterung innerlich zur Beherrschung zwang.

»Ist das Ihre Verlobte?« erkundigte sich Lisette.

John nickte. »Isabelle, ich möchte dir Lisette Dupré vorstellen.«

Gegenüber der Dame hätte Isabelle sich ein höfliches Lächeln abringen können, doch William Grimsbys Schmunzeln verwirrte sie. Irgend etwas ging hier vor sich, und sie war die einzig ahnungslose Beteiligte an dem Ganzen. Die Spannungen waren fast spürbar.

»Du hast gerade einen entsetzlichen Verstoß gegen sämtliche Anstandsregeln begangen«, bemerkte Grimsby mit einem süffisanten Grinsen.

Isabelle entschied, daß sie sich in ihrer Einschätzung des Grafen von Ripon geirrt hatte. Er war alles andere als ein umgänglicher Zeitgenosse. Darüber hinaus blieb ihr seine Aussage unklar, was sie maßlos verärgerte.

»Welch eine Überraschung, Sie in Begleitung von Grimsby anzutreffen«, äußerte sich John soeben gegenüber der Frau.

»Es warten noch weitere Überraschungen auf Sie, Euer Gnaden.« Mit diesen Worten gab Lisette ihrem Pferd die Sporen und entfernte sich mit dem Grafen.

Isabelle musterte das wutverzerrte Gesicht ihres Verlobten und fragte sich, was wohl gerade vorgefallen war. Als sie sich umsah, bemerkte sie, daß sie die Insassen mehrerer Kutschen beobachteten. Wann immer ihr Blick auf sie fiel, wandten sie sich scheinbar desinteressiert ab.

»Was hatte das alles zu bedeuten?« wollte sie wissen.

»Nichts.«

Isabelle wußte, daß er log. Bei seiner Äußerung hatte er trotzig das Kinn vorgereckt.

»Für heute habe ich genug vom Hyde Park«, sagte John und manövrierte die Kutsche in Richtung Ausgang. Schweigend fuhren sie zum Anwesen der Montgomerys zurück. Nachdem er sie ins Haus begleitet hatte, verabschiedete er sich sogleich von Isabelle und überließ sie ihren Gedanken an die merkwürdige Begegnung im Hyde Park.

Tagelang sann Isabelle darüber nach, was Johns Stimmungswechsel beim Auftauchen von William Grimsby und Lisette Dupré veranlaßt hatte. War er über den Grafen von Ripon verärgert? Oder lag es an Lisette Dupré? Oder, noch gravierender, war es der Anblick von Grimsby in Begleitung der schwarzhaarigen Schönheit gewesen, der ihm Unbehagen bereitete? War John in Lisette Dupré verliebt gewesen? War es Eifersucht, die ihn verzehrte? Und warum hatte sie Lisette Dupré auf keinem der gesellschaftlichen Empfänge kennengelernt?

Weitere verwirrende Fragen tauchten auf. Was hatte Grimsby gemeint, als er John eines Verstoßes gegen die Etikette bezichtigte? Welche weiteren Überraschungen hatte Lisette für John parat?

Isabelle war bewußt, daß sie jederzeit danach hätte fragen können, tief in ihrem Herzen jedoch hatte sie Angst vor der Wahrheit. Selbst Giselle hielt sich in dieser Sache merkwürdig bedeckt.

Schließlich näherte sich der Tag des heiligen Georg, das Datum ihres Verlobungsfestes, und Isabelle stürzte sich fieberhaft in die Vorbereitungen. In den stillen Augenblicken betrachtete sie ihren Verlobungsring mit den Veilchen im Schnee, der ihr ebenso Kraft verlieh wie das goldene Medaillon mit dem Bildnis ihrer Mutter.

Giselle hatte ihr versichert, daß John der von ihr prophezeite dunkle Prinz sei. Isabelle war davon überzeugt, daß der Herzog ihr Schicksal war, auch wenn er sich seit jenem Tag im Hyde Park überaus zurückhaltend verhielt. Sie waren füreinander bestimmt. Nur gemeinsam konnten sie wahres und dauerhaftes Glück finden. Vielleicht war sie mittlerweile wirklich in ihn verliebt, jedenfalls hatte sie Giselle den Aprilscherz verziehen. Sie bedauerte lediglich, daß ihr Bruder nicht in England war. Könnte Miles doch nur an ihrer Hochzeit teilnehmen und sie zum Altar führen! Statt dessen würde sie genau wie die letzten achtzehn Jahre ihres Lebens durch das Kirchenschiff schreiten – *allein*.

Am Abend ihrer Verlobungsfeier eilte Isabelle durch den Flur des zweiten Stockwerks auf die Haupttreppe zu. Vor Aufregung waren ihre Wangen rosig überhaucht.

Ein eisblaues Seidenkleid mit tiefem Dekolleté umschmeichelte ihre anmutige Gestalt. Ihre Füße zierten seidene Tanzschuhe.

Den Umhang hatte sie lässig über einen Arm gehängt, und Isabelle bemühte sich, ihre weißen Handschuhe überzustreifen, ohne dabei den Fächer zu verlieren. Im Flur war es ungewöhnlich still; ihre Stieffamilie war sicherlich schon zum Anwesen der Herzoginwitwe aufgebrochen.

Um sich zu sammeln, blieb Isabelle kurz stehen, bevor sie die Treppe hinunterschritt. Sie hoffte nur, daß

John nicht zu erbost über ihre Verspätung war. Schließlich verlobte man sich nicht alle Tage.

Langsam schritt Isabelle die Haupttreppe zur Eingangshalle hinunter. Während Pebbles ihn beobachtete, schlenderte John unruhig hin und her. Als er ihre Schritte hörte, wirbelte er herum, und sie bemerkte, wie sein leicht erzürnter Gesichtsausdruck Bewunderung und einem Anflug von Besitzerstolz wich.

»Das Warten hat sich gelohnt«, murmelte er, einen galanten Kuß auf ihre behandschuhte Hand hauchend. »Du siehst bezaubernd aus.«

Aufgrund seiner Worte lächelte Isabelle. Im Gegenzug musterte sie seine festliche Garderobe, die ihn noch attraktiver erscheinen ließ, als er ohnehin schon war. »Du siehst ebenfalls großartig aus«, erwiderte sie. Als er sie zur Tür führte, bemerkte sie: »Wie empörend, mit Verspätung auf seiner eigenen Verlobungsfeier einzutreffen. Ich bin sicher, daß Delphinia einige tadelnde Worte an mich richten wird.«

»Mutters Anwesen ist nicht weit entfernt«, meinte John.

Hand in Hand traten John und Isabelle in die dunkle, neblige Nacht hinaus. Er half ihr in seine Kalesche und rief Gallagher den Befehl zum Aufbruch zu.

Kaum eine Viertelstunde später standen John und Isabelle auf der Balustrade, von wo aus sie den Ballsaal der Herzoginwitwe überblicken konnten. Zweihundert Gäste hatten sich dort versammelt. Eine aus Kornett, Klavier, Cello und zwei Violinen bestehende Kapelle hatte sich am anderen Ende des Ballsaals eingefunden.

»Keine Flöten, Euer Gnaden?« Isabelle mußte gegen ihre Enttäuschung ankämpfen.

John grinste. »Wie unverzeihlich von Mutter, unser Lieblingsinstrument zu vergessen.«

»Wir sind als letzte eingetroffen«, meinte sie stirnrunzelnd.

»Sei vorsichtig, das gibt Falten«, scherzte er. »Welch ein Segen, Liebling, daß wir den Empfang verpaßt haben.«

Noch ehe sie antworten konnte, verkündete der Majordomus mit lauter Stimme: »Seine Gnaden, der Herzog von Avon, und Lady Isabelle Montgomery.«

Zweihundert Personen – im Grunde genommen eine eher geringe Zahl – drehten sich zu der Balustrade um und blickten zu ihnen empor. Beim Anblick der sie betrachtenden Menschenmenge mußte Isabelle gegen eine Ohnmacht ankämpfen.

»Rühr dich nicht vom Fleck«, zischte John. »Da kommt mein Bruder.«

Breit grinsend polterte Ross Saint-Germain zu ihrer Begrüßung die Stufen hinauf. Er schüttelte die Hand seines Bruders und gab Isabelle einen Handkuß. Schließlich meinte er: »Mutter hat die obligatorische Quadrille zugunsten des Walzers gestrichen.« Daraufhin wandte er sich den Anwesenden zu und erklärte mit lauter Stimme: »Hiermit gebe ich die Verlobung des Herzogs von Avon mit Lady Isabelle Montgomery offiziell bekannt.« Alle Gäste klatschten.

»Laß uns gehen.« Als das Orchester die ersten Walzerklänge aufspielte, führte John sie die Stufen hinunter. Statt ihre Gäste zu begrüßen, zog er Isabelle auf die Tanzfläche. Bald schon gesellten sich weitere Paare zu ihnen.

»Du tanzt einfach himmlisch«, sagte John und zwinkerte ihr zu.

»Mein Schutzengel und ich haben überaus eifrig geübt«, meinte Isabelle schlagfertig.

»Mein Schatz, du bist unverbesserlich«, erklärte John. »Ich hoffe nur, daß meine störrische Schutzbefohlene als Ehefrau sanfter wird und daß du unsere Kinder besser im Griff hast, als mir das bei dir gelungen ist.«

»Ich werte das als Kompliment«, erwiderte Isabelle mit einem strahlenden Lächeln.

»Ich werde beten, daß unsere Tochter ebenso bezaubernd ist wie ihre Mutter und daß unser Sohn meine Geduld erbt«, fügte John hinzu.

»Du meinst Sloth Saint-Germain, das Faultier?«

John warf den Kopf in den Nacken und lachte schallend. Ihre Heiterkeit handelte ihnen das beifällige Schmunzeln der umstehenden Gäste ein.

»Lobelia und Spewing sind unzertrennlich«, bemerkte Isabelle, als sie ihre Stiefschwester erblickte. »Es würde mich nicht überraschen, wenn er um ihre Hand anhielte.«

»Ach, wirklich?« erwiderte John. »Das ist mir noch gar nicht aufgefallen.«

Augenblicke später erspähte sie Charles Hancock mit einer hübschen jungen Dame auf der Tanzfläche. Ihr suchender Blick schweifte durch den Saal, bis sie ihre Stiefschwester Rue schließlich neben Delphinia ausmachte.

»Was ist denn?« fragte John.

Mit einem unmerklichen Kopfnicken deutete Isabelle auf ihre Stiefschwester. »Rue tut mir leid. Sie hat sich Hoffnungen auf Hancock gemacht.«

»Niemand kann die Zukunft vorhersagen«, wandte John ein. »Heute abend wirkst du erstaunlich gelöst. Ich habe dich noch kein einziges Mal nach deinem Medaillon greifen sehen.«

»Das habe ich allein dir zu verdanken«, meinte Isabelle, und ihre veilchenblauen Augen schimmerten wie zwei Amethyste. Sie senkte ihre Stimme, als wollte sie ihm ein Geheimnis anvertrauen. »Als wir auf der

Balustrade standen, habe ich mir sämtliche Gäste in ihrer Unterwäsche vorgestellt.«

John brach in schallendes Gelächter aus. »Was bist du doch für ein schlimmes Mädchen.«

Isabelle nickte bekräftigend. »Ich habe einen hervorragenden Lehrer.«

»Vielen Dank für das Kompliment, mein Schatz.«

Nach drei weiteren Walzern verließen John und Isabelle die Tanzfläche. Während er ihr ein Glas Champagner holte, schlenderte sie zu ihrer Stiefschwester.

»Warum bist du so traurig, Rue?« fragte Isabelle und zog sie beiseite.

»Charles hat mich heute abend noch kein einziges Mal zum Tanz aufgefordert«, jammerte Rue, die den Tränen nahe war. »Spewing hingegen weicht nicht von Lobelias Seite.«

»Niemand kann die Zukunft vorhersagen«, wiederholte Isabelle Johns Worte. »Der heutige Abend nimmt für dich vielleicht ein glückliches Ende.«

»Du hast gut reden«, erwiderte Rue. »Du wirst in zwei Monaten einen Herzog heiraten.«

»Also, wenn ich darüber nachdenke«, murmelte Isabelle, »dann gibt es doch die Möglichkeit einer Prophezeiung.«

»Wie meinst du das?«

»Weißt du noch, wie abergläubisch die alte Cook war?«

Rue nickte.

»Heute ist der vierundzwanzigste April, was bedeutet, daß morgen das Fest zu Ehren des heiligen Markus ist. Mit Beginn des morgigen Sonnenuntergangs mußt du fasten. In der Nacht backst du einen Kuchen, der je eine Eierschale voll Salz, Weizen- und Gerstenmehl enthält. Dann öffnest du die Küchentür. Dein zukünftiger Schatz wird eintreten und den Kuchen umdrehen.«

»Ich denke, ich werde es versuchen.« Rues Gesicht hellte sich auf.

»Es kann nicht schaden.«

»Und wenn niemand kommt?« Bei diesem Gedanken wurde Rue blaß.

»Sei nicht töricht«, erwiderte Isabelle. »Jeder hat einen zukünftigen Schatz. Auch wenn er dir vielleicht nicht gefällt.«

»Ich bin sicher, daß mein Traumprinz kommen wird«, sagte Rue wieder fröhlicher.

Nachdem das Abendessen eingenommen und die letzten Walzer einige Stunden später verklungen waren, vergnügten sich die verbliebenen Gäste bei angeregtem Geplauder im Kartenspielzimmer. Vergeblich kämpfte Isabelle gegen ein Gähnen an.

»Ich bringe dich nach Hause.« John lächelte sie zärtlich an.

»Einige unserer Gäste sind noch nicht aufgebrochen«, wandte Isabelle ein.

»Wenn wir das Zeichen zum Aufbruch geben, werden auch sie gehen«, erklärte er.

Nachdem John ihren Umhang geholt hatte, ließ sich Isabelle bereitwillig von ihm wegführen. Der Majordomus seiner Mutter öffnete ihnen das Hauptportal, und sie gingen die Vortreppe hinunter.

Gallagher hatte den Landauer auf der gegenüberliegenden Straßenseite geparkt. Als er bemerkte, daß sie das Anwesen der Herzoginwitwe verließen, hob er die Zügel, um die Kutsche zu wenden, doch John bedeutete ihm stehenzubleiben. Sie traten auf die Straße, verharrten jedoch, als sie eine Frauenstimme vernahmen.

»Isabelle!«

John und Isabelle wirbelten herum und liefen drei Schritte auf Lobelia und Spewing zu, die auf der Vortreppe des Herrenhauses standen.

»Stephen hat um meine Hand angehalten«, rief Lobelia voller Aufregung. »Kommt zu uns, und wir werden ...«

Ein Schuß hallte durch die Nacht.

John warf sich auf Isabelle und schützte sie mit seinem Körper. Ein weiterer Schuß fiel, und ein einsamer Reiter galoppierte mit halsbrecherischer Geschwindigkeit die Straße hinunter und verschwand im Nebel.

»Bist du verletzt?« fragte John, während er ihr aufhalf.

Zitternd vor Furcht schüttelte Isabelle den Kopf. »Und du?«

»Nein.« Sein Gesicht war verzerrt vor Zorn.

Lobelia stand auf der Vortreppe und kreischte, als habe man ein Attentat auf sie verübt, während Spewing hin- und hergerissen schien, ob er sie nun beruhigen oder sich vergewissern sollte, daß den beiden anderen nichts geschehen war. Gallagher war innerhalb von drei Sekunden bei ihnen. Ross Saint-Germain und die restlichen Gäste strömten aus dem Herrenhaus, um den Auslöser für den Tumult in Erfahrung zu bringen.

»Was ist passiert?« fragte Ross.

»Man hat auf uns geschossen.« John wandte sich seinem Kutscher zu. »Gallagher, benachrichten Sie umgehend die Bow Street Runners.«

»Du verbringst die Nacht hier«, sagte John, während er Isabelle die Stufen zum Haus seiner Mutter hinaufführte. »Morgen wirst du zum Anwesen der Montgomerys zurückkehren und deine Sachen packen. Ich möchte, daß du London so rasch wie möglich verläßt.«

In der Eingangshalle wandte sich John an seine Mutter.

»Bis zu unserer Hochzeit möchte ich sie sicher auf Avon Park untergebracht wissen.«

»Verstehe«, erwiderte die Herzoginwitwe.

»Mach dir keine Sorgen«, fügte Tante Hester hinzu. »Wir werden sie beschützen.«

Isabelle wußte nicht, ob sie lachen oder weinen sollte. Sie konnte sich überhaupt nicht vorstellen, wie zwei alte Damen sie verteidigen sollten. Außerdem brauchte sie keinen Schutz. Wer auch immer die Schüsse abgegeben hatte, er hatte es nicht auf sie abgesehen; darauf hätte sie ihr Leben verwettet. Sie öffnete den Mund, um zu protestieren, da er sie doch offensichtlich brauchte.

Mit einem schiefen Seitenblick auf Isabelle erklärte John seiner Mutter: »Falls sie sich zur Wehr setzt, sperrt sie in ihr Zimmer ein.«

Isabelle kniff die Lippen zusammen.

»Bring sie nach oben und steck sie ins Bett«, wies er seine Mutter an.

»Aber du bist in Gefahr!« eiferte sich Isabelle, nicht in der Lage zu schweigen. »In einer solchen Stunde kann ich dich doch nicht allein lassen!«

»Danke für deine Besorgnis«, meinte John leise, »aber der Kerl wird bestimmt nicht versuchen, mich heute nacht nochmals anzugreifen.« Dann hauchte er einen Kuß auf ihre Lippen. »In Mutters Arbeitszimmer werde ich diese Sache gemeinsam mit meinem Bruder besprechen.«

»Aber morgen ...«

»Morgen wirst du nach Avon Park gebracht«, erklärte er ihr. »Ich kann mich nicht vorsehen, wenn mich die Sorge um deine Sicherheit ablenkt.«

»Verstehe«, murmelte Isabelle. »Das Ganze gefällt

mir zwar nicht, aber ich werde auf dich hören. Versprich mir, daß du auf dich aufpaßt.«

Er legte seinen Arm um ihre Schultern und begleitete sie zur Haupttreppe. Dann beugte er sich zu ihr hinunter und flüsterte ihr scherzhaft ins Ohr: »Falls mir irgend etwas zustößt, mußt du mich nicht heiraten. Noch vor zwei Wochen hätte dir diese Vorstellung zugesagt.«

»Ich wünsche niemandem etwas Böses.« Ihn nachahmend flüsterte sie ihm ins Ohr: »Falls dir irgend etwas zustößt, wird man mich zu einer Eheschließung mit Nicholas deJewell zwingen. Bitte, sei vorsichtig.«

11

Acht unendlich langsam verstreichende Wochen war Isabelle in Sorge.

War John in London in Sicherheit? Wer hatte versucht, ihn umzubringen? Nicholas deJewell, der entschlossen gewesen war, sie zu heiraten, schoß es ihr durch den Kopf, doch dann verwarf sie diesen Gedanken ebenso rasch wieder. Nicholas war ein feiges Wiesel und besaß nicht einmal die Intelligenz einer Ratte.

William Grimsby erschien ihr als Kandidat sehr viel wahrscheinlicher, da er ein schwerwiegenderes Rachemotiv hatte. Er machte John für den frühen Tod seiner Schwester verantwortlich. Daß Lenore aufgrund der Fehlgeburt gestorben war, konnte man dem Vater des Kindes allerdings nicht zur Last legen. Solche unglückseligen Todesfälle passierten nun einmal in dieser unvollkommenen Welt.

Isabelle sehnte sich danach, bei John in London zu sein, wußte jedoch, daß er recht hatte, wenn er sie als abträglich für seine Sicherheit ansah. Nie im Leben würde sie sein Wohlergehen beeinträchtigen wollen!

Sie liebte ihn.

Offenbar verstärkte die Trennung ihren Kummer. Noch nie hatte sie sich zu einem Mann so hingezogen gefühlt wie zu dem Herzog von Avon. Natürlich war ihre Erfahrung im Umgang mit Männern eher gering; um ehrlich zu sein, hatte ihr noch niemand den Hof gemacht außer Nicholas deJewell, doch den Neffen ihrer Stiefmutter konnte man wohl kaum als Mann bezeichnen.

Der rätselhafteste Aspekt dieser Verlobung lag in

den ihr gegenüber gehegten Empfindungen des Herzogs. Warum sollte sich ein attraktiver, reicher Adliger, der jedes Mädchen in ganz Europa hätte ehelichen können, für eine arme, ungeliebte Landpomeranze entscheiden, die noch dazu Selbstgespräche führte?

Diese acht Wochen schienen nicht enden zu wollen. Das sich wandelnde Gesicht von Mutter Natur verdeutlichte Isabelle, daß die Zeit schließlich doch verstrich.

Gegen Ende April gesellte sich zu blühenden Narzissen und Forsythien ein Meer von violetten Veilchen. Der Mai bot ein prächtiges Farbenspiel im Wald hinter den riesigen Eichen von Avon Park. Fliederbüsche verströmten ihren herrlichen Duft.

Allerdings wurde die Schönheit ihres geliebten Stratford durch Johns Abwesenheit getrübt. Selbst ihre Auseinandersetzungen waren immer noch besser als das Alleinsein. Noch nie in ihrem Leben war sie so glücklich gewesen wie mit ihm. Wie hatte sie nur all die langen, einsamen Jahre ohne ihn ertragen können?

Eine nie gekannte Sehnsucht erfüllte Isabelle, als der himmlische Mai warmen, sonnigen Junitagen wich. Schließlich war der Tag ihrer Hochzeit gekommen.

Voller Nervosität wartete Isabelle in der Sakristei der Dreifaltigkeitskirche. Die letzten acht Wochen schienen jetzt schneller verstrichen zu sein als ein Windhauch, und ihre Besorgnis um die Sicherheit ihres Verlobten wurde von den Bedenken hinsichtlich ihres gemeinsamen Lebenswegs überlagert. Immerhin war sie die junge Frau, der niemand zutraute, daß sie sich in den gehobenen Gesellschaftskreisen zurechtfand. Wenn sie erst einmal mit John verheiratet war, würde sie ihm ständig zur Last fallen. Und dafür würde er sie mehr und mehr verachten.

Bis er sie schließlich verließ und sie wieder allein war.

»Ich kann es nicht glauben – mein kleines Mädchen ist zur Frau herangereift«, bemerkte eine sanfte Stimme neben ihr. »Sie sind eine wunderschöne Braut.«

Isabelle verdrängte ihre quälenden Gedanken und widmete sich Mrs. Juniper, die eine Woche zuvor in Avon Park eingetroffen war. Als sie ihr früheres Kindermädchen anlächelte, spürte sie, daß die Jahre ihrer Trennung wie ausgelöscht waren. Vor ihrer Entlassung hatte Juniper sie stets vergöttert und beschützt. Mittlerweile ergraut und beleibt, besaß die ältere Frau immer noch die Gabe, sie zu ermutigen und als liebenswerten, besonderen Menschen herauszustellen.

»Sie haben mir sehr gefehlt.« Isabelle ergriff Mrs. Junipers Hand. »Ich hoffe, Sie erklären sich bereit, in Avon Park zu bleiben und mir bei der Erziehung all meiner Kinder beizustehen.«

»Ich danke Ihnen, daß Sie mir wieder das Gefühl geben, gebraucht zu werden«, erwiderte Juniper. Vor Rührung überwältigt, wischte sie sich mit einem Taschentuch die Tränen von ihren Wangen. »Meinen Sie nicht, daß ich schon zu alt bin? Seine Gnaden ...«

»Machen Sie sich um ihn keine Gedanken«, schnitt Isabelle ihr das Wort ab. »Damit werde ich schon fertig. Außerdem gehören Sie für mich zur Familie. Welche junge Mutter wünschte sich keine Großmutter, die sich um ihre Kleinen kümmert?«

»Sie hatten immer schon ein großes Herz.« Juniper lächelte sie dankbar an.

»Wenn es Ihnen nichts ausmacht, würde ich gern einen Augenblick allein sein, bevor ich meinen Weg zum Altar antrete«, sagte Isabelle.

Juniper nickte. »Ich werde nach Pebbles Ausschau halten, und dann nehmen wir unsere Plätze ein.« Mit diesen Worten verschwand sie im Inneren der Kirche.

Gedankenversunken nagte Isabelle an ihrer Unterlippe. Heute fand ihre Hochzeit statt, ein Festtag, von dem jedes Mädchen jahrelang träumte. Ihr zukünftiger Ehemann war Englands erster Herzog; nach der Trauungszeremonie war sie seine Herzogin. In wenigen Augenblicken würde sie unter den Blicken von zweihundert auserlesenen Gästen allein durch das Kirchenschiff schreiten. Sie konnte nur hoffen, daß ihnen die boshaften Klatschgeschichten ihrer Stiefschwestern nicht zu Ohren gekommen waren.

»Mein Kind, an einem Tag wie diesem ist Stirnrunzeln nicht erlaubt.«

»Ich habe dich die ganze Woche nicht gesehen«, murmelte Isabelle und drehte sich zu Giselle um, die wie stets in ihre abgetragene Garderobe gehüllt war. »Ich befürchtete schon, du würdest nicht kommen.«

»Während du dich auf den heutigen Tag vorbereitet hast, hielt ich mich bedeckt«, erklärte die Alte.

»In den letzten Tagen war ich in Gedanken bei meinen Eltern.«

»Vertraue mir, mein Kind. In diesem Augenblick sind deine Eltern ganz nah bei dir.«

Isabelles Gesicht hellte sich auf. »Glaubst du das wirklich?«

Giselle nickte. »Die Liebe vergeht nie, auch wenn ein Mensch stirbt«, meinte sie. »Dein Vater und deine Mutter sind im Geiste bei dir.«

Isabelle schloß die Augen und berührte ihr goldenes Medaillon, um die Aura ihrer Mutter zu spüren. »Ich danke dir, daß du mir all die Jahre treu ergeben warst«, sagte sie zu ihrem Schutzengel.

»Mein Kind, ich war an deiner Seite, bevor du das Licht der Welt erblicktest, und ich werde weiterhin bei dir sein, wenn du sie wieder verläßt«, erwiderte Giselle. »Das Problem von euch Sterblichen besteht darin, daß euer Erinnerungsvermögen so begrenzt ist.«

»Dann bin ich also nie allein, selbst wenn es mir so vorkommt?« wollte Isabelle wissen.

Giselle nickte. »Glaubst du nun, daß John Saint-Germain der dunkle Prinz ist?«

»Ich hoffe es zumindest.« Isabelle warf der Alten ein wehmütiges Lächeln zu. »Wenn nicht, heirate ich den Falschen.«

Lachend ergriff Giselle ihre Hand. »Gott segne dich, mein Kind. Das größte Abenteuer deines Lebens beginnt.« Mit einem Augenzwinkern verschwand die alte Frau.

Isabelle verließ die Sakristei und nahm am Ende des Mittelgangs Haltung an. Ihr Hochzeitskleid war ein Traum aus elfenbeinfarbener Seidenspitze und mit Hunderten von Perlen bestickt. Das hochangesetzte Oberteil hatte einen weiten Ausschnitt und kurze, angekrauste Ärmel. Ihr goldblondes Haar fiel in seidig schimmernden Kaskaden bis zu ihrer Taille, und ihr Brautschleier, ein Erbstück ihrer verstorbenen Mutter, bestand aus zartgewirkter elfenbeinfarbener Spitze. In ihren Händen trug sie den klassischen Brautstrauß aus Orangenblüten. Die duftenden weißen Blumen waren Sinnbild ihrer Jungfräulichkeit und sollten zudem Fruchtbarkeit symbolisieren, da Blüte und Frucht gleichzeitig den Orangenbaum zieren.

Isabelle gewann einen ersten flüchtigen Eindruck vom Inneren der Kirche. Hunderte von Kerzen ließen die Kapelle erstrahlen und warfen ihre flackernden Schatten auf die getünchten Wände, die bleiverglasten Fenster und die Statuen der Heiligen. Am Ende des Kirchenschiffs stand der Altar, an dem John und sie vor dem Bischof von Coventry, der eigens zu ihrer Vermählung angereist war, niederknien würden. Blumengebinde aus blauen Vergißmeinnicht, violetten Veilchen und weißen Lilien schmückten den Altar.

Das Orgelspiel setzte ein. Die Hochzeitsgäste erhoben sich von den Bänken und richteten ihre Blicke auf das Hauptschiff.

Das Meer der ihr unbekannten Gesichter ignorierend, blickte Isabelle durch den Mittelgang zu dem attraktiven Mann, der sie am Altar erwartete. In feierliches Schwarz gehüllt, war John Saint-Germain der Prinz, den sie einst im Fluß Avon erblickt hatte, und sie schenkte ihm ein liebevolles Lächeln. Seine dunklen, unablässig auf sie gerichteten Augen versprachen ihr Liebe und Verständnis und gaben ihr den Mut, den Weg zu ihm zu beschreiten.

Fast geschafft, dachte Isabelle, als sie die Mitte des langen Ganges erreicht hatte. Johns Blick hing wie gebannt an ihr, und sie mußte dem überwältigenden Drang widerstehen, den verbleibenden Weg im Laufschritt zu nehmen.

Und dann vernahm Isabelle aus dem Chorgestühl im Hintergrund die hohen Töne einer Flöte. Die Melodie war so mitreißend und einfühlsam, daß sie ihr Herz anrührte.

Über ihre Schulter spähend, warf Isabelle ihrem Schutzengel ein Lächeln zu, welches das Flötenspiel in seiner unendlichen Anmut beinahe noch übertraf. Als sie ihren Blick erneut John zuwandte, erkannte sie, daß auch er die Sphärenklänge hörte. Verwirrt starrte er einen langen Augenblick zum Chorgestühl hinauf, bevor er ihr schließlich seine Hand reichte und mit ihr vor den Altar trat.

Hand in Hand folgten John und Isabelle dem Bischof zum Altar.

»Ich habe keinen Flötisten zur Begleitung der Orgelmusik bestellt«, flüsterte er. »Du etwa?«

»Giselle spielt für uns.«

»Ich habe immer geglaubt, Engel würden Harfe spielen.«

»Engel können spielen, was sie wollen«, bemerkte Isabelle mit einem schiefen Seitenblick in seine Richtung.

Glücklicherweise dauerte die Trauungszeremonie kaum dreißig Minuten. Isabelles Herz machte einen Satz, als John seine Lippen auf die ihren preßte – ihr erster Kuß als Mann und Frau.

Sie schenkte ihm ein strahlendes Lächeln. Vielleicht hatte ihre Ehe trotz aller Widrigkeiten Bestand. Mit dem Segen ihres Schutzengels mußte sie unter einem guten Stern stehen.

Nachdem sie die Altarstufen verlassen hatten, führte John seine Angetraute durch das Kirchenschiff. Aus einer plötzlichen Eingebung heraus warf Isabelle ihren Brautstrauß zu Lobelia, die völlig überrascht war.

»Du bist die nächste«, meinte sie.

»Und was ist mit mir?« jammerte Rue. »Autsch! Mutter, hör auf, mich zu zwicken.«

John führte Isabelle durch das Mittelschiff und hinaus ins strahlende Sonnenlicht. Selbst der laue Sommerwind schien verheißungsvoll für ihre Ehe. Die größte und vornehmste herzögliche Kutsche wartete bereits auf sie.

Als sie dicht neben ihm auf dem Lederpolster saß, beschlich Isabelle plötzliche Furcht. Der ungemein attraktive Mann an ihrer Seite war jetzt ihr Gatte, und schon in wenigen Stunden würde sie sein Bett teilen. Unter ihren dichten blonden Wimpern hinweg musterte sie ihn vorsichtig und bemerkte, daß er sie beobachtete.

Als hätte er ihre Gedanken erraten, nahm John ihre linke Hand und küßte diese. »Die Inschrift auf deinem Trauring ist mein sehnlichster Wunsch für unsere Ehe.

Der altfranzösische Text *joy sans fyn* bedeutet unendliches Glück.«

»Das wünsche ich mir auch«, erwiderte Isabelle. »Ich bedaure nur, daß Miles ...«

»An unserem Hochzeitstag sind trübe Gedanken nicht erlaubt«, erklärte John und beugte sich zum Kuß zu ihr hinunter.

Seine Lippen waren warm und fordernd, und sein männlicher Duft beflügelte ihre Sinne wie ein geheimnisvoller Zauber. Sein inniger Kuß zeugte von einer bislang nie dagewesenen Leidenschaft.

»Ich hoffe, daß das hier keine Mittsommerverrücktheit ist«, flüsterte John.

»Euer Gnaden, ich verwette meinen letzten Penny darauf, daß du noch nicht einen spontanen Augenblick in deinem Leben genossen hast«, neckte ihn Isabelle.

»Du würdest verlieren, Eure Hoheit«, erwiderte John schlagfertig.

Plötzlich wurde Isabelle ernst. »Hat man bereits irgendwelche Erkenntnisse über den nächtlichen Zwischenfall vor dem Hause deiner Mutter gewonnen?«

»Darüber möchte ich heute nicht sprechen«, entgegnete John. »Ich möchte, daß unser Hochzeitstag ausschließlich von Glück erfüllt ist. Wie gefällst du dir als Herzogin?«

Isabelle lächelte schelmisch. »Ich fühle mich genauso wie gestern, als ich noch eine Landpomeranze war.«

John schmunzelte. »Wahre Größe hat nichts mit dem gesellschaftlichen Status zu tun.«

»In der Tat nicht. Also haben wir beide die gleiche Einstellung.«

Innerhalb einer Stunde standen John und Isabelle neben seiner Mutter und seinem Bruder, um ihre Gäste in dem von Kerzenlicht erhellten und blumengeschmückten riesigen Festsaal von Avon Park zu begrüßen. An den Tisch für das Brautpaar schlossen sich im rechten Winkel zwei lange Tafeln an, die Platz für je hundert Gäste boten. Es verging allerdings noch mehr als eine Stunde, bis auch der letzte Gast mit seinen Glückwünschen zu John und Isabelle vorgelassen wurde.

»Meine herzlichsten Glückwünsche, Eure Hoheit.« Major Grimase küßte ihr galant die Hand.

»Ich danke Ihnen, Major«, erwiderte Isabelle. Gütiger Himmel, ihr Gesicht schmerzte bereits, weil sie seit beinahe zwei Stunden lächelte.

»Meine Glückwünsche, Euer Gnaden«, sagte Major Grimase an John gewandt und schüttelte dessen Hand. »Höchste Zeit, daß Sie wieder heirateten.«

»Mir nachzueifern wäre vermutlich keine schlechte Idee«, warf John ein.

»Um ehrlich zu sein, glaube ich mittlerweile, daß mich eine junge Braut umbringen würde«, erwiderte Major Grimase. »Eine scheußliche Zwickmühle, ich bin zu jung für eine reife Braut und zu alt für eine junge.«

»Ich glaube nicht, daß eine junge Frau jemals in Erwägung zöge, einen so netten Mann wie Sie umzubringen«, säuselte Isabelle und entlockte beiden Männern ein Grinsen.

»Wie ich sehe, ist Ihre Braut aus dem rechten Holz geschnitzt«, bemerkte der Major.

John nickte. »Ich habe ganz den Eindruck.«

»Ganz nebenbei, Saint-Germain, wie denken Sie über den Krieg?« erkundigte sich Major Grimase, offenbar entschlossen, länger auszuharren als notwendig. »Wie lange, glauben Sie, wird es noch dauern, bis die königliche Marine diesen Kolonien Einhalt gebietet?«

Isabelle spürte, wie sich die Haltung ihres Ehemanns versteifte. Sie wandte sich zu ihm um und beobachtete ihn.

»Ich würde keine Einschätzung wagen wollen«, erwiderte John schroff.

»Diesmal werden wir es ihnen zeigen.« Die Stimme des Majors klang erregt. »Allerdings ist die ganze Sache überaus unangenehm für Ihren Bruder. Vermutlich wird er festgehalten, bis der Krieg beendet ist.«

»Man kann nie sagen, was die Zukunft bringen wird«, entgegnete John ausweichend.

Daraufhin entfernte sich Major Grimase und nahm den ihm zugedachten Platz an einer der langen Tafeln ein.

Isabelle begriff, daß ihr Ehemann und der Major über einen Krieg zwischen England und Amerika gesprochen hatten. Miles und Jamie hielten sich immer noch in New York auf.

Wie ein plötzlicher Windstoß durchzuckte Isabelle eiskalte Wut. Ihr Ehemann hatte es die ganze Zeit über gewußt und vor ihr geheimgehalten. Wie konnte er nur so gleichgültig sein? Er wußte doch, wie sehr sie um Miles besorgt war. Ihr ›unendliches Glück‹ hatte kaum zwei Stunden angehalten.

»Unsere Gäste warten auf das Essen«, bemerkte John, während er sie sanft am Ellbogen faßte, um sie zur Hochzeitstafel zu führen. »Sollen wir unsere Plätze einnehmen?«

Isabelle funkelte ihn an. Nur einem Blinden wäre ihr Zorn entgangen.

»Gott erbarme sich deiner Verlogenheit«, zischte sie.

Johns Brauen schossen fragend nach oben. »Wovon sprichst du?«

»Von diesem Krieg.«

»In dieser Hinsicht habe ich nie gelogen«, erwiderte John sanft. »Ich habe lediglich ...«

»Du hast lediglich eine Unterlassung begangen«, unterbrach ihn Isabelle.

»Hör mir zu, Isabelle«, bat John mit gesenkter Stimme. »Wir haben zweihundert geladene Gäste, die darauf warten, mit uns das Hochzeitsmahl einzunehmen.«

»Deine Lügen haben mir den Appetit verdorben.« Trotzig schob Isabelle ihr Kinn vor.

»Komm, wir wollen uns nicht vor allen Gästen streiten«, wandte John ein. Dann fügte er noch hinzu: »Bitte, Belle.«

Isabelle ließ ihren Blick von ihm zu den Gästen schweifen und sah ihn dann abermals an. Schließlich nickte sie und meinte: »Sobald alle gegangen sind, werden wir uns darüber unterhalten.«

»Ich danke dir«, sagte John zu ihrem Erstaunen.

Zum Klang der Violinen führte er Isabelle zur Hochzeitstafel, an der ihre Familien bereits Platz genommen hatten. Nachdem sämtliche Toasts ausgesprochen waren, fütterte John sie mit einer Quitte, dem Symbol für weibliche Fruchtbarkeit. Unter dem lautstarken Beifall ihrer Gäste aß Isabelle errötend die gelbe Frucht.

Im Anschluß an diese Tradition servierten die Bediensteten der Saint-Germains ein Hochzeitsmahl, wie es Isabelle noch nie zuvor gesehen hatte. Nach einer Schildkrötensuppe folgten zum Hauptgang pochierter Lachs in Anchovissud, Ente mit Meerrettichsauce, Rinderfilet, gefüllte Artischocken, Spargel mit Buttersauce und mit Pilzen gefüllte Tomaten. Zum Dessert wurden Erdbeercreme, Stachelbeercreme, Törtchen und Walnußpudding mit Schokoladensauce gereicht. Schließlich trug man die traditionelle Hochzeitstorte herein.

Aufgrund einiger winziger Schlucke Champagner leicht beschwipst, aß Isabelle nur wenig von der Suppe, dem Lachs sowie der Gemüseplatte. Sie bemerkte die schlanken Finger ihres Gatten, die den hohen Stiel eines Kristallpokals umschlossen hielten, und stellte sich vor, wie diese Finger ihren nackten Körper streichelten. Bei diesem verwerflichen Gedanken überlief eine heiße Röte ihr Gesicht, und als er sie lächelnd anschaute, hatte sie das Gefühl, er könne ihre Gedanken erraten.

Isabelle beobachtete, wie sein Blick die Reihen der Gäste streifte, und sein entwaffnendes Lächeln erstarrte. Erneut bemerkte sie das verärgerte Zucken seiner Wangenmuskulatur.

Sie wandte den Kopf und folgte seinem Blick. An einer der beiden Tafeln saß Lisette Dupré, die schwarzhaarige Schönheit aus dem Hyde Park. Ein kleines, etwa vier- bis fünfjähriges Mädchen, das ihr wie aus dem Gesicht geschnitten war, umklammerte Lisettes Hand. In der anderen Hand hielt sie einen kleinen Beutel und eine Puppe.

Verräterisches Gemurmel machte sich unter den Gästen breit, als Lisette aufstand und hocherhobenen Hauptes an ihren erstaunten Gesichtern vorüberschritt, während sie unablässig die Hochzeitstafel fixierte.

Als sie schließlich vor ihm stand, wollte sich John erheben, doch Isabelle legte mahnend eine Hand auf seinen Unterarm und hielt ihn davon ab.

»Eure Hoheiten, ich habe Ihnen ein Hochzeitsgeschenk mitgebracht«, sagte Lisette und machte einen Hofknicks. Sie ließ die Hand des kleinen Mädchens los und fügte hinzu: »Ich bringe Ihnen Ihre Tochter.«

Mit diesen Abschiedsworten wirbelte Lisette Dupré herum, eilte aus dem Festsaal und ließ das kleine Mädchen zurück.

Dann geschahen mehrere Dinge gleichzeitig.

»Lisette, verlaß mich nicht!« kreischte das kleine Mädchen entsetzt.

»Verdammt!« fluchte John und sprang von seinem Stuhl auf.

»Gütiger Himmel«, entfuhr es Isabelle, während sie sich erschüttert vom Anblick des verlassenen Kindes von ihrem Platz erhob.

In dem Bemühen, Lisette Dupré zurückzuholen, stürmte John aus dem Festsaal. Sein Bruder Ross war ihm dicht auf den Fersen.

Isabelle verließ die Hochzeitstafel und eilte zu dem weinenden Kind. Die Gäste verharrten in entrüstetem Schweigen, lediglich ihre angeheirateten Verwandten äußerten sich.

»O mein Gott, was sollen wir nur tun?« entfuhr es Tante Hester.

»Hester, bitte fall jetzt nicht in Ohnmacht«, ermahnte sie die Herzoginwitwe mit gestrenger Stimme.

»Etwas kalter Tee wird sie sicherlich beleben«, rief Juniper von ihrem Platz.

Isabelle hockte sich vor das Mädchen, um auf gleicher Höhe mit ihr zu sein. Sie schenkte dem Kind ein strahlendes Lächeln. Das Mädchen schluchzte und lächelte sie traurig an.

»Ich heiße Isabelle«, erklärte sie dem Kind. »Und wie heißt du?«

»Lily.« Sie ließ den Beutel zu Boden sinken und umklammerte ihre Puppe. »Und das ist Charlotte.«

»Lily, wir alle sind deine Freunde«, sagte Isabelle, während sie in die entwaffnenden grünen Augen der Kleinen blickte. »Du brauchst keine Angst zu haben.«

»Bist du eine Prinzessin?« fragte Lily.

Isabelle kicherte. »Nein, nur eine Herzogin.«

»Wo ist denn dein Herzog?«

»Dein Papa ist mein Herzog«, erwiderte Isabelle.

»Ich habe keinen Papa«, wandte das Mädchen ein.

»Anscheinend doch.«

»Ich wollte schon immer einen Papa haben«, meinte Lily zaghaft. »Ich glaube, daß der liebe Gott unsere Gebete manchmal erhört.«

»Bestimmt tut er das«, bekräftigte Isabelle.

»Welcher von den Männern ist denn mein Papa?« fragte Lily, während sie die Hochzeitsgäste musterte.

»Der Herzog ist für einen Augenblick nach draußen gegangen«, erklärte Isabelle. »Wenn er zurückkommt, stelle ich ihn dir vor.«

»Meinst du den aufgebrachten Mann?«

Isabelle nickte. »Dein Papa ist der fünfte Herzog des Schicksals, der zehnte Marquis der Niedertracht und der zwölfte Graf des ... *Jüngsten Gerichts!*«

Lily kicherte. »Ich mag dich.«

»Ganz meinerseits«, erwiderte Isabelle. »Geht es dir jetzt besser?«

Lily nickte und betrachtete dann die empörten Gäste. Als sie wieder zu Isabelle blickte, wirkte ihr Gesichtsausdruck besorgt.

»Wo ist Lisette?« fragte sie. »Ich brauche sie.«

Beim Anblick des verzweifelten Kindes verkrampfte sich Isabelles Herz. Das kleine Mädchen erinnerte sie an ihre eigene trostlose Kindheit.

»Lisette mußte noch etwas Wichtiges erledigen«, log Isabelle. »Deshalb hat sie dich zu mir gebracht. Meinst du, das könnte dir gefallen? Ich kenne eine Menge schöner Spiele.«

Bei der Aussicht auf eine Spielgefährtin hellte sich Lilys Gesicht auf.

»Laß mich überlegen.« Nachdenklich legte Isabelle einen Finger auf ihre Lippen. »Im Sommer lege ich mich ins Gras und beobachte, wie die Wolken Bilder formen. Wenn ich keine Lust mehr habe, laufe ich über die mit Blumen bewachsenen Hügel. Hast du das schon einmal getan?«

Lily schüttelte den Kopf.

»Im Herbst werfe ich die abgefallenen Blätter in die Luft und schreie *Hurra*«, fuhr Isabelle fort, verzweifelt versucht, das Kind abzulenken. »Im Winter male ich Engel in den Schnee. Aber der Frühling ist meine liebste Jahreszeit, weil ich dann im Wald spazierengehe und mit den Blumen einen Feenreigen tanze.«

Fasziniert hatte Lily ihre Augen aufgerissen. Kein Kind konnte solchen Wunderdingen widerstehen.

»Wenn es regnet, liebe ich Teegesellschaften und das Flötenspiel vor dem Kamin«, fügte Isabelle schließlich hinzu, um auch alle Eventualitäten abgesichert zu wissen. »Weißt du, ich spiele ebenso gut Flöte wie meine verstorbene Mutter.«

»Nein, das wußte ich nicht.«

»Manchmal sitze ich im Freien und beobachte die Sterne am nächtlichen Himmel«, fuhr Isabelle fort. »Würde dir irgend etwas davon Spaß machen?«

Lily nickte eifrig.

»Dann wirst du also bei mir bleiben?« wollte Isabelle wissen.

»Nun, ich muß Myrtle fragen, wozu sie Lust hat«, wandte Lily ein.

»Wer ist Myrtle?«

»Myrtle ist meine ganz besondere Freundin«, erklärte Lily. »Niemand außer mir kann sie sehen oder hören.«

»Auch ich habe eine ganz besondere Freundin«, erwiderte Isabelle. »Sie heißt Giselle.«

»Sie ist schon sehr alt«, flüsterte die Kleine.

Ihre Bemerkung erstaunte Isabelle. »Woher weißt du das?«

»Sie steht dort.« Lily deutete mit dem Finger nach rechts.

Isabelle wandte den Kopf und erkannte sogleich das

zerschlissene Kleid, das ihre alte Freundin trug. Wie konnte dieses Kind, das Giselle noch nie zuvor gesehen hatte, ihren Schutzengel wahrnehmen? Doch das würde sie Giselle später fragen. Augenblicklich bot Lilys Anwesenheit zweihundert Mitgliedern der obersten Gesellschaftskreise genügend Gesprächsstoff; sie mußte nicht auch noch ein weiteres Thema zu ihrem Salonklatsch beitragen.

»Wir haben heute einen solchen Skandal erregt, daß der König dagegen wie ein Chorknabe wirkt«, mischte sich Giselle ein. »Bring das Kind nach oben, damit es von diesen Leuten wegkommt.«

»Hast du Hunger?« fragte Isabelle das Mädchen.

Als sei sie sich noch nicht völlig darüber im klaren, ob sie bleiben wollte, zuckte Lily unschlüssig die Schultern.

Daraufhin erhob sich Isabelle und reichte dem Kind die Hand. »Kommst du mit mir?«

Unschlüssig nagte Lily an ihrer Unterlippe.

»Ich wette, du würdest nur zu gern meinen Schleier tragen«, bemerkte Isabelle, während sie ihr Diadem abnahm und es dem Kind vorsichtig auf seine rabenschwarzen Locken setzte. »Und jetzt siehst du wie eine Prinzessin aus.«

Lächelnd ergriff Lily Isabelles Hand. »Darf Myrtle mitkommen?«

»Aber natürlich, Myrtle kann uns begleiten«, versicherte ihr Isabelle. »Ich würde nicht im Traum daran denken, Myrtle bei dieser Horde ... Dobbs!«

Der Majordomus des Herzogs tauchte wie aus dem Nichts auf.

»Bringen Sie mir bitte eine Scheibe Bratenfleisch, eine Artischocke und Walnußpudding auf mein Zimmer«, wies Isabelle den Mann an. »Und, nicht zu vergessen, ein Stück von der Hochzeitstorte.«

»Ja, Eure Hoheit.« Mit einer Verbeugung widmete sich Dobbs den ihm auferlegten Pflichten.

Als nächstes winkte Isabelle Juniper, die augenblicklich zur Stelle war. Der strahlende Gesichtsausdruck der älteren Frau bedeutete ihr, wie glücklich diese war, wieder gebraucht zu werden.

Isabelle sprach mit gesenkter Stimme. »Bring den Beutel meines kleinen Gastes nach oben und bereite ein Zimmer für sie vor.«

»Ja, Eure Hoheit«, erwiderte Juniper und wollte einen Hofknicks machen.

Um ihr altes Kindermädchen davon abzuhalten, hielt Isabelle sie fest. »Und verzichte auf *Eure Hoheit*.«

Das langjährige Kindermädchen der Montgomerys verließ augenblicklich den Saal. Isabelle, die immer noch die Hand des Mädchens umschlossen hielt, war im Begriff, Juniper zu folgen, vernahm jedoch das mißfällige Gemurmel unter den anwesenden Gästen. Ihr war klar, daß sich ein entsetzlicher Skandal zusammenbraute, wenn die frisch Angetraute des Herzogs das Kind seiner früheren Geliebten unter ihre Fittiche nahm, doch sie wollte nicht riskieren, daß das Kind vor die Tür gesetzt wurde. Letztlich blieb ihr gar keine andere Wahl.

In dem Gefühl, daß sie irgendeine Erklärung abliefern mußte, wandte sich Isabelle ihren Gästen zu. »Ich danke Ihnen allen, daß Sie zu unserer Vermählung gekommen sind«, sagte sie mit fester Stimme, die bis in den hintersten Winkel des Saales drang. »Ich bin sicher, Sie werden Verständnis dafür haben, daß ich dieses Kind augenblicklich für wichtiger halte als meine Hochzeitsfeierlichkeiten.«

Isabelle verließ mit Lily den Festsaal. In der Eingangshalle stießen sie auf John und Ross, die soeben zurückgekehrt waren. Augenscheinlich waren ihre Bemühungen, Lisette einzuholen, erfolglos geblieben, was Isabelle nicht ungelegen kam. Sie hatte keineswegs den Wunsch, das kleine Mädchen einer Frau anzuvertrauen, die es einfach im Stich gelassen hatte.

»Es tut mir leid, daß Lisette unseren Hochzeitstag ruiniert hat«, entschuldigte sich John, während seine dunklen Augen unablässig das Gesicht der Kleinen fixierten.

»Das besprechen wir später«, erklärte ihm Isabelle. »Schick die Gäste nach Hause.«

»Dazu besteht überhaupt keine Veranlassung«, erwiderte John und griff nach der Hand des Mädchens. »Gallagher wird es nach London zum Stadthaus seiner Mutter zurückbringen.«

Isabelle trat vor Lily und hinderte ihren Gatten daran, das kleine Mädchen in seinen Gewahrsam zu bringen. Sie hielt seinem Blick stand, während sie ihm ihren Entschluß mitteilte. »Ich werde sie hierbehalten.«

Entsetzen zeichnete sich auf dem Gesicht des Herzogs ab. »Du kannst sie unmöglich ...«

»Die Herzogin von Avon kann verflucht noch mal alles tun, was ihr gefällt«, schnitt ihm Isabelle das Wort ab, während sie ihn mit ihren veilchenblauen Augen anfunkelte.

Ross Saint-Germain prustete los. Mit der Hochnäsigkeit einer Prinzessin warf Isabelle ihrem Schwager einen vernichtenden Blick zu.

»Isabelle ...« In Johns Stimme schwang ein warnender Unterton.

»Wir besprechen das später«, erklärte sie ihm.

Sie drehte sich um, stieg mit der Kleinen im Schlepptau die Stufen hoch und verkündete unüberhörbar für die beiden Männer: »Manchmal benimmt sich dein Papa wie ein ungehobelter Flegel.«

»Oh, das wußte ich nicht«, erwiderte Lily. »Wie gut, daß du mir das gesagt hast.«

12

Verdammter Mist, dachte John, während er seine Hände in die Hosentaschen schob. Seine dunklen Augen folgten den Schritten seiner Braut, bis sie und das Kind aus seinem Blickfeld verschwanden, dann warf er seinem Bruder einen schiefen Seitenblick zu.

»Jetzt muß ich mich der unvermeidlichen Aufgabe zuwenden, die Hochzeitsgäste nach Hause zu schicken«, preßte John zwischen den Zähnen hervor.

»Reg dich nicht auf«, erwiderte Ross. »Ich erledige das schon.«

»Das ist meine Hochzeit und mein Skandal«, wandte John kopfschüttelnd ein. »Sobald ich meine Verlautbarung abgegeben habe, würde ich es gern sehen, wenn du dafür Sorge trägst, daß sie verschwinden.«

»In Ordnung.«

Gemeinsam schlenderten die beiden Brüder durch den Flur zum Festsaal. John hatte seinen Bruder noch niemals so sehr geschätzt wie in dieser Stunde, da Ross ihm bereitwillig zur Seite stand.

Bevor sie den Saal betraten, spürte John die Hand seines Bruders auf seinem Arm und wandte ihm sein Gesicht zu. »Ja?«

»Ist das Kind von dir?« fragte Ross, während er seinem Bruder fest in die Augen blickte.

»Ich weiß es nicht.«

John und Ross betraten den Festsaal, blieben jedoch im Eingangsbereich stehen. Innerhalb von Sekunden ging ein Raunen durch die Menge.

»Geschätzte Verwandte und Freunde, ich danke euch, daß ihr zu meiner Hochzeit gekommen seid«, verkündete John mit durchdringender Stimme. »Aufgrund der entstandenen Situation werden die Hochzeitsfeierlichkeiten auf unbestimmte Zeit verschoben.«

Als er auf vielen Gesichtern einen betretenen Ausdruck wahrnahm, begriff John, daß sie noch wesentlich bestürzter waren als er selbst. Um die angespannte Stimmung im Saal etwas aufzulockern, fügte er mit einem verschmitzten Grinsen hinzu: »Ihr werdet alle zu unserem ersten Hochzeitstag eingeladen ... sofern sich meine Gattin aufgrund dieses Zwischenfalls nicht von mir scheiden läßt.«

Unterdrücktes Kichern erscholl an den Tafeln. Die Gesichter der weiblichen Anwesenden wirkten nach wie vor verärgert, aber daran ließ sich nichts ändern. Die meisten Herren grinsten mitfühlend und dankten vermutlich einem gnädigen Gott, daß nicht sie, sondern der Herzog von Avon dazu auserwählt worden war, das uneheliche Kind einer Geliebten großzuziehen.

»Bitte beenden Sie Ihr Mahl«, fügte John hinzu. »Dann wird Ross Sie verabschieden.«

»Gut gemacht, Bruderherz«, flüsterte Ross.

John nickte ihm zu, wandte sich dann zur Tür und bedeutete seinem Majordomus, ihm zu folgen. Sogleich war der Bedienstete an seiner Seite.

»Euer Gnaden?«

»Richten Sie Ihrer Hoheit aus, daß sie das Kind in mein Arbeitszimmer bringen soll, sobald die letzten Gäste aufgebrochen sind«, wies ihn John an.

»Ja, Euer Gnaden«, erwiderte Dobbs und eilte durch die Halle zur Haupttreppe.

Über den Dienstbotenaufgang am anderen Ende des Ganges erreichte John sein Arbeitszimmer im ersten Stockwerk. Er goß sich einen Whisky ein, den er in einem Zug leerte, und schenkte nach. Dann nahm er in seinem Ledersessel Platz, streckte die Beine aus und legte die Füße auf den Schreibtisch.

Mit geschlossenen Augen dachte er über den unseligen Verlauf dieses Tages nach. Eigentlich war er eher verärgert als bestürzt. Diese kleine Szene mit Lisette war William Grimsbys Hochzeitsgeschenk gewesen. Das war ihm so klar wie die Tatsache, daß er in seinem Büro saß und den besten schottischen Whisky in sich hineinschüttete.

Für ihn war es nebensächlich, daß seine Hochzeitsfeier dadurch zerstört worden war, aber Isabelle hätte es eigentlich besser verdient. Seine Braut war die reizendste, fürsorglichste Frau, die ihm jemals begegnet war.

Wie erniedrigend mußte es für sie gewesen sein, am Tag ihrer Hochzeit seiner früheren Geliebten zu begegnen. Was für eine entsetzliche Meinung mußte sie sich inzwischen von ihm gebildet haben.

Und dann war da noch die keineswegs zu vernachlässigende Tatsache, daß er ihr die Nachricht vom Kriegsausbruch zwischen England und Amerika vorenthalten hatte. Dabei hatte er doch lediglich beabsichtigt, ihren Hochzeitstag so unbeschwert wie möglich zu gestalten. In wenigen Tagen hätte er ihr sicherlich reinen Wein eingeschenkt.

Würde ihm Isabelle jemals vergeben? Plötzlich war ihm ihre Meinung das Wichtigste auf dieser Erde.

Er liebte sie.

Er liebte sie trotz ihrer gelegentlichen Eigenwilligkeit. Oder vielleicht gerade deshalb. Seine Landpomeranze aus Stratford war die einzige ihm bekannte Frau, die ihn nicht wegen seines Geldes oder seines Titels hatte heiraten wollen. Zum Teufel, sie hatte ihn überhaupt nicht heiraten wollen! Sicherlich war es besser, wenn er seine Liebe vor ihr verbarg, ansonsten überrumpelte sie ihn vielleicht noch. Wenn seine Braut die Oberhand gewann, war er verloren.

Und dann schweiften Johns Gedanken zu dem kleinen Mädchen ab. War sie tatsächlich seine Tochter? Das konnte er einfach nicht glauben. Lisette hatte ihn nie auf ein gemeinsames Kind angesprochen. Aber was gab es Besseres, um einen wohlhabenden Mann zu erpressen, als sein Kind zu gebären? Das Mädchen mußte ein Vorwand sein, ein unschuldiges Geschöpf, das Teil von Grimsbys und Lisettes Vernichtungsplan gegen ihnen war.

Doch selbst wenn es sich um sein leibliches Kind handelte, konnte die Kleine nicht bei ihm auf Avon Park bleiben. Kein Ehrenmann lebte gemeinsam mit seinem unehelichen Kind und seiner rechtmäßigen Familie unter einem Dach. Als Ergebnis einer vorübergehenden Liebesaffäre würde das Mädchen niemals von der Gesellschaft akzeptiert werden.

Eine Stunde verstrich. Dann eine weitere.

Schließlich vernahm er ein Klopfen. Bevor er etwas sagen konnte, wurde die Tür aufgerissen, und seine Mutter stand im Eingang.

Als sie in sein Arbeitszimmer schritt, sprang John mechanisch auf. Seine Mutter schien nicht gerade begeistert von ihm, was er ihr nicht verdenken konnte. Noch nie hatte etwas den guten Namen der Saint-Germains befleckt, und das letzte, was sie in ihrem Alter gebrauchen konnte, war ein Riesenskandal.

Seine Mutter ließ sich ihm gegenüber am Schreibtisch nieder.

John nahm nach ihr seinen angestammten Platz ein.

Sie starrte ihn für eine lange Weile an und fragte dann: »Ist das Kind von dir?«

»Ich weiß es nicht«, erwiderte John aufrichtig. »Lisette war meine Geliebte, dennoch bin ich mir fast sicher, daß all das zu Grimsbys Plan gehört, Vergeltung für Lenores Tod zu üben.«

»William Grimsby ist ein Mistkerl«, bekräftigte die Herzoginwitwe. »Lenore starb an einer Fehlgeburt, was bedauerlicherweise ziemlich häufig vorkommt. Ich habe mich nie sonderlich für die Grimsby-Familie erwärmen können. Ihnen fehlt es einfach an Intelligenz.«

»Und dieses Fiasko ist ein leuchtendes Beispiel dafür«, knurrte John.

»Delphinia Montgomery hat die Übernachtungsgäste auf Arden Hall einquartiert«, berichtete ihm seine Mutter. »Die anderen haben sich ebenfalls verabschiedet.«

John nickte. »Ich hätte nie gedacht, daß Delphinia die Geistesgegenwart besitzt, solche Vorkehrungen zu treffen.«

»Hat sie auch nicht – ich habe das arrangiert«, erwiderte die Herzoginwitwe und rang ihm ein Lächeln ab. »Hester und ich werden morgen früh nach London zurückkehren, um dem Gesellschaftsklatsch Einhalt zu gebieten.«

»Dieses eine Mal, Mutter, bist du zum Scheitern verurteilt«, erwiderte John. »Die Oberschicht liebt nichts mehr als einen Skandal.«

»Hmhm! Das werden wir ja sehen.«

»Ross wird euch nach London begleiten«, sagte John. »Ich möchte, daß er die Eltern des Mädchens in Erfahrung bringt, während ich den meiner jungen Ehe zugefügten Schaden einzugrenzen versuche.«

Die Herzoginwitwe erhob sich und musterte ihn für einen langen Augenblick. Traurig schüttelte sie den Kopf und meinte schließlich: »Werdet ihr Männer es denn nie lernen, eure Hosen anzubehalten?«

John brach in schallendes Gelächter aus.

»Nun gut.« Seine Mutter seufzte. »Vermutlich ist das der Lauf aller Dinge. Werte das nicht als Aphorismus.« Mit diesen Worten verließ sie sein Arbeitszimmer.

Wenige Minuten später klopfte es erneut an der Tür.

»Herein«, rief John.

Als die Tür aufging, fiel sein Blick auf Isabelle und das kleine Mädchen.

Sie hat ihr Brautkleid abgelegt, dachte John, während er sich aus seinem Sessel erhob. Hoffentlich war das kein schlechtes Omen.

»Kommt herein und schließt die Tür«, sagte er. »Ich möchte mit euch beiden reden.«

Isabelle trat einen Schritt vor, doch die Kleine blieb wie angewurzelt im Türrahmen stehen.

»Komm mit.« Isabelle versuchte, das Kind mit einem Lächeln aufzumuntern.

»Myrtle möchte nicht dort hineingehen«, erwiderte das Mädchen kopfschüttelnd.

»Wer ist Myrtle?« fragte John.

Isabelle bedachte ihn mit einem Lächeln. »Myrtle ist Lilys unsichtbare Freundin.«

Herr im Himmel, dachte John und verdrehte die Augen. Hatte er mittlerweile zwei Weibsbilder unter seinem Dach, die sich mit unsichtbaren Freunden umgaben? Nun, die Kleine würde Avon Park in Kürze verlassen, und dann nahm sein Leben wieder den gewohnten Gang.

»Warum möchte Myrtle denn nicht mitkommen?« fragte Isabelle das Kind.

»Sie hat Angst.«

John beobachtete seine Angetraute, die auf das Arbeitszimmer deutete und meinte: »Ich versichere dir, dort ist nichts, wovor du dich fürchten mußt.«

»Der Herzog des Schicksals macht ihr angst.« Lily deutete mit dem Finger auf ihn.

Isabelle lachte. »Seine Gnaden ist sanft wie ein Lamm.«

»Du hast doch gesagt, daß er sich wie ein ungehobelter ...«

»Seine Gnaden würde niemals unfreundlich gegenüber einem kleinen Mädchen sein«, unterbrach Isabelle sie. »Oder, Euer Gnaden?«

»Nein«, erwiderte John stirnrunzelnd.

»Seine Gnaden wirkt nicht besonders glücklich«, bemerkte Lily, die ihn unablässig fixierte.

»Seine Gnaden ist entzückt, daß er dich kennenlernen darf«, erwiderte Isabelle. »Mir vertraust du doch, oder?«

Lily nickte.

Verwundert beobachtete John das Geschick seiner Frau im Umgang mit dem Kind. Sie wäre seinen Kindern eine hervorragende Mutter.

Als ihm auffiel, daß das Kind ihn anstarrte, zwang sich John zu einem Lächeln. Dann sagte er mit einfühlsamer Stimme: »Lily, nicht wahr?«

Sie nickte.

»Möchtest du nicht hereinkommen und dich setzen?« forderte John sie auf. »Ich würde dich gern kennenlernen.«

Bereitwillig ließ sich Lily von Isabelle ins Zimmer führen. Dann setzten sich die beiden ihm gegenüber an den Schreibtisch.

»John, ich möchte dir deine bislang unbekannte Tochter Lily vorstellen«, sagte Isabelle. »Lily, das ist dein Papa.«

»Darf ich ihn Papa nennen?« Lilys faszinierende grüne Augen waren auf ihn gerichtet.

»Nein«, meinte John kurz angebunden.

Verflucht, dachte er unmittelbar darauf. Das Mädchen fing an zu weinen. Wie sollte er ihm Fragen stellen, wenn es so aufgelöst war?

Isabelle bedachte ihn mit einem vernichtenden Blick. Tröstend tätschelte sie die Hand der Kleinen und erklärte ihr: »Seine Gnaden zieht es vor, dich erst besser kennenzulernen, bevor ihr euch so vertraut anredet. Ist es nicht so, Euer Gnaden?«

»Ja, ganz recht.« John richtete seine dunklen Augen auf das Mädchen. »Also dann, Lily. Darf ich fragen …«

»Miß Dupré, wenn ich bitten darf«, schnitt ihm die Kleine das Wort ab.

Trotz der unangenehmen Situation mußte John gegen ein Grinsen ankämpfen. Das Mädchen war schlagfertig. Sie erinnerte ihn an Isabelle, die ihn anlächelte.

»Miß Dupré, ich bitte um Vergebung.« John senkte den Kopf. »Wer hat dich nach Avon Park gebracht?«

»Lisette.«

»Bist du mit Lisette verwandt?«

»Sie ist meine Mutter.«

»Warum nennst du sie dann nicht Mama?« wollte John wissen.

»Sie zieht Lisette vor«, erklärte Lily. »*Mama*, findet sie, macht sie zu alt.«

Das war wieder typisch für Lisettes Eitelkeit, daß sie ihrem einzigen Kind untersagte, sie Mama zu nennen, schoß es John durch den Kopf. »Wer hat Lisette und dich hergebracht?« bohrte er weiter.

»Der Graf.«

»Welcher Graf?«

Lily zuckte die Schultern. »Ich weiß es nicht.«

»Kannst du mir den Grafen beschreiben?« fragte John.

Lily nickte. »Er ist ein Mann, genau wie du.«

Als Isabelle kicherte, blickte John sie verärgert an. Dann wandte er seine Aufmerksamkeit wieder dem Kind zu. »Welche Haarfarbe hat der Graf?«

»Gelb.«

Das war doch ein Anhaltspunkt, dachte John. Grimsby hatte das als Vergeltungsschlag geplant. Absichtlich starrte er die Kleine so lange durchdringend an, bis sie verunsichert auf ihrem Stuhl herumrutschte.

»Wer ist dein Vater?« fragte er, wobei er das Kind nicht aus den Augen ließ.

»Du bist mein Papa, aber ich darf nicht Papa zu dir sagen«, antwortete Lily. Dann drehte sie sich zu Isabelle um. »Bitte, ich möchte jetzt gehen.«

Isabelles bezauberndes Gesicht wirkte angespannt, als sie erwiderte: »Lily, bitte verlaß das Zimmer. Ich muß allein mit dem Herzog sprechen.«

»Myrtle will nicht allein sein«, jammerte das kleine Mädchen. »Sie hat Angst.«

»Schon gut, mein Schatz«, lenkte Isabelle ein. »Setz dich in den Sessel vor dem Kamin; aber lausche nicht.«

»Wie soll ich das denn machen?«

»Halte dir einfach die Ohren zu«, sagte Isabelle und machte es ihr vor.

Lily stürmte durch das Arbeitszimmer, kletterte auf den Sessel und hielt sich die Ohren zu.

»Kannst du mich hören?« fragte Isabelle in normaler Lautstärke.

»Nein«, antwortete Lily.

Isabelle biß sich auf die Unterlippe, um nicht loszuprusten. Sie mußte ihrer berechtigten Verärgerung Luft machen, um ihren Ehemann davon abzuhalten, daß er die Beziehung zu seinem Kind für alle Zeit zerstörte.

»Wie kannst du es wagen, so kaltherzig mit einem Kind umzugehen«, zischte Isabelle leise, während sie ihren Gatten anfunkelte.

»Ich versuche, die ganze Wahrheit in Erfahrung zu bringen«, verteidigte sich John.

»Deine Wahrheit interessiert mich einen feuchten Dreck«, gab ihm Isabelle zu verstehen. »Dieses Kind ist von seiner eigenen Mutter verlassen worden. Ich werde es nicht dulden, daß du sie verstößt und von ihr sprichst, als sei sie Luft für dich.«

»Um Himmels willen …«

»Wenn du dir die Zeit nimmst, sie näher kennenzulernen, wirst du die von dir so geschätzte Wahrheit mit Sicherheit erfahren«, fuhr ihm Isabelle ins Wort. »Ich werde es nicht zulassen, daß Lily noch einmal über die Schwelle dieser unsäglichen Frau tritt!«

»Versuch nur ja nicht, mir zu drohen«, erwiderte John. »Selbst wenn sie meine Tochter ist, wäre das Zusammenleben unter einem Dach ein entsetzlicher Verstoß gegen die Etikette.«

»Darüber hättest du nachdenken sollen, bevor du zu ihrer Mutter ins Bett gestiegen bist.« Angewidert blickte Isabelle ihn an. »Du irrst dich, wenn du glaubst, daß mir die Etikette auch nur irgend etwas bedeutet.«

Mit diesen Worten sprang Isabelle auf. Sie durchquerte das Zimmer und tätschelte Lilys Schulter. Hand in Hand verließen die beiden sein Arbeitszimmer.

John starrte auf die Tür, durch die sie soeben verschwunden waren. Trotz seiner Verärgerung konnte er sich ein schwaches Grinsen nicht verkneifen. Noch nie hatte seine Braut reizender ausgesehen als in dem Augenblick, da sie das kleine Mädchen in Schutz nahm.

Schlagartig wich sein Grinsen kalter Wut. Wie

konnte seine Angetraute es wagen, in sein Arbeitszimmer vorzudringen und ihm Befehle zu erteilen? Bei der nächstbesten Gelegenheit würde er ihr eindeutig klarmachen, wer in Avon Park das Sagen hatte.

Wie konnte ihr Ehemann es wagen, ihr Befehle zu erteilen, dachte Isabelle wutschnaubend, während sie mit Lily auf der Fensterbank in ihrem Zimmer hockte. Gewiß, John Saint-Germain war der Herzog von Avon, und noch vor wenigen Stunden hatte sie geschworen, ihn zu lieben, ihn zu ehren und ihm zu gehorchen. Allerdings hatte sie nicht die Absicht, Anweisungen zu befolgen, die auf Fehleinschätzungen oder seelischer Grausamkeit beruhten. Sie hatte einen eigenen Verstand und beabsichtigte, diesen zu benutzen. Im Augenblick dachte sie wesentlich klarer als er. Vermutlich mußte sie ihren Ehemann vor seiner eigenen Engstirnigkeit bewahren.

»Er mag mich nicht«, sagte Lily betrübt.

»Seine Gnaden liebt dich«, erklärte ihr Isabelle, während sie mit einer Hand das Kinn des Kindes umschloß. »Er weiß es nur noch nicht.«

Lily lächelte, und der Gedanke an einen liebenden Vater ließ ihre Augen wie Smaragde funkeln. »Wann wird er es denn wissen?«

»Die Antwort kennt nur Gott allein«, entgegnete Isabelle und stellte fest, daß sie fast wie Giselle klang.

»Warum ist Seine Gnaden so mißgestimmt?« wollte Lily wissen.

Isabelle sann auf eine Antwort, die für das Mädchen einleuchtend klang, auch wenn sie damit die Wahrheit verschleierte. Schließlich senkte sie ihre Stimme und flüsterte kaum hörbar: »Seine Gnaden leidet an einer Magenverstimmung. Es ist nichts Ernstes, dennoch wirkt es sich nachteilig auf seine Laune aus.«

»Oh.« Lily schwieg für einen Augenblick und dachte darüber nach. Auf einmal kreischte sie: »Sieh dir mal die Sonne an!«

Isabelle spähte aus dem Fenster zum westlichen Horizont. Die untergehende Sonne sah aus wie ein rotglühender Feuerball. Dann schweifte ihr Blick über den Park, und sie dachte an die wunderschöne Zeit, die sie und Lily dort unten verbringen könnten.

»Wenn du durch den Salon in mein Ankleidezimmer gehst«, erklärte ihr Isabelle, »kannst du im Osten den Sonnenaufgang sehen.«

»Dann komm«, sagte Lily.

Isabelle lachte. »Die Sonne geht doch erst am Morgen auf.«

»Was ist denn das?« fragte Lily und deutete mit ihrem kleinen Finger in die Ferne.

Isabelle folgte dem Blick der Kleinen. Weit draußen, auf den sanften Hügeln, loderten Feuer im dämmrigen Abendlicht.

»Heute ist Mittsommerabend«, erklärte Isabelle. »Aus diesem Anlaß feiern die Landbewohner und entzünden Freudenfeuer aus Eichenholz, um die sie dann tanzen.«

»Komm, laß uns mit ihnen tanzen.« Die smaragdgrünen Augen des kleinen Mädchens funkelten vor Aufregung.

»Diesmal können wir nicht teilnehmen. Vielleicht geht es Seiner Gnaden im nächsten Jahr wieder besser.« Als sie den enttäuschten Gesichtsausdruck des Kindes bemerkte, fügte Isabelle hinzu: »Aber morgen werden wir im Garten zusammen spielen oder durch den riesigen Eichenhain zum Fluß spazieren. Ich nehme meine Flöte mit. Würde dir das gefallen?«

Statt einer Antwort klatschte Lily verzückt in die Hände.

Ein Klopfen lenkte ihre Aufmerksamkeit auf die Tür, und Isabelle rief: »Herein.«

Dobbs betrat den Raum. Der Majordomus lächelte Lily an und wandte sich dann an Isabelle. »Seine Gnaden läßt anfragen, ob Sie mit ihm zu Abend speisen.«

»Bitte richten Sie Seiner Gnaden aus, daß ich Migräne habe«, erwiderte Isabelle.

»Gewiß, Eure Hoheit.« Der Majordomus wandte sich zum Gehen.

»Mister Dobbs, richte Seiner Gnaden aus, daß Miß Dupré inständig auf eine Besserung seiner Magenbeschwerden hofft«, meldete sich Lily zu Wort.

»Magenbeschwerden?« wiederholte Dobbs und wirbelte erstaunt zu ihr herum. Die Worte des Kindes brachten das normalerweise so beherrschte Auftreten des Mannes ins Wanken. Erfolglos kämpfte er gegen einen Lachanfall an.

»Ein empfindlicher Magen ist keineswegs lustig«, schalt ihn Lily mit mahnend erhobenem Zeigefinger.

Als sich Dobbs wenige Augenblicke später wieder gefaßt hatte, meinte er trocken: »Ich bitte um Verzeihung und werde Seiner Gnaden selbstverständlich dein Mitgefühl ausrichten.«

Der Majordomus zog sich zur Tür zurück. Isabelle bemerkte, daß seine Schultern vor Erheiterung zuckten.

Ein weiteres Klopfen an der Tür ließ sie erneut aufhorchen. Bevor Isabelle etwas sagen konnte, sprang die Tür auf, und Juniper trat ein.

»Ich habe das Zimmer am Ende des Ganges hergerichtet«, berichtete die Frau.

»Geh jetzt mit Missis Juniper«, wies Isabelle das Mädchen an. »Sie wird dir eine Gutenachtgeschichte erzählen und dich zu Bett bringen.«

»Myrtle will dich aber nicht verlassen!« Lily warf sich in Isabelles Arme und umklammerte sie wie eine Ertrinkende. »Myrtle hat Angst.«

Isabelle blickte zu dem Kind hinunter und bemerkte die Verunsicherung in seinen grünen Augen. Sie konnte es der Kleinen nicht verdenken, daß sie sich fürchtete. Ihre Mutter hatte sie vor den Augen von zweihundert Anwesenden im Stich gelassen, und jetzt sollte sie auch noch die Nacht in einem fremden Hause zubringen.

»Du mußt in deinem eigenen Zimmer schlafen«, sagte Isabelle mit sanfter Stimme. »Myrtle braucht keine Angst zu haben, denn Missis Juniper wird bei euch bleiben. Wußtest du, daß Juniper für mich gesorgt hat, als ich noch ein kleines Mädchen war?«

»Wirklich?«

Lächelnd nickte Isabelle.

»Dann bleibe ich auch bei Juniper«, stimmte Lily zu. »Kommst du auch mit?«

»Ja, ich spiele dir ein Schlaflied.« Isabelle griff nach ihrer Flöte.

Gemeinsam schlenderten die drei durch den langen Gang und betraten schließlich das letzte Zimmer auf der linken Seite. Isabelle und Juniper entkleideten das Kind bis auf sein Unterkleid und brachten es ins Bett. Dann nahm Juniper in dem Sessel vor dem Kamin Platz.

Isabelle setzte sich auf den Bettrand und drückte das Mädchen sanft in die Kissen. »Schließe deine Augen, meine Kleine. Lausche meinem Lied und merke dir die Melodie.«

Dann setzte Isabelle die Flöte an ihre Lippen und begann das Lied, das ihr Schutzengel all die Jahre für sie gespielt und das sie immer in den Schlaf gewiegt hatte. Die hellen Töne erfüllten den Raum und beruhigten das Mädchen, das daraufhin seine Augen schloß. Die Melodie war mitreißend und gleichzeitig einfühlsam, erinnerte an einen Sonnenuntergang im Frühling und an die ständige Wiederkehr der Gezeiten.

Als Isabelle das Mädchen beobachtete, stellte sie fest, daß Lily gleichmäßig atmete und mit einem Lächeln auf den Lippen eingeschlafen war. So jung und von seiner eigenen Mutter verlassen. So jung und vom eigenen Vater zurückgewiesen. So jung und schon völlig allein.

Wenigstens war Giselle am Todestag ihres Vaters in ihr Leben getreten, schoß es Isabelle durch den Kopf. Wie glücklich sie doch gewesen war, auch wenn sie das damals nicht begriffen hatte.

Isabelle erhob sich vom Bettrand. Ihre Lippen formten ein an Mrs. Juniper gerichtetes ›Danke‹, als sie das Zimmer verließ.

Dann kleidete sich Isabelle voller Eile in das Nachtgewand, das eigens für ihre Hochzeitsnacht angefertigt worden war. Das seidene Negligé war weit ausgeschnitten, ärmellos und beinahe durchsichtig.

»Sinn und Zweck dieses Nachtkleides ist es, die Leidenschaft eines Mannes zu wecken.«

Überrascht wirbelte Isabelle herum und bemerkte Giselle, die auf ihrem angestammten Platz vor dem Kamin saß. »Und was weißt du über die männliche Leidenschaft?« wollte sie von der Alten wissen.

Giselle schenkte ihr ein vielsagendes Lächeln und schwieg.

»Ist Lily die Tochter meines Mannes?«

Giselle zuckte die Schultern. »Spielt das eine Rolle?«

Isabelle schüttelte den Kopf. »Ist Myrtle so wie du ein Schutzengel?«

Giselle schmunzelte. »Myrtle ist die unsichtbare Freundin des Mädchens.«

»Die Menschen glauben, daß auch du unsichtbar bist, weil sie dich nicht wahrnehmen können«, wandte Isabelle ein.

»Nun ja, die Welt ist voller Zweifler«, erwiderte Giselle. »Dein Prinz ist eingetroffen.«

Ein Klopfen an der Verbindungstür zwischen ihren und den Gemächern des Herzogs ließ Isabelle aufhorchen. Suchend blickte sie sich zu Giselle um, doch die Alte war verschwunden.

Isabelle erhob sich und schritt zur Tür. Wenigstens hatte Lilys Auftauchen sie von dem quälenden Gedanken an ihre bevorstehende Hochzeitsnacht abgelenkt.

Als sie die Verbindungstür öffnete, fiel ihr Blick auf ihren unglaublich anziehenden Ehemann. John trug einen schwarzen Seidenmorgenmantel, der in der Taille von einem Band gehalten wurde. Sie bemerkte die offenen Revers, die seinen durchtrainierten, mit schwarzem Flaum bedeckten Brustkorb freigaben.

Die männliche Ausstrahlung ihres Gattes verwirrte Isabelle. Verschämt senkte sie ihre Lider, als sein Blick unverhohlen ihren Körper musterte, der ihm aufgrund der durchscheinenden Nachtrobe kaum verborgen blieb.

Gütiger Himmel, der Gesichtsausdruck ihres Gatten wirkte so gierig, als habe er seit Tagen nichts mehr gegessen.

»Ist unsere Hochzeitsnacht etwa gestrichen?« fragte John.

Isabelle schüttelte den Kopf.

»Hast du dich von deiner Migräne erholt?«

»Völlig erholt«, antwortete sie.

Johns Blick schweifte durch das Zimmer, dann sah er sie fragend an. »Wo ist sie?«

»Lily und Juniper schlafen in dem Raum am Ende des Ganges«, erklärte ihm Isabelle.

John senkte den Kopf. Offenbar hatte seine Angetraute die Vernunft besessen, das leidige Problem bis zum Morgen aufzuschieben. »Ich habe eisgekühlten Champagner«, sagte er und bot ihr seinen Arm, um sie in sein Schlafzimmer zu führen. »Trinkst du ein Glas mit mir?«

Einen schrecklichen Augenblick lang beschlich John der Verdacht, daß Isabelle ablehnen könnte, doch dann legte sie ihre Hand in die seine. Seine Frau machte den Eindruck, als ginge sie geradewegs aufs Schafott, fiel John auf, als sie sein Zimmer durchquerten und auf den Kamin zusteuerten. Ihr bezauberndes Gesicht war von Furcht überschattet und ihr Teint so blaß, daß die kleinen Sommersprossen auf ihrem Nasenrücken wie winzige Punkte hervorstachen.

Verdammt, fluchte John insgeheim. Seine Erfahrung mit verängstigten Jungfrauen beschränkte sich auf Lenore Grimsby, und diese Hochzeitsnacht war alles andere als befriedigend verlaufen. Er würde sanft und vorsichtig sein müssen, denn was in dieser Nacht zwischen ihnen beiden passierte, entschied über die vor ihnen liegenden Ehejahre.

John blickte von ihrem blassen Gesicht zu den weiß hervortretenden Fingerknöcheln ihrer ineinander verkrampften Hände. Sein Blick wanderte weiter zu ihrem Körper, den das durchsichtige Negligé kaum verbarg. Großer Gott, sie war unglaublich schön.

Er wandte den Blick ab, entkorkte die Champagnerflasche und schenkte in die bereitgestellten Kristallkelche ein. »Komm, wir setzen uns auf das Sofa, trinken Champagner und plaudern«, schlug er vor.

»Du willst lediglich mit mir plaudern?« fragte Isabelle erstaunt.

John hätte nicht sagen können, ob sie enttäuscht oder erleichtert klang. Als er ihren verzweifelten Gesichtsausdruck bemerkte, mußte er gegen einen Anflug von Belustigung ankämpfen.

»Setz dich auf meinen Schoß«, meinte John einladend und ließ sich auf dem Sofa nieder.

»Das ist nicht notwendig«, wandte sie ein. »Das Sofa bietet genug Platz für uns beide.

»Ich möchte deine Nähe spüren«, erwiderte er. »Bitte.«

Seine Bitte wirkte Wunder. Sie nickte und setzte sich auf seinen Schoß.

John umschlang sie mit seinem linken Arm und zog sie sanft an seine Brust. »Trink etwas.« Er hob den Kelch an seine Lippen.

Isabelle nippte an ihrem Glas und schluckte. »Der Champagner kitzelt mir in der Nase«, meinte sie lächelnd.

John erwiderte ihr Lächeln. Nachdem er einen Schluck Champagner getrunken hatte, stellte er sein Glas auf dem Boden ab und schmiegte ihr Gesicht an seine Schulter.

»Ist es so angenehm für dich?« fragte er, während seine Hand ihre Schulter streichelte.

»Ja.« Unter ihren blonden Wimpern blickte Isabelle zu ihm auf.

»Liebling, du brauchst keine Angst zu haben. Die körperliche Vereinigung ist etwas vollkommen Natürliches zwischen Mann und Frau und bestärkt deren ...« John hielt inne und unterdrückte den Begriff *Liebe*. »Der Beischlaf bestärkt ihr Jawort für alle Zeit. Ohne die körperliche Vereinigung wäre das Ehegelübde leer und bedeutungslos. Verstehst du das?«

»Ich glaube schon.«

»Wirst du mein Bett teilen?« fragte er.

Isabelle sah ihn aus riesigen veilchenblauen Augen an. Sie zögerte so lange mit ihrer Antwort, daß John bereits mit einer Ablehnung rechnete. Doch was sollte er dann tun?

Isabelle entwand sich seiner Umarmung und erhob sich. »Ja, ich werde dein Bett teilen«, flüsterte sie kaum hörbar.

Daraufhin stand John auf und streckte ihr so einladend seine Hand entgegen, als wolle er sie zur Tanzfläche führen. Isabelles Blick wanderte von seinen dunklen Augen zu der ihr dargebotenen Hand. Als sich ihre Blicke erneut trafen, war ihr Gesichtsausdruck nach wie vor verängstigt.

»Wann immer du willst, werde ich aufhören«, versprach er. »Vertraust du mir?«

Mit einer unbewußt sinnlichen Geste befeuchtete Isabelle ihre ausgetrockneten Lippen. Dann legte sie ihre Hand in die seine. Gemeinsam schritten sie zum Bett.

Johns Hände glitten über ihre Schultern und streiften die Träger ihres Nachtkleides hinunter. Die fließende Seide schwebte zu Boden.

Ihre Schamesröte ignorierend, verzehrte John sie mit seinen Augen. Sein Blick glitt von ihrem Gesicht zu ihren vollkommenen Brüsten, ihrer schlanken Taille, den wohlgerundeten Hüften bis hin zu ihren kleinen Füßen. Als sich ihre Blicke erneut trafen, öffnete John das Band seines Morgenmantels und schüttelte ihn ab. Der Mantel sank auf ihrem Negligé zu Boden.

Als Isabelle ihren Blick beharrlich auf seinen Hals gerichtet hielt, mußte John ein Grinsen unterdrücken. »Sieh mich an, Belle«, murmelte er. »Bitte.«

Erneut bewirkte dieses Wort wahre Wunder.

Langsam glitt Isabelles Blick von seinen breiten

Schultern zu seiner dunkel behaarten Brust. Dann spähte sie tiefer und tiefer.

John trat einen unmerklichen Schritt näher an sie heran. Seine Hand liebkoste ihre Wange, dann streichelten seine Fingerspitzen über ihre Halsbeuge zu ihren Schultern.

Ihr blieb keine Zeit zum Nachdenken. John riß sie plötzlich an sich und bedeckte ihren Mund mit einem so leidenschaftlichen Kuß, daß es ihr den Atem raubte. Dann nahm er sie in seine Arme, trug sie zum Bett und legte sich neben sie.

Zum ersten Mal in ihrem Leben erfuhr Isabelle die unglaubliche Aura männlicher Stärke an ihrem biegsamen Körper. Und das gefiel ihr.

Wiederum senkte John seine Lippen auf die ihren, und sie vereinigten sich zu einem zärtlichen Kuß, der unendlich zu währen schien. Dann hauchte er unzählige Küsse auf ihre Schläfen, ihre Lider und ihre Nasenspitze.

»Ich liebe deine Sommersprossen«, murmelte er.

»Welche Sommersprossen?« flüsterte sie, verwirrt von ihrer erwachenden Leidenschaft.

John lächelte und ließ seinen Blick von ihrem anmutigen Gesicht zu ihren wohlgerundeten Brüsten schweifen. »Einfach bezaubernd«, flüsterte er, während seine Hand von ihrem Dekolleté zu ihren Hüften glitt.

Seine Lippen folgten seiner Handfläche, liebkosten ihre Brüste, hielten inne, um an ihren rosigen Brustwarzen zu saugen und ein Feuer in ihren Lenden zu entfachen, das ihr jeglichen klaren Gedanken raubte.

»Spreize deine Beine für mich«, wies sie John voller Begehren an.

Isabelle vernahm seine Stimme und gehorchte unwillkürlich. John küßte sie erneut und glitt dann vorsichtig mit seinem Zeigefinger in sie hinein.

Isabelle öffnete die Lippen, um zu schreien, doch John war schneller. Er versiegelte ihren Mund mit einem stürmischen Kuß, der ihre Sinne lähmte.

»Entspanne dich, mein Schatz«, besänftigte er sie, während ein weiterer Finger in sie glitt. »Ich möchte, daß du für mich bereit bist.«

Während seine Finger sie verführerisch streichelten, senkte John den Kopf, um ihre Brüste erneut zu liebkosen. Und dann bewegte Isabelle ihre Hüften und drängte seine Finger tief in ihren verlangenden Körper.

Stöhnend vor Begehren, bewegte sie ihre Hüften schneller und schneller. Und dann waren seine Finger verschwunden.

»Liebling, sieh mich an.« Seine Männlichkeit zu voller Größe aufgerichtet, kniete John zwischen ihren Schenkeln.

Isabelle öffnete die Augen und starrte ihn voller Sehnsucht an.

»Nur ein schmerzvoller Augenblick«, versprach er.

Mit einem kraftvollen Stoß drang John in sie ein und verharrte tief in ihrem erbebenden Körper. Isabelle umklammerte ihn fest und schrie überrascht auf, als er ihre Jungfräulichkeit zerstörte.

Dann blieb er für einen langen Augenblick bewegungslos liegen, um sie mit diesem neuen Gefühl der körperlichen Vereinigung vertraut zu machen. Schließlich bewegte er sich und ermunterte sie, in seinen Rhythmus einzustimmen.

Und ihre Unschuld wich ihrer Sinnlichkeit.

Mitgerissen vom Strudel ihrer Leidenschaft, schlang sie ihre Schenkel um seine Lenden und erwiderte jeden seiner kraftvollen Stöße. Und dann erreichte sie ihren Höhepunkt, und die Wogen der Ekstase trugen sie ins Paradies.

In der Gewißheit, daß sie sexuelle Erfüllung gefunden hatte, brach er stöhnend über ihr zusammen und ergoß sich tief in ihrer verzehrenden Weiblichkeit.

Für eine lange Weile lagen sie reglos vereinigt, und ihr heftiger Atem erfüllte das Zimmer. Schließlich rollte sich John zur Seite und zog sie in seiner Umarmung mit sich. Er betrachtete ihren verwunderten Gesichtsausdruck und stellte fest, daß sich ihre ganze Seele in diesen amethystfarbenen Augen widerspiegelte.

Mit einem schwachen Grinsen zog er sie an seine Brust. »Es tut mir leid, daß ich dir die Sache mit dem Krieg verschwiegen habe«, sagte er. »Ich wollte doch nur, daß unser Hochzeitstag vollkommen sein sollte. Morgen früh hätte ich es dir mit Sicherheit gesagt.«

»Ich danke dir für deine Rücksichtnahme«, meinte Isabelle lächelnd. »Also, was Lily …«

»Können wir das Thema bitte auf morgen verschieben?« wandte John ein.

»Meinetwegen.«

Sanft zog er sie an sich und küßte sie auf die Stirn. »Dann denken wir sicherlich klarer.«

»Trotzdem bleibt sie.«

John lächelte zu ihr hinunter. »Schlaf jetzt, Eheweib.«

Isabelle schloß die Augen. Als ihr Atem gleichmäßiger ging, wußte John, daß sie eingeschlafen war, und er fiel neben ihr in einen tiefen, traumlosen Schlaf.

13

Herr im Himmel, sie führt schon wieder Selbstgespräche.

Am nächsten Morgen stand John am Fenster seines Arbeitszimmers und beobachtete Isabelle, die mutterseelenallein auf einer der Steinbänke im Park saß.

Seine Angetraute kam ihm vor wie ein Engel, der reif für die Klapsmühle war. In ein weißes Morgenkleid aus Baumwollbatist gekleidet, trug Isabelle einen Kranz aus Eichenblättern und Veilchen auf ihrem blonden Haar und war in ein angeregtes Gespräch mit der leeren Bank vertieft. Aber wo war das Kind?

John ließ den Blick von seiner Gattin über den Park schweifen, bis er das kleine Mädchen im hinteren Teil des Gartens bemerkte. Mit einem ebensolchen Kranz tanzte das Mädchen über die Wiese, als gäbe es kein schöneres Vergnügen, als in der Sommersonne durch das satte Gras zu laufen.

Die Freude des Mädchens war ansteckend, und über Johns Gesicht huschte ein Lächeln. Waren ihm schon jemals die unschuldigen Freuden des Lebens bewußt geworden? Vor langer, langer Zeit vielleicht, bevor Lenore Grimsby alles zerstört hatte ...

Als hinter ihm die Tür aufschwang, drehte er sich um. Gefolgt von Dobbs, der ein Frühstückstablett trug, betrat Ross sein Arbeitszimmer. Während der Majordomus das Tablett auf dem Tisch abstellte, schlenderte sein Bruder auf ihn zu.

»Welch anrührendes Bild«, bemerkte Ross nach einem Blick aus dem Fenster.

John warf ihm einen schiefen Seitenblick zu und schwieg.

»Mit wem redet Isabelle eigentlich?« wollte sein Bruder wissen.

»Sie spricht mit dem kleinen Mädchen«, log John.

»Das Kind hört doch überhaupt nicht zu«, erwiderte Ross.

»Viele Kinder hören nicht zu, wenn Erwachsene mit ihnen reden.«

»Nun, die beiden geben ein reizendes Bild ab«, bemerkte Ross und wandte sich vom Fenster ab.

John entspannte sich. Er wollte nicht, daß sein Bruder glaubte, Isabelle führe Selbstgespräche.

Nachdem die Tür hinter dem Majordomus ins Schloß gefallen war, nahmen die beiden Brüder am Schreibtisch Platz. John schenkte zunächst seinem Bruder und dann sich selbst eine Tasse Kaffee ein.

»Nun, wie läuft die junge Ehe?« fragte Ross.

John runzelte die Stirn.

»So gut also?«

»Die Ankunft der Kleinen hat mich beinahe um meine Hochzeitsnacht gebracht«, erklärte John. »Und das, nachdem Grimase auch noch die Nachricht vom Krieg zwischen England und Amerika erwähnen mußte.«

»Du hattest Isabelle nicht davon erzählt?« fragte Ross.

John schüttelte den Kopf. »Nachdem ich diesen Fehler begangen hatte, dachte ich, daß sie die Bedürfnisse des Mädchens über meine stellen würde.«

Ross' Gesichtsausdruck wurde ernst. »Sie ist ein reizendes Kind, aber ich habe noch niemals einen so traurigen Gesichtsausdruck gesehen.«

»Miß Dupré, wie sie genannt zu werden wünscht, hat die Nacht zusammen mit Juniper verbracht«, sagte John.

»Soll ich sie zu Lisette zurückbringen?«

»Dem würde Isabelle niemals zustimmen«, entgegnete John. »Miß Dupré wird in Avon Park bleiben, bis du die Nachforschungen hinsichtlich ihrer Abstammung abgeschlossen hast.«

»Und wenn sie aus einer anderen Affäre hervorgegangen ist?«

»Das Kind eines anderen würde ich niemals aufnehmen.«

»Und wenn sie nun deine Tochter ist?«

John zuckte die Schultern. »Ihre bloße Anwesenheit in meinem Haus ist ein Skandal. Ich weiß nicht, was ich tun soll, wenn sie wirklich mein Kind ist.« Er erhob sich und durchquerte den Raum, um ins Freie zu blicken. »Wann willst du nach London aufbrechen?«

»Mutter meint, daß sie und Hester noch einige Stunden benötigen«, antwortete Ross. »Sobald sie fertig sind, machen wir uns auf den Weg.«

Johns dunkle Augen waren auf seine Frau fixiert, die jetzt schweigend auf der Bank saß und das herumtollende Mädchen beobachtete. Dann erhob sie sich und lief über den Rasen auf das Kind zu. Lily stand unter einer der riesigen Eichen, die den Park vom Wald abgrenzten. Die Kleine deutete auf einen Baum, und seine Angetraute hatte den Blick nach oben gerichtet, als versuchte sie, dort etwas zu erspähen.

Isabelle starrte in die Baumkrone und lächelte.

»Was ist es denn, Eure Hoheit?« fragte Lily.

Erstaunt, daß das Mädchen sie mit ihrem Titel anredete, wirbelte Isabelle zu ihr herum. »Warum nennst du mich so?«

»Juniper sagte, daß ich nicht zu vertraulich sein darf«, erklärte Lily. »Sie riet mir, dich mit Eure Hoheit anzusprechen.«

Isabelle ging in die Hocke, um auf gleicher Höhe mit dem Mädchen zu sein. »Meine Freunde nennen mich Belle.«

Lily grinste. »Dann sind wir also Freunde?«

»Das hoffe ich doch«, erwiderte Isabelle.

»Ich möchte Juniper nicht verärgern«, erklärte Lily.

»Dann nenn mich Lady Belle.«

Lily nickte zustimmend. »Was ist denn da in dem Baum, Lady Belle?«

»Ein Vogelnest.«

Während sie den Baum beobachteten, landete ein Rotkehlchen auf dem Ast, und die winzigen Küken reckten ihre Schnäbel empor. Mehrmals senkte ihre Mutter den Kopf in das Nest.

»Was macht sie da?« wollte Lily wissen.

»Sie füttert sie mit Käfern.«

Lily verzog das Gesicht. »Igittigitt!«

Über ihren Gesichtausdruck mußte Isabelle lachen. »Komm, wir setzen uns auf eine Bank, und dann spiele ich Flöte für dich.«

Lily umklammerte ihre Hand, und die beiden spazierten durch den Park. Isabelle atmete tief ein und seufzte voller Zufriedenheit. Geißblatt und Rosen verströmten ihren Duft, und Vogelgezwitscher erfüllte die Luft. Avon Park war wie ein Paradies auf Erden.

»Heute morgen hat mich die Mutter des Herzogs besucht«, flüsterte Lily verschwörerisch.

Überrascht sah Isabelle das Mädchen an. »Tatsächlich?«

Lily nickte. »Juniper half mir gerade beim Ankleiden.«

»Und was hat die Herzoginwitwe gesagt?«

»›Ich habe genug gesehen.‹«

»Wie aufschlußreich. Lächelte sie?«

»Ja, und sie nickte mit dem Kopf.«

Als sie sich auf die Steinbank gesetzt hatte, griff Isabelle nach ihrer Flöte, die sie dort zurückgelassen hatte. Lily ließ sich neben ihr nieder.

Isabelle holte die Flöte aus ihrer Umhüllung und fragte beiläufig: »Was wünschst du dir am sehnlichsten?«

»Ich möchte geliebt werden«, antwortete Lily, ohne zu zögern.

Abrupt drehte Isabelle den Kopf und starrte das Mädchen an. Lily wollte genau das, was sie sich vor vielen, vielen Jahren ebenfalls gewünscht hatte, als sie ihren Schutzengel getroffen hatte.

Isabelle beugte sich zu der Kleinen vor und flüsterte: »Ich liebe dich.«

»Oh, ich bin ja so glücklich, daß mich Lisette zu dir gebracht hat!« Lily klatschte in die Hände.

Isabelle hob die Flöte an ihre Lippen und fing zu spielen an. Ihre Melodie war so fröhlich wie ein unbeschwerter Morgenspaziergang. Hohe Töne und beschwingtes Tirilieren wie der Gesang der Nachtigall erfüllten den Park.

»Eure Hoheit?«

Sogleich unterbrach Isabelle ihr Flötenspiel. Lily und sie blickten in Richtung der Stimme.

»Verzeihen Sie die Unterbrechung«, bemerkte der Majordomus ihres Gatten. »Die Herzoginwitwe wünscht Sie und das Kind umgehend zu sehen.«

»Danke, Dobbs.« Isabelle verstaute ihre Flöte und blickte das Mädchen fragend an. »Sollen wir ins Haus gehen?«

Lilys Gesichtsausdruck war von tiefer Enttäuschung gezeichnet.

»Weißt du eigentlich, wie Schmetterlinge küssen?« fragte Isabelle.

»Nein.«

»Dann komm ganz nah an mich heran und schließe die Augen.« Als Lily gehorchte, streifte Isabelle mit ihren Wimpern über deren Wange und brachte sie zum Kichern.

Dann standen sie gemeinsam auf und schlenderten zum Herrenhaus. Bevor sie eintraten, wirbelte Lily herum. »Bis bald, du schöner Garten! Ich komme nachher zurück.«

Als sie die Gemächer der Herzoginwitwe erreicht hatten, klopfte Isabelle an die Tür. Die Zofe bat sie in den Salon. Tante Hester leistete der alten Herzogin Gesellschaft.

»Liebste Isabelle, wir werden in Kürze aufbrechen«, begrüßte die Herzoginwitwe ihre junge Schwiegertochter.

»Oh, nur weil die Hochzeit vorüber ist, müßt ihr doch nicht gleich abreisen«, protestierte Isabelle.

»John und du, ihr braucht Zeit, um diesen unglückseligen Zwischenfall zu vergessen«, bemerkte Herzoginwitwe Tessa. »Glaubst du, daß du ihm verzeihen kannst?«

»Da gibt es nichts zu verzeihen«, erklärte ihr Isabelle. »Was geschehen ist, ist geschehen und hat nichts mit mir zu tun.«

»Es erleichtert uns, das zu hören«, meldete sich Tante Hester zu Wort. »Andere junge Damen von Stand hätten ...« Abrupt biß sie sich auf die Unterlippe, denn die Herzoginwitwe blickte sie warnend an.

»Wie ich sehe, hast du dich bereits mit der Kleinen angefreundet«, meinte die Herzoginwitwe lächelnd. Sie wandte sich an Lily. »Weißt du, wer ich bin?«

Lily nickte. »Die Mutter des Herzogs des Schicksals.«

Die alte Dame schmunzelte. »Weißt du, was das bedeutet?«

Lily schüttelte den Kopf.

»Ich bin deine Großmama«, verkündete die Herzoginwitwe.

Isabelle strahlte vor Glück. Wenigstens ein Mitglied

der Familie Saint-Germain war zur Vernunft gekommen. Mit ehrfürchtigem Gesichtsausdruck starrte Lily die ältere Frau an.

»Tessa, das weißt du doch noch gar nicht mit Bestimmtheit«, wandte Hester ein.

»Pst«, gemahnte die Herzoginwitwe sie zum Schweigen. »Das Kind ist meine Enkelin.«

»Woher weißt du das?« fragte Isabelle verblüfft.

»Eine Frau erkennt stets ihr eigen Fleisch und Blut.«

»Und wie soll ich dich nennen?« fragte Lily mit lauter Stimme.

»Großmama.«

Mit einem strahlenden Lächeln warf sich Lily in die Arme der alten Frau. »Mußt du denn wirklich schon fort?«

»Dein Papa und du braucht Zeit, um euch aneinander zu gewöhnen«, sagte die Herzoginwitwe und umarmte das Kind. »Würdest du mir einen Gefallen tun?«

Lily nickte.

»Hab Geduld mit deinem Papa.«

»Ich verspreche es dir, Großmama«, erklärte das kleine Mädchen feierlich.

»Gut, wir sehen uns in London wieder.« Die Herzogin wandte sich an Isabelle, deren Lippen ein leises *Danke* hauchten. »Ich verlasse mich darauf, daß du gut auf die beiden aufpaßt und ihnen in diesen schweren Stunden beistehst.«

Lächelnd nickte Isabelle. »Natürlich tue ich das.«

»Wie du weißt, kann mein Sohn entsetzlich eigensinnig sein, ein unangenehmer Charakterzug, den er von seinem Vater geerbt hat«, fuhr die alte Dame fort. »Laß dich dadurch nicht beirren. Versprich mir, daß du ihn davon abhalten wirst, den größten Fehler seines Lebens zu begehen, indem er die Kleine verstößt.«

»Ich verspreche es dir«, erwiderte Isabelle ebenso feierlich wie zuvor Lily.

Unendliches Glück.

Isabelle betrachtete ihren Trauring und sann über die Inschrift nach. Wenn sich diese Worte doch nur bewahrheiteten!

Am Vortag war etwas Wundervolles geschehen. In dem Augenblick, als sie Johns Gemahlin geworden war, hatte sich ihr Leben verändert. Isabelle schloß die Lider und sah vor ihrem geistigen Auge, wie ihr Gatte am Vorabend auf sie zugekommen war. Erneut stellte sie sich seine breiten Schultern, die schmalen Hüften, sein wohlgerundetes Gesäß und seine durchtrainierten Schenkel vor. Abermals spürte sie seine Lippen auf ihrem Mund; seine Hand, wie sie die intimsten Zonen ihres Körpers erkundete; sein Gewicht, als er sie nahm und sie sich liebevoll vereinigten.

Eine tiefe Röte überzog Isabelles Gesicht. Ihr war klar, daß sie ihre ehelichen Pflichten überaus genossen hatte, und irgendwie erschien ihr das sündhaft.

Sie zwang sich zur Beherrschung. Wenn sie mit puterrotem Gesicht beim Abendessen erschien, würde John genau wissen, woran sie gedacht hatte. Wie peinlich das wäre!

Der Erfolg oder Mißerfolg des Abendessens hing von ihrem Gatten ab. Leider war John am Tag zuvor sehr hart zu Lily gewesen. Dennoch wußte Isabelle, daß ihr Angetrauter kein hartherziger Mann war. Er schützte sich lediglich vor weiteren seelischen Verletzungen.

Entschlossen straffte sie die Schultern und berührte ihren Glücksbringer, das goldene Medaillon. Sie würde ihren Ehemann dazu zwingen, die Kleine als seine Tochter anzuerkennen und bei sich aufzunehmen.

Trotz ihrer Besorgnis war Isabelle guter Dinge. Ein

weiterer Wunsch schien in Erfüllung zu gehen. Zum erstenmal seit vielen einsamen Jahren nahm sie an einem richtigen Familienessen teil.

Da sie besonders hübsch aussehen wollte, betrachtete sich Isabelle kritisch in ihrem Ankleidespiegel. Sie trug ein lavendelfarbenes Seidenkleid mit kurzen, angekrausten Ärmeln. Ihr blondes Haar wurde von einem passenden Band gehalten.

»Herein«, rief Isabelle, als sie ein Klopfen an ihrer Schlafzimmertür vernahm.

»Du siehst ja wie eine Prinzessin aus!« entfuhr es Lily, die durch das Zimmer auf sie zustürmte. Hinter dem Kind tauchte Mrs. Juniper auf.

»Danke.« Isabelle strahlte das kleine Mädchen an. »Du siehst ebenfalls wunderschön aus.«

In ihrem weißen Baumwollkleid erschien Lily wie ein Engel. Das weiße Kleid bildete einen aparten Kontrast zu ihren rabenschwarzen Haaren, die Juniper zu einem dicken Zopf geflochten hatte.

Insgeheim beschloß Isabelle, Lily bei der nächstbesten Gelegenheit mit nach Stratford zu nehmen. Das Kind brauchte dringend eine neue Garderobe. Wenn es sein mußte, würde sie diese von ihrem eigenen Geld bezahlen.

»Hast du Hunger?« fragte Isabelle sie.

Lily nickte eifrig.

»Bist du bereit, gemeinsam mit deinem Papa zu Abend zu essen?«

Lilys fröhlicher Gesichtsausdruck verschwand, und sie runzelte die Stirn.

»Sag mir, was dich beunruhigt«, schlug Isabelle vor.

»Was ist, wenn Seine Gnaden wieder mit mir schimpft?« fragte sie.

»Dann schimpfe zurück.«

Erstaunt musterte Lily Isabelle.

»Wenn Seine Gnaden dich beißt, dann beißt du zurück«, sagte Isabelle. »Wenn Seine Gnaden dich kitzelt, dann kitzelst du ihn auch. Genauso ...« Sie kitzelte das Mädchen, bis es kicherte.

Isabelle reichte Lily ihre Hand, und das Mädchen ergriff sie dankbar. Dann wandte sie sich dem Kindermädchen zu. »Missis Juniper, Sie können jetzt zu Abend essen.«

»Vergiß nicht«, erinnerte Lily die ältere Frau. »Du hast mir noch eine Geschichte versprochen.«

»Ich habe es nicht vergessen, mein Schatz«, erwiderte Juniper.

Hand in Hand schlenderten Isabelle und Lily durch den langen Gang in Richtung Haupttreppe. Als sie in der Eingangshalle angelangt waren, stießen sie auf den herzöglichen Majordomus.

»Guten Abend, Eure Hoheit«, begrüßte sie der Bedienstete. »Und dir auch einen besonders schönen Abend, Miß Dupré.«

»Danke, Dobbs«, sagte Isabelle.

»Danke, Dobbs«, ahmte Lily sie nach.

Isabelle führte die Kleine zum Speisezimmer. Als sie John erspähte, der ihnen den Rücken zugewandt hatte und aus dem Fenster blickte, blieb sie im Eingang stehen.

»Was für ein riesiger Tisch!« entfuhr es Lily.

Als er die Stimme des Mädchens vernahm, drehte John sich zu Isabelle um. Dann fiel sein Blick auf das Mädchen, und er runzelte unwillig die Stirn. Glücklicherweise entspannte er sich sogleich wieder.

»Guten Abend, Euer Gnaden«, rief ihm Lily zu.

John nickte. »Das wünsche ich dir auch, Miß Dupré.«

Dem Allmächtigen sei Dank für seine kleinen Wunder, dachte Isabelle erleichtert. Ihr Ehemann ging jetzt sanfter mit dem Kind um.

Die drei setzten sich an ein Ende der langen Mahagonitafel. John saß am Kopf des Eßtischs, während Isabelle und Lily an seiner Seite Platz nahmen.

Unter den kritischen Blicken des Majordomus trugen die Lakaien das Abendessen auf – Gurken- und Tomatensalat, Backerbsensuppe mit Speck und Kräutern, Spargelröllchen, Brathähnchen und zum Dessert Erdbeercreme.

Während des Essens legte sich eine lastende Stille über die Tafel. Isabelle spähte zu John, der Lily nachdenklich betrachtete. Nur das Mädchen aß mit gesundem Appetit, allerdings warf auch sie gelegentlich einen verstohlenen Blick in seine Richtung.

Fieberhaft sann Isabelle auf irgend etwas Witziges, aber unglücklicherweise war ihr Gehirn wie leergefegt. Schließlich war es Lily, der es gelang, das Abendessen vor einem absoluten Mißerfolg zu retten.

»Huch«, entfuhr es der Kleinen, als ein Stück Huhn auf ihrem Schoß landete. Sie wollte es aufheben, doch das Huhn fiel auf den Teppich.

»Das macht doch nichts«, sagte John.

Ohne ihn zu beachten, schob Lily ihren Stuhl zurück. Sie kniete sich auf den Fußboden, um den Schaden zu beheben.

»Wenn wir das Abendessen beendet haben, wird Dobbs sich darum kümmern«, bemerkte John.

»Dobbs ist ein alter Mann«, ertönte Lilys Stimme von irgendwoher unter dem Tischtuch. »Ich kann mich besser bücken.«

Schließlich tauchte Lily wieder auf und schwenkte das Stück Huhn wie eine Trophäe in der Hand. Als Isabelle ihr gerade erklären wollte, daß sie es nicht mehr essen solle, eilte auch Dobbs hinzu, um es ihr wegzunehmen.

Lily steckte es sogleich in den Mund und fing an zu

kauen, woraufhin der Herzog grinste. Nachdem sie den Bissen geschluckt hatte, streckte sie ihre Hand aus und meinte: »Schaden beseitigt.«

John brach in schallendes Gelächter aus, und Lily schenkte ihm ein bezauberndes Lächeln.

Innerlich hatte Isabelle dieses Zwischenspiel genossen. Vielleicht war es gar nicht so schwierig, ihn davon zu überzeugen, daß er seine Tochter akzeptierte.

Nachdem sie sich wieder gesetzt hatte, stützte Lily ihr Kinn auf ihrer Hand ab, beugte sich näher zu John und fragte ihn in einer Lautstärke, die auch für die Dienerschaft hörbar war: »Wie geht es deinem Magen heute?«

Isabelle mußte ihr Lachen unterdrücken. Sie blickte zu dem Majordomus, der neben dem Büfett stand. Dobbs hatte ihnen den Rücken zugewandt, doch seine Schultern zuckten verräterisch.

Verblüfft blickte John das kleine Mädchen an. »Wie bitte?«

»Lady Belle hat mir von deinen Magenschmerzen erzählt«, sagte Lily. »Das ist der Grund, warum du so böse zu mir bist. Aber heute muß es dir schon bessergehen, denn du hast gelacht.«

Nach einem schiefen Seitenblick auf Isabelle sagte John: »Du verfügst über bemerkenswerte Heilkräfte, Miß Dupré.«

»Danke.« Lily strahlte, offensichtlich geschmeichelt.

Isabelle hätte ihren letzten Penny darauf verwettet, daß die Kleine keine Ahnung hatte, wovon er sprach.

»Was hat dir Lady Belle denn noch erzählt?« fragte John, indem er sich zu der Kleinen hinunterbeugte.

»Wenn du mit mir schimpfst«, erklärte Lily mit mahnend erhobenem Zeigefinger, »schimpfe ich zurück. Wenn du mich beißt, beiße ich zurück. Wenn du mich kitzelst, dann ...«

»Kitzelst du zurück?« ergänzte John.

Lily nickte.

»Dann werde ich mich ausschließlich von meiner besten Seite zeigen.« Scherzhaft strich ihr John über ihre winzige Nasenspitze.

Während Isabelle die beiden beobachtete, spürte sie, wie ihr ein Stein vom Herzen fiel. Lily war ein reizendes Kind, und nur ein herzloser Mann hätte ihr widerstehen können.

»Wenn du mich kitzelst, muß ich lachen«, erklärte Lily ihm soeben. »Das mag ich.«

»Was magst du denn noch?« wollte John wissen.

»Ich mag Lady Belle«, antwortete Lily, »und dich mag ich auch.«

Isabelles Augen füllten sich mit Tränen. Als sie zu ihrem Gatten blickte, bemerkte sie, daß er schluckte, als habe auch er mit seinen Gefühlen zu kämpfen.

»Und ich mag dich«, versicherte Isabelle der Kleinen.

»Würde es dir gefallen, an einem lauschigen Sommerabend im Park zu sitzen?« fragte John.

»Und wie«, erwiderte Lily mit leuchtenden Augen.

John blickte zu Isabelle. »Sollen wir?«

Die drei erhoben sich und verließen das Speisezimmer. Mit John und Isabelle im Schlepptau stürmte Lily auf die Tür zu, die zum Park führte.

Wie eine richtige Familie, dachte Isabelle überglücklich.

Als sie ins Freie traten, wurden sie von einer lauen Sommerbrise begrüßt. Der Duft von Geißblatt, Rosen und frischem Heu hing in der Luft.

Isabelle umfaßte Lilys Hand und zog sie in einen Winkel des Gartens, an den sich eine Weide anschloß. Winzig kleine Lichter flackerten und erstarben auf deren unendlichen Weiten.

»Was ist das?« flüsterte Lily erschrocken.

»Das sind Glühwürmchen«, antwortete John. »Während sie fliegen, leuchten sie.«

»Und wenn man ihnen Wünsche zuflüstert, gehen diese in Erfüllung«, bemerkte Isabelle. »Diese schillernden Geschöpfe werden deine Wünsche zu Gott und seinen Engeln emportragen.«

Instinktiv schloß Lily die Augen. Tonlos bewegten sich ihre Lippen, als wolle sie den Glühwürmchen ihre Wünsche mitteilen.

»Was hast du dir gewünscht?« fragte John.

Mit ihren riesigen smaragdgrünen Augen blickte die Kleine zu ihm auf, dann schob sie trotzig ihr Kinn vor. »Das darf ich dir nicht verraten, sonst geht mein Wunsch nicht in Erfüllung.«

Sie schlenderten in Richtung des Herrenhauses zurück und setzten sich auf eine der Steinbänke. Jemand hatte eine Schale Wasser dort abgestellt.

»Was ist das?« fragte Lily.

»Ich habe das Wasser für den Gartenfrosch hingestellt«, erklärte ihr Isabelle. »Wenn wir ganz still sitzen bleiben, taucht er vielleicht auf.«

Lily setzte sich zwischen die beiden auf die Bank. Zehn Minuten lang verharrten sie schweigend. Isabelle blickte verstohlen zu John, der sie beobachtete, als sei sie das Interessanteste, was die Welt für ihn zu bieten hatte. Errötend lächelte sie ihn an und wandte ihre Aufmerksamkeit wieder dem kleinen Mädchen zu.

»Ein Frosch, der menschliche Gesellschaft sucht, ist etwas ganz Besonderes«, erklärte Isabelle. »Sei nicht enttäuscht, wenn er heute abend noch nicht auftaucht, denn Frösche sind scheue Lebewesen. Er muß sich erst an dich gewöhnen.«

»Was wirst du tun, wenn Herr Frosch tatsächlich auftaucht?« fragte John das Mädchen.

»Ich werde ihn fangen und auf den Mund küssen«, erwiderte Lily.

Schmunzelnd wies er die Kleine an: »Schau einmal zum Himmel hinauf.« Als sie gehorchte, fuhr er fort: »Bald schon wird er voller Sterne sein. Wußtest du, daß es drei Dämmerungszustände gibt?«

Lily schüttelte den Kopf.

»Der erste tritt ein, sobald die Sonne im Westen untergeht, wenn wir allerdings immer noch genug Licht zum Lesen haben«, erklärte ihr John. »Der zweite ergibt sich, wenn Horizont und Himmel miteinander verschmelzen. Als letzter wird das Auftauchen der Sterne am Nachthimmel verstanden.«

»Ich möchte die Sterne sehen«, sagte Lily, während sie den dunkler werdenden Himmel fixierte.

»Das Licht verbirgt sie noch«, erklärte er.

»Können wir nicht hier warten, bis sie sichtbar werden?« fragte Lily.

John schüttelte den Kopf. »Vielleicht ein anderes Mal. Ich muß mich dringend um meine Wirtschaftsbücher kümmern.«

»Was ist ein Wirtschaftsbuch?« wollte sie wissen.

»Ein Buch, in dem ich die Abrechnungen für meine Geschäfte verzeichne«, antwortete er.

»Was sind Abrechnungen und Geschäfte?« fragte Lily zu Isabelles Belustigung.

»Das erkläre ich dir morgen«, sagte John. »Für kleine Mädchen wird es langsam Zeit zum Schlafengehen.«

Als sie ins Herrenhaus zurückkehrten, wartete Mrs. Juniper bereits auf Lily. Das Mädchen gab Isabelle einen Kuß und drehte sich dann zu John um. »Möchtest du auch einen Kuß, Euer Gnaden?«

John schien unschlüssig, und Isabelle hielt den Atem an. Doch dann geschah das Größte aller Wunder. Er nickte und beugte sich zum Kuß zu der Kleinen hinunter.

»Ich bete für deine Magenbeschwerden«, erklärte ihm das Mädchen.

John grinste. »Es würde mich freuen, wenn du meinen Magen in dein Nachtgebet einschließt.«

Hand in Hand stiegen Juniper und Lily die Stufen hinauf, während der Klang ihrer Stimmen zu Isabelle und John hallte.

»Was sind eigentlich Magenbeschwerden?« fragte die Kleine.

»Möchtest du eine Geschichte von einer Prinzessin hören, oder willst du etwas über die Magenbeschwerden Seiner Gnaden erfahren?« fragte das Kindermädchen.

»Ich möchte die Prinzessin …«

Lächelnd drehte sich Isabelle zu ihrem Gatten um, der jedoch keineswegs erheitert schien. Seine Gesichtszüge hatten sich verfinstert.

»Ich möchte umgehend in meinem Büro mit dir sprechen«, sagte John kurz angebunden.

Isabelle nickte und folgte ihm ins erste Stockwerk. Nachdem er die Tür zu seinem Arbeitszimmer hinter ihnen geschlossen hatte, zwang sie sich zur Ruhe und blickte ihn erwartungsvoll an.

»Zwei Dinge muß ich mit dir besprechen«, meinte er knapp.

Isabelle war bewußt, daß er ihr keineswegs dafür danken wollte, daß sie ihn und seine Tochter zusammengebracht hatte.

»Erstens, führe deine Selbstgespräche, wenn du unbeobachtet bist«, wies er sie an.

Isabelle öffnete den Mund, um zu protestieren, doch er brachte sie mit einer unwirschen Handbewegung zum Schweigen.

»Als ich heute morgen aus dem Fenster sah, erblickte ich dich auf einer der Bänke im Park. Du warst in ein angeregtes Selbstgespräch vertieft«, bemerkte er. »Bitte, versuch nicht, meine Intelligenz in Frage zu stellen, indem du mir irgend etwas von Schutzengeln vorschwindelst.«

Erneut öffnete Isabelle den Mund. Sie beabsichtigte, eine ganze Reihe von Dingen klarzustellen, allem voran seine Skepsis hinsichtlich des Übernatürlichen. Allerdings ließ ihr Gatte ihr keine Gelegenheit dazu.

»Und zum zweiten: zwing mir dieses Kind *nicht* auf«, forderte er mit verärgertem Gesichtsausdruck. »Es ist unmöglich für mich, es anzunehmen. Selbst für den unwahrscheinlichen Fall, daß sie tatsächlich meine Tochter ist, bleibt Lily ein uneheliches Kind und gehört von daher zu Lisette.«

»Gott sei dir gnädig«, hauchte Isabelle tonlos. »Laß mich eines klarstellen, Euer Gnaden. Ich behalte Lily hier und werde sie unter gar keinen Umständen zu der Frau zurückschicken, die sie schmählich im Stich gelassen hat. Habe ich mich deutlich genug ausgedrückt?«

»Du kannst nicht das Kind einer anderen Mutter behalten«, schnaubte John zunehmend verärgert. »Sie gehört nicht hierher.«

Voller Kampfeslust funkelte Isabelle ihn an. »Dann bringe ich sie nach Arden Hall.«

»Als dein Ehemann verbiete ich dir das.«

»Wenn ich mich scheiden lasse, bist du die längste Zeit mein Ehemann gewesen.«

»Nur über meine Leiche«, konterte John.

Isabelle hielt seinem Blick stand. »So sei es, Euer Gnaden, möge deine schwarze Seele in Frieden ruhen.« Damit drehte sie sich auf dem Absatz um und rauschte zur Tür. Bevor sie den Raum verließ, rief sie ihm mit wütender Stimme über ihre Schulter hinweg zu: »Vielen Dank, daß du wenigstens heute abend nett zu ihr gewesen bist.«

Die Engstirnigkeit ihres Gatten innerlich verfluchend, warf Isabelle die Tür ins Schloß. Sie stürmte durch den Gang auf die Haupttreppe zu und eilte die Stufen hoch, um in ihrem Zimmer Zuflucht zu suchen.

Dort angelangt, setzte sich Isabelle vor den Kamin. Seufzend bemerkte sie, wie sie sämtliche Kraft verließ. An eine Erfüllung ihrer ehelichen Pflichten war in dieser Nacht nicht zu denken. Schließlich konnte sie ihrem Ehemann nicht mit einer Scheidung drohen und dann zu ihm ins Bett schlüpfen.

Isabelle betrachtete ihren Trauring. Unendliches Glück? Leere Worte – die bedeutungslose Gefühlsduselei eines herzlosen Mannes.

14

Was durfte er von einer Dame, die einen Schal für ein Blumenmädchen strickte, denn anderes erwarten?

Am darauffolgenden Nachmittag stand John in seinem Arbeitszimmer und beobachtete, wie seine Angetraute im Park saß und musizierte. Seine angebliche Tochter tollte wie eine Elfe über die Wiese.

Er hatte nicht die geringste Ahnung, was er mit den beiden weiblichen Wesen anstellen sollte, die vor kurzem in sein Leben getreten waren. Nach einer schlaflosen Nacht, die er allein in seinem Bett verbracht hatte, verstand John mittlerweile die Gedankengänge seiner Angetrauten. Isabelle übertrug ihre eigene, einsame Kindheit auf das Mädchen und war entschlossen, das Kind mit Liebe zu überschütten. Offensichtlich schien es ihren eigenen seelischen Schmerz in irgendeiner Weise zu heilen, wenn sie die Kleine vor einer einsamen Kindheit bewahrte.

Und wenn er sich nun weigerte, das Kind als sein eigenes anzunehmen? Eine Scheidung stand völlig außer Frage. Dem würde er niemals zustimmen. Aber er war auch nicht bereit, eine unglückliche Ehe zu führen.

Gütiger Himmel, er wollte, daß Isabelle wieder das Bett mit ihm teilte.

Er liebte sie. Ihre Drohung, ihn zu verlassen, hatte ihm dies um so deutlicher vor Augen geführt, aber dennoch durfte er ihr seine Gefühle niemals preisgeben. Lenore hatte seine Liebe gegen ihn verwandt, und das würde John niemals wieder zulassen.

Genaugenommen war seine Verbindung mit Isabelle auch keine Liebesheirat im üblichen Sinne gewesen. Andererseits – wenn er nicht in sie verliebt gewesen wäre, hätten sämtliche Druckmittel seiner erzürnten Mutter ihn nicht zu einer Eheschließung bewegen können.

Ein Lächeln umspielte Johns Lippen. Isabelle konnte es einfach nicht lassen, jeden dahergelaufenen Gestrauchelten unter ihre Fittiche zu nehmen. Hätte er sie gewollt, wenn sie anders wäre? *Nein*, erwiderte eine innere Stimme. Seine Angetraute war der Inbegriff der Vollkommenheit.

Er wollte eine Frau, die sich rührend um andere und nicht nur um sich selbst kümmerte, und das brachte ihn wieder auf sein eigentliches Problem zurück. Was sollte er im Hinblick auf seine angebliche Tochter unternehmen? Wie auch immer seine Entscheidung aussah, sie konnte seine Beziehung zu Isabelle beeinflussen.

John griff nach einem Blatt auf seinem Schreibtisch und las die Depesche seines Bruders. Ross hatte umgehend mit seinen Nachforschungen begonnen. Die Londoner Gesellschaft redete von nichts anderem als dem Skandal auf dem herzoglichen Hochzeitsempfang. Lisette Dupré hatte sich elegant aus dem Staub gemacht und keinerlei Hinweise auf Lilys Abstammung zurückgelassen.

Was sollte er also tun? sinnierte John. Er konnte kein Kind akzeptieren, das nicht sein eigen Fleisch und Blut war, aber wenn er es nicht tat, drohte ihm seine Frau mit der Scheidung. Er befand sich in einer absolut ausweglosen Situation.

Schließlich beschloß John, gegenüber der Kleinen zugänglicher zu werden, was nicht allzu schwierig sein konnte. Lily Dupré war ein wirklich reizendes Kind.

Nachdem er diese Entscheidung getroffen hatte,

widmete sich John der Frage, wie er seine Gattin zurückerobern könnte. Vielleicht verweigerte sie sich ihm fortan, nachdem sie ihm bereits mit Scheidung gedroht hatte? Dennoch hatte Isabelle seinen Überredungskünsten und seinem unwiderstehlichen Charme nichts entgegenzusetzen. Allerdings mußte er langsam und umsichtig vorgehen.

Damit seine Bemühungen von Erfolg gekrönt wurden, brauchte er dringend eine andere Umgebung. Hatte seine Angetraute erst einmal dem Alltagsleben den Rücken gekehrt, würde sie nicht nur ihren Schutzengel vergessen, nein, sie konnten auch der Bedrohung durch einen möglichen Attentäter entfliehen.

Schottland. Er würde sie auf sein Anwesen im Hochland von Argyll bringen, wo das Gerede der Londoner Gesellschaft keine Bedeutung hatte.

John setzte sich an seinen Schreibtisch und verfaßte zwei Depeschen. Die erste war an seinen Bruder gerichtet und informierte ihn über ihr Reiseziel. Die zweite war für sein Büro in Liverpool bestimmt und enthielt die Anweisung, für den Abend des achtundzwanzigsten ein Schiff aufzutakeln, das sie nach Schottland bringen sollte.

Dann erhob er sich hinter seinem Schreibtisch und läutete die Glocke. Wenige Minuten später wurde die Tür geöffnet, und sein Majordomus trat ein.

»Ja, Euer Gnaden?«

»Ich möchte, daß diese beiden Schriftstücke per Kurier ausgehändigt werden«, erklärte John, während er ihm die Briefe reichte. »Dann benachrichtigen Sie Ihre Hoheit, daß ich sie in meinem Büro zu sprechen wünsche.«

»Gewiß, Euer Gnaden.« Dobbs zog sich zurück und schloß die Tür hinter sich.

Fünfzehn Minuten lang schritt John nervös hinter

seinem Schreibtisch auf und ab. »Herein«, antwortete er auf das Klopfen seiner Frau.

Die Tür wurde geöffnet und gab den Blick auf eine zu allem entschlossene Isabelle frei. Voller Kampfeslust strebte sie auf seinen Schreibtisch zu. Ihre veilchenblauen Augen funkelten vor Zorn.

»Was ich gestern abend gesagt habe, war mein bitterer Ernst«, kam sie ihm drohend zuvor.

Als John sie mit seinem unwiderstehlichen Lächeln besänftigen wollte, stellte er zu seiner Überraschung fest, daß ihr erzürnter Gesichtsausdruck gelinder Verblüffung gewichen war. »Morgen früh reisen wir auf mein Landgut in Schottland«, erklärte er. »Bitte triff die erforderlichen Vorbereitungen.«

»Ich denke nicht daran, England zu verlassen«, beharrte Isabelle trotzig.

Mit einer solchen Reaktion hatte John insgeheim gerechnet. Sie war so herrlich leicht zu durchschauen, daß er sich ein Lachen verkneifen mußte. »Bitte setz dich und laß uns das in aller Ruhe besprechen«, meinte er einladend.

Kämpferisch schob Isabelle ihr Kinn vor und meinte in arrogantem Ton: »Ich ziehe es vor zu stehen.«

»Und ich sagte: *Setz dich*«, wiederholte John mit einer Stimme, die keinen Widerspruch duldete.

Mit einem vernichtenden Blick in seine Richtung nahm Isabelle vor seinem Schreibtisch Platz. Sie schwieg, doch ihre Augen sprühten Blitze.

Die Verärgerung steht ihr gut zu Gesicht, schoß es John durch den Kopf. Ihre hartnäckige Entschlossenheit war bewundernswert – allerdings nicht, wenn sie sich gegen ihn richtete.

John trat vor seinen Schreibtisch und lehnte sich an dessen Kante, so daß er ihr gefährlich nahe war. Erneut lächelte er sie an, doch sie wich seinem Blick aus.

Ihr Schoß war plötzlich zum interessantesten Gegenstand seiner Beobachtung geworden.

»Der Zorn ist eine der sieben Todsünden«, erinnerte John sie.

Damit war er sich einer wütenden Entgegnung fast sicher. Isabelles veilchenblaue Augen funkelten ihn an. Ihr Gesichtsausdruck verriet, daß sie das keineswegs belustigte.

»Innerhalb der letzten zwei Tage ist es mir gelungen, zu einer Ehefrau und zu einem Kind zu kommen«, setzte John an und nahm ihr allen Wind aus den Segeln. »Wer auch immer versucht hat, ein Attentat auf mich zu verüben, wird vermutlich auch meine neue Familie bedrohen.«

Die Verärgerung in ihrem Blick wich Besorgnis. »Glaubst du das wirklich?«

»Die Möglichkeit besteht«, antwortete John. »Solange ich nichts von meinen Ermittlern höre, sind wir in Schottland sicherlich besser aufgehoben. Ross ist der einzige, der unseren Aufenthaltsort kennt. Begreifst du, was ich damit sagen will?«

Isabelle nickte verstehend. »Wird Lily uns begleiten?«

Ihre Frage erstaunte ihn. »Glaubst du ernsthaft, daß ich sie zurücklassen würde?« fragte er. »Dobbs und Juniper werden uns ebenfalls begleiten.«

»Sehr gut, dann bin ich einverstanden.« Sie lächelte zum erstenmal, seit sie sein Büro betreten hatte.

»Du hast ein bezauberndes Lächeln, das du viel häufiger einsetzen solltest«, stellte John fest und bemerkte dann, daß sie errötete. »Pack deine bequemste Garderobe ein, Liebling. Der Sommer im Hochland ist eine ungezwungene Angelegenheit.«

»Ich werde umgehend die notwendigen Vorbereitungen treffen.« Isabelle sprang auf.

Während er ihren anmutigen Hüftschwung beim Verlassen seines Arbeitszimmers beobachtete, umspielte ein verlangendes Grinsen seine Lippen. Seine Ehefrau hatte sich einverstanden erklärt, ihn nach Schottland zu begleiten, und das war nicht einmal schwierig gewesen. Fernab aller gesellschaftlichen Zwänge war sie sicherlich aufgeschlossener für seine Verführungskünste. Und sie in sein Bett zurückzulocken gestaltete sich möglicherweise gar nicht so schwer ...

... Ihren Ehemann dazu zu bewegen, seine Tochter zu akzeptieren und aufzunehmen, gestaltete sich möglicherweise gar nicht so schwer, entschied Isabelle, als sie am nächsten Morgen ihre Flöte vom Tisch nahm. Abseits aller gesellschaftlichen Konventionen würde sich John sehr viel leichter mit Lily anfreunden. Sie war ein reizendes Kind, und er würde ihrem Charme letztlich unweigerlich verfallen.

»Ich wußte, daß Seine Gnaden nachgiebiger werden würde.«

Beim Klang der Stimme ihres Schutzengels wirbelte Isabelle herum. »Er hat Lily noch nicht als sein Kind akzeptiert«, erwiderte sie.

»Männer sind borniert Geschöpfe, daher benötigen sie Zeit, um sich an eine Vaterschaft zu gewöhnen«, erklärte ihr Giselle.

Isabelle mußte lächeln. »Wirst du uns nach Schottlnd begleiten?«

»Das Hochland ist dem Himmel weitaus näher«, antwortete Giselle. »Ich treffe euch dort.« Sie deutete mit ihrem knochigen Finger auf Isabelle, die einen Schritt näher trat. »Vergiß nicht, mein Kind. Der Weg ist das Ziel.« Nach diesen Abschiedsworten verschwand die Alte wie vom Erdboden verschluckt.

Nachdenklich schüttelte Isabelle den Kopf. Manchmal waren die Ratschläge der alten Frau äußerst rätselhaft.

Schließlich verließ sie ihr Zimmer, eilte über die Haupttreppe in die Eingangshalle und trat dann nach draußen in die Auffahrt. Herrlicher Sonnenschein umfing sie, und Isabelle konnte nicht anders, als in dieser Reise nur Erfreuliches zu sehen. John würde seine Tochter annehmen, was bedeutete, daß sie wieder ihren ehelichen Pflichten nachgehen konnte.

Zwei herzogliche Kutschen standen für sie bereit. Gallagher chauffierte die eine, ein weiterer Kutscher die andere. Ein dritter Kutscher saß auf dem Wagen, der mit ihrem Gepäck beladen war.

Als ihr Lily vom Fenster der zweiten Kutsche zuwinkte, begriff Isabelle, daß sie allein mit ihrem Ehemann in der ersten Kutsche reisen würde. »Lily gehört zu uns«, bemerkte sie.

»Sie zog es vor, mit Juniper und Dobbs zu fahren«, erklärte ihr John. »Ich glaube, daß ihr Juniper eine spannende Geschichte von einer Prinzessin und einem Frosch versprochen hat.«

Lächelnd ließ sich Isabelle in der Kutsche nieder, obwohl sie die Abwesenheit der Kleinen etwas enttäuschte. Sie mochte das Mädchen nicht nur von Herzen gern, ihre Gegenwart hätte auch für Ablenkung und für Gesprächsstoff gesorgt. Jetzt war sie allein mit ihrem Gatten, und sie hatten nichts Gemeinsames. Sicher, sie war eine verheiratete Frau, hatte jedoch so gut wie keine Erfahrung im Umgang mit Männern. Gütiger Himmel, worüber sollten sie nur in den vielen vor ihnen liegenden Stunden reden?

John, der ihr gegenübersaß, lächelte sie an. Isabelle spürte, wie sie errötete. Unbewußt berührte sie ihr goldenes Medaillon und wandte dann den Kopf, um aus dem Fenster zu schauen, als sie losfuhren.

»Wie lange dauert es, bis wir in Schottland sind?« fragte sie.

»Schätzungsweise zwei Tage.«

»Die Reise nach Schottland dauert nur zwei Tage?«

»Der Seeweg ist weitaus kürzer als der Landweg«, erklärte John. »Morgen nachmittag werden wir Liverpool erreichen, wo uns ein Schiff erwartet. Übermorgen früh werden wir in Oban eintreffen, und von dort aus dauert die Kutschfahrt zu meinem Anwesen noch zwei Stunden.«

Sie schwiegen. Die Stille machte Isabelle nervös, und sie dachte fieberhaft über ein Gesprächsthema nach. Schließlich entschied sie sich für das Wetter.

»Wir haben heute sicherlich einen herrlichen Reisetag erwischt«, meinte sie und spähte aus dem Fenster.

»Ja, das haben wir«, lautete seine Antwort.

»Es ist weder zu heiß noch zu kalt.«

»Ja, das Wetter ist sehr angenehm.«

Unterdrückte er etwa ein Lachen? fragte sie sich insgeheim.

»Isabelle, sieh mich an«, bat er, und als sie gehorchte, fragte er: »Was beunruhigt dich?«

»Was mich beunruhigt?«

John nickte.

»Wir waren nur selten allein«, fing Isabelle an, zögerte dann jedoch. Sie senkte ihre Lider und fixierte ihre im Schoß gefalteten Hände. »Ich fühle mich unbehaglich.«

John zog seine Brauen zusammen. »Ich bereite dir Unbehagen?«

»Du mißverstehst mich.« Isabelle schüttelte den Kopf. »Unsere Zweisamkeit vermittelt mir ein unbehagliches Gefühl. Worüber sollen wir denn die ganze Reise nach Schottland reden?«

»Wir können über alles und nichts reden«, antwortete John mit einem verständnisvollen Lächeln. »Manchmal ist es angenehm zu schweigen. Es sei denn, du möchtest noch etwas zum Wetter beisteuern?«

Erleichtert atmete Isabelle auf. »Ich denke, darüber ist alles gesagt.«

»Ich möchte etwas mit dir besprechen«, wandte er ein.

»Was denn?«

Es erstaunte sie, daß John sich von seinem Platz erhob und sich neben sie setzte. Er legte seinen Arm um ihre Schultern und führte dann ihre Hand an seine Lippen.

»Ich möchte mich nochmals dafür entschuldigen, daß ich dir die Nachricht vom Kriegsausbruch verschwiegen habe«, bemerkte er. »Törichterweise glaubte ich, daß unser Hochzeitsfest ungetrübt wäre, wenn ich es für mich behielte. Statt dessen haben meine guten Absichten alles nur verschlimmert.«

Isabelles auf ihn gerichteter Blick wurde sanfter, und ihre Nervosität legte sich. »Ich kann deine Besorgnis verstehen.«

»Ich danke dir, Liebling.« John hauchte einen Kuß auf ihre Wange, was sie angenehm erschauern ließ.

»Meinst du, daß unsere Brüder in Gefahr sind?«

»Zivilisten sind normalerweise nicht gefährdet«, erklärte er ihr. »Jamie und Miles befinden sich vielleicht schon auf der Heimreise.«

»Warum können nicht alle Nationen friedlich miteinander auskommen?«

»Weil die Bewohner der meisten Länder nicht deine Weisheit besitzen.« Augenzwinkernd fügte John hinzu: »Du mußt wissen, der Frieden beginnt im eigenen Haus.«

»Du meinst, die Nächstenliebe.«

»Ich lasse mich gern korrigieren.« John streckte seine langen Beine aus und entspannte sich in dem weichen Lederfauteuil.

»Habe ich mich verhört?« neckte ihn Isabelle. »Habe ich nicht soeben dein Zugeständnis vernommen, daß du dich irgendwie geirrt hast?«

»Ach, meine süße Belle, wie himmlisch naiv du doch bist«, seufzte John. »Männer geben nie zu, wenn sie sich irren.«

»Ich schwöre, ich werde es nicht weitersagen«, sagte Isabelle schmunzelnd und bedachte ihn unbewußt mit einem koketten Lächeln.

»Ich möchte dich um etwas bitten.« Johns Gesichtsausdruck war ernst geworden.

Erwartungsvoll blickte Isabelle ihn an.

»Würdest du im Gasthaus und auf meinem Landgut in Schottland ein Schlafzimmer mit mir teilen?« fragte John. »Wenn es anders wäre, würdest du mich in eine überaus peinliche Situation bringen. Die Schotten sind recht altmodisch in solchen Dingen.«

Isabelle spürte, wie sie beschämt errötete. Sie konnte seine Bitte kaum ablehnen. Er war ihr Angetrauter, der Mann, der sie vor einer Eheschließung mit Nicholas deJewell bewahrt hatte. Vielleicht bot ihr das gemeinsame Nachtlager die Gelegenheit, ihn für seine Tochter zu gewinnen. Wenn sie sich nachts wieder näher waren, konnte sie endlich wieder den von ihr so genossenen ehelichen Pflichten nachkommen.

»Ja, ich werde ein gemeinsames Schlafzimmer mit dir beziehen«, antwortete Isabelle.

»Danke«, sagte er, als habe sie ihm damit einen riesigen Gefallen erwiesen.

Isabelle spürte, wie sich ihre Stimmung aufhellte, und sie empfand das Gespräch nicht länger als Belastung. Sie deutete auf den leuchtendroten Klatschmohn und die blauen Kornblumen am Wegesrand. Als sie an einem offenen Feld vorüberfuhren, wies sie ihn auf die sattgelben Königskerzen hin, und als ihre Kutsche eine Brücke überquerte, zeigte sie ihm zartblaue Iris.

Gegen Abend erreichten sie Stafford und kehrten im Gasthof *Zum schillernden Pfau* ein. John, Isabelle und Lily nahmen an einem Tisch Platz, Dobbs und Juniper an einem weiteren. Gallagher und die beiden anderen Kutscher ließen sich an der Theke nieder, nachdem sie die Pferde versorgt hatten.

Das Abendessen bestand aus Bratenfleisch, Kartoffelbrei und Pfefferkuchen mit dickem Rahm. Lily aß zwei Pfefferkuchen, dann fielen ihr die Augen zu.

Als Isabelle ihrer Kinderfrau bedeutete, daß es für Lily höchste Zeit zum Schlafengehen wurde, meinte John: »Geh mit ihnen, ich komme später nach.«

Erleichterung durchflutete Isabelle, da sie insgeheim befürchtet hatte, sich in seinem Beisein entkleiden zu müssen. Das Versprechen, ein Zimmer mit ihm teilen zu wollen, war ihr wesentlich leichter gefallen als dessen Umsetzung.

Nachdem sie Lily und Juniper eine gute Nacht gewünscht hatte, schlenderte Isabelle in ihr eigenes Zimmer. Der Raum war sauber und behaglich, besaß aber bei weitem nicht die Annehmlichkeiten von Avon Park.

Bevor sie sich entkleidete, setzte sich Isabelle auf den Bettrand und kaute nachdenklich an ihrer Unterlippe. Sie war noch nervöser als am Abend ihres Debütantinnenballs. Würde ihr Ehemann in dieser Nacht auf die Erfüllung ihrer ehelichen Pflichten bestehen?

Bald schon würde er diesen Raum betreten, schoß es ihr durch den Kopf. Sie sprang auf und entkleidete sich in aller Eile. Dann ließ sie eine einzige Kerze auf dem Tisch brennen, legte sich ins Bett und zog die Bettdecke bis zum Kinn hoch.

Während sie allein in dem nur schwach beleuchteten Zimmer lag, starrte Isabelle mit weit aufgerissenen Augen zur Decke und hielt das Federbett fest umklammert, bis die Tür mit einem leisen Knarren geöffnet wurde. Sofort schloß sie die Augen und lockerte ihren Griff.

Als Isabelle das leise Rascheln hörte, mit dem ihr Ehemann sich entkleidete, wurde sie von Neugier übermannt, zwang sich jedoch, keinen auch noch so vorsichtigen Blick zu riskieren. Als das Bett aufgrund seines Gewichtes knarrte, hätte sie vor Überraschung beinahe laut aufgeschrien.

Isabelle spürte, wie er auf seine Seite des Bettes glitt. Offenbar beabsichtigte ihr Gatte in dieser Nacht nicht, seine ehelichen Rechte in Anspruch zu nehmen. Und sie hätte nicht sagen können, ob sie das erleichterte oder enttäuschte.

»Angenehme Träume, Eheweib«, ertönte Johns Stimme deutlich vernehmbar in dem totenstillen Raum.

»Woher wußtest du, daß ich noch wach bin?« fragte Isabelle.

Das Bett knarrte, als John sich umdrehte und ihr ins Gesicht blickte. Gütiger Himmel, die Brust ihres Gatten war entblößt! Aber es kam noch schlimmer: der schwache Kerzenschein fiel auf seine beeindruckende Männlichkeit.

John warf ihr ein müdes Lächeln zu. Dicht an ihrem Gesicht hauchte er: »Der Gesichtsausdruck eines Schlafenden ist friedlich und nicht furchtsam.«

»Ich habe keinerlei Befürchtungen«, erwiderte Isabelle und blickte ihn fest an.

»Korrekt, mein Schatz. Ich würde dich niemals zur

Liebe zwingen.« John hauchte ihr einen Kuß auf die Lippen. »Ich bin mir sicher, du würdest es mich wissen lassen, wenn sich deine diesbezügliche Haltung geändert hat. Im Augenblick erfüllt es mich mit Zufriedenheit, daß ich neben dir einschlafen kann.«

Seine Worte ließen sie erröten.

»Du brauchst nicht zu erröten.«

»Ich erröte nicht«, widersprach Isabelle und war sich sogleich der Lächerlichkeit ihrer Behauptung bewußt. Ihr Mann sah die verräterischen roten Flecken auf ihren Wangen und grinste über ihre Lüge.

»Die Reise hat mich erschöpft«, meinte er. »Heute nacht würde mich das viel zu sehr anstrengen.«

Isabelle hatte keine Ahnung, worauf er hinauswollte. Statt einer Antwort sagte sie lediglich: »Dann wünsche ich dir angenehme Träume.«

John wandte ihr den Rücken zu und murmelte über seine Schulter hinweg: »Schlaf, Isabelle. Wir brechen bei Sonnenaufgang auf.«

Der Morgen dämmerte viel zu schnell.

Wie eine Schlafwandlerin spritzte sich Isabelle Wasser ins Gesicht und zog ihre Reisegarderobe an. Sie war viel zu müde, als daß es ihr etwas ausmachte, wenn ihr Gatte sie entkleidet sah. Erst nach dem gemeinsamen Frühstück mit Lily lebte sie etwas auf, da die Aufregung der Kleinen sie ansteckte.

Lily beharrte darauf, wieder mit Juniper und Dobbs zu fahren. Isabelle war froh, daß das Kind und ihr neues Kindermädchen so gut miteinander auskamen; allerdings war ihr unbegreiflich, warum die Kleine nicht für eine Weile mit ihnen zusammen reisen wollte.

»Mir war gar nicht bewußt, daß Juniper und Lily so gute Freunde geworden sind«, bemerkte Isabelle mit einem vorwurfsvollen Unterton in der Stimme, während sie sich in der Kutsche niederließ.

»Ich habe gehört, wie Juniper ihr eine Geschichte von einer Prinzessin und einer Erbse versprach«, bemerkte John, der sich neben sie gesetzt hatte.

»Was, einer Erbse?« Isabelle unterdrückte ein Gähnen. »Davon habe ich noch nie gehört. Vielleicht sollte ich mit ihnen ...«

»Laß dir ja nicht einfallen, diese Kutsche zu verlassen.« John legte einen Arm um ihre Schultern und zog sie sanft an sich heran. »Lehne dich an mich und schlafe.«

Zu erschöpft, um sich zu widersetzen, gehorchte Isabelle. Den Kopf an seine Schulter gebettet, wiegte sie das Rumpeln der Kutsche in einen tiefen, traumlosen Schlaf.

Ihr kleiner Troß erreichte Liverpool, als die Schatten der Nachmittagssonne bereits länger wurden. Obgleich sie das Schiff ihres Mannes sehr beeindruckte, war Isabelle zu ermüdet von der Reise, um es näher zu betrachten. Gemeinsam mit Juniper und Lily nahm sie ein einfaches Abendessen zu sich, und dann zogen sie sich in die ihnen zugedachten Kabinen zurück.

Noch vor Einbruch der Dämmerung legte das Schiff ab und segelte in Richtung Norden. Während Isabelle schlief, nahm das Schiff ihres Gatten Kurs auf die Irische See, umrundete die Isle of Man und steuerte schließlich durch den Firth of Lorne den Hafen von Oban an.

Gegen Mittag ging das Schiff der Saint-Germains vor Anker. Isabelle und die anderen Reisenden warteten, während John seinem Kapitän Anweisungen erteilte und dann über die Gangway zu der bereitgestellten herzoglichen Kutsche schritt.

»Ich möchte Harmonie«, bat Lily mit einem Blick auf John, als Gallagher ihr den Kutschenverschlag öffnete.

»Wir alle wünschen uns ein Leben in Harmonie«, bemerkte John.

Isabelle lächelte über dieses Mißverständnis. Offenbar hatte ihr Ehemann keinerlei Erfahrung im Umgang mit Kindern. Sie hatte zwar auch keine, aber einiges im Leben begriffen Frauen anscheinend instinktiv.

»Wer ist Harmonie?« erkundigte sie sich.

»Mein Pony.«

Isabelle grinste. »Mein Schatz, du besitzt doch überhaupt kein Pony.«

»Seine Gnaden hat versprochen, mir eines zu kaufen, wenn ich in der Kutsche von Juniper und Dobbs mitfahren würde«, erzählte ihr die Kleine.

Das wissende Grinsen von Juniper und Dobbs ignorierend, fuhr Isabelle ihren Gatten an: »Deine Bestechung hat dir soeben einen schwarzen Stein eingehandelt.«

John zuckte die Schultern und bedachte sie mit seinem unwiderstehlichen Lächeln.

»Ich bete für deine Seele, Euer Gnaden«, flötete Lily. »Wenn du mir ein Pony kaufst.«

»Meine Versprechen gegenüber kleinen Mädchen pflege ich einzuhalten.« John ging in die Knie, um ihr in die Augen zu schauen. »Wenn wir nach England zurückkehren, lasse ich dir eines der wundervollen Ponys aus Dartmoor kommen. Vertraust du mir solange?«

Lily nickte.

»Komm, wir besiegeln unseren Handel mit einer Umarmung«, schlug er vor.

Daraufhin warf sich Lily in seine Arme und drückte ihn fest. Bevor sie sich aus seiner Umarmung löste, gab sie ihm noch einen feuchten Kuß auf die Wange.

Da sie nur eine Kutsche zur Verfügung hatten, nahm John auf dem Kutschbock Platz. Isabelle, Lily, Juniper und Dobbs ließen sich in der Kutsche nieder.

Während Lily an ihrer Schulter schlummerte, blickte Isabelle interessiert aus dem Wagenfenster, und der Anblick ließ ihr Herz höherschlagen. Ein Teppich aus violettem Heidekraut breitete sich vor ihr aus, und grün bewaldete Berge türmten sich am Horizont vor ihr auf.

Ein einsames Land voller majestätischer Schönheit, dachte Isabelle insgeheim. Dieses Fleckchen Erde sagte ihr wesentlich mehr zu als das schmutzige, übervölkerte London mit seinem spärlichen Grün.

Zwei Stunden später entstiegen Isabelle und ihre Mitreisenden der Kutsche. Kilchurn Castle lag auf einer kleinen Anhöhe, die in das Loch Awe hineinragte. Schloß und See waren von herrlichen Bergen umgeben. In der Ferne erhob sich Ben Cruachan, der höchste Berg in diesem Gebiet.

»Seht euch die vielen Hügel an«, schrie Lily aufgeregt.

John grinste. »Das sind Berge, keine Hügel.«

Isabelles Blick schweifte in sämtliche Richtungen. »Ich glaube, daß ich den Sommer hier genießen werde.«

Ein spätes Mittagessen erwartete sie im Speisesaal: Gemüsesuppe, gegrillte Forellen, Spargel in Buttersauce sowie Cremetörtchen.

Nach dem Essen gähnte Lily laut und vernehmlich. Isabelle winkte Juniper und wollte sich erheben, doch John hielt sie zurück.

»Ich bringe sie nach oben«, sagte er. »Warte hier auf mich, dann können wir anschließend zum See hinuntergehen.«

»Das wäre herrlich.«

Als er Lily seine Hand entgegenstreckte, schüttelte sie den Kopf.

»Ich bin zu müde, um die Treppe hochzugehen«, bemerkte sie mit halbgeschlossenen Lidern.

»Dann trage ich dich.« John nahm die Kleine in seine Arme und verließ mit Mrs. Juniper im Schlepptau das Speisezimmer.

Innerlich schmunzelnd beobachtete Isabelle die drei. Ihre Entscheidung, ihn nach Schottland zu begleiten, war richtig gewesen. Ihr Ehemann schien sich mit seiner Tochter anzufreunden. Es war nur noch eine Frage der Zeit, bis er sie als sein Kind anerkennen würde. Und dann konnte sie ihren ehelichen Pflichten wieder nachkommen.

Wenige Minuten später kehrte John zurück, und gemeinsam traten sie ins Freie. Der blaue Himmel und der strahlende Sonnenschein waren eine Seltenheit im Hochland. Von schützenden Bergen umgeben, erschienen Loch Awe und das Tal Isabelle wie das Paradies.

»Der Sommer in den Bergen ist wesentlich kühler als bei uns zu Hause«, stellte sie fest.

»Frierst du?« fragte John. »Ich kann dir einen Schal holen.«

Isabelle schüttelte den Kopf. »Wie klar das Wasser doch ist«, entfuhr es ihr, als sie das Ufer des Sees erreicht hatten.

»Die schottischen Seen sind mit den trüben englischen Flüssen nicht vergleichbar.« John hob einen flachen Stein auf und ließ ihn über die Wasseroberfläche hüpfen, bis er schließlich verschwand.

Isabelle ließ sich am Ufer nieder, um ihre Strümpfe und Schuhe auszuziehen. Dann richtete sie sich auf, raffte ihre Röcke und watete einige Schritte ins Wasser.

»Ist das kalt!«, kreischte sie.

John lachte. »Sei vorsichtig«, warnte er sie, »sonst holt dich das Ungeheuer.«

Isabelle sprang ans Ufer zurück. Voller Neugier musterten ihn ihre veilchenblauen Augen. »Welches Ungeheuer?«

»Setz dich zu mir, dann verrate ich es dir.«

Einige Meter vom Ufer entfernt setzten sich die beiden nebeneinander ins Gras. Als sie ihn erwartungsvoll anblickte, gab er ihrer Nasenspitze einen scherzhaften Stups.

»Dieses Wesen wird als das Ungeheuer von Loch Awe bezeichnet, aber niemand kann sagen, wie es wirklich aussieht«, hub John an. »Manche behaupten, es sähe aus wie ein Pferd, andere wiederum wie ein riesiger Wurm mit zwölf Beinen. Wenn man im Winter das Knarren und Krachen unter der Eisdecke des Sees hört, glauben viele Einheimische, daß das Ungeheuer das Eis zu durchbrechen versucht.«

»Ich glaube nicht, das dort unten ein Ungeheuer lebt«, sagte Isabelle.

»Ich sage immer: Vorsicht ist besser als Nachsicht«, erwiderte John.

Isabelle kicherte. »Das habe ich aus deinem Munde noch nie gehört.«

John legte einen Arm um ihre Schultern und zog sie näher zu sich heran. Als sie zu ihm aufsah, wurde Isabelle von seinem Blick magisch angezogen. Sie bemerkte, wie sein Gesicht sich zu ihr herabsenkte, schloß ihre Augen und gab sich dem berauschenden Gefühl seines zärtlichen Kusses hin.

Als seine Hand ihre Wange streichelte, seufzte sie schwach. Nach einem weiteren Kuß betrachtete er sie.

»Mein Schatz, du bist bezaubernder als ein Veilchen im Schnee«, sagte er mit rauher Stimme, während er ihr tief in die Augen blickte.

Isabelle starrte ihn an. Ein weiteres Mal bewiesen seine Worte Giselles Prophezeiung. Zweifellos war

John Saint-Germain der dunkle Prinz, dessen Bild sie einst im Fluß Avon gesehen hatte.

»Das ändert gar nichts«, erklärte sie ihm.

»Was meinst du damit?« fragte er.

»Ich werde Lily behalten.«

»Mein Kuß sollte dich in keinster Weise beeinflussen«, bemerkte er. »Unsere Entscheidung hat Zeit bis zum Ende des Sommers. Laß uns ausspannen und den Augenblick genießen.«

Isabelle legte sich ins Gras und lächelte zu ihm auf.

»Was machst du da?« fragte John.

»Den Augenblick genießen.«

John legte sich neben sie und stützte sein Gesicht auf seinem linken Arm auf. »Als wir Kinder waren, verbrachten meine Brüder und ich jeden Sommer hier. Wir ritten auf die Hochweiden, wohin die Hirten und ihre Familien das Vieh zum Grasen trieben.«

»Wie genau du dich noch an deine Kindheit erinnern kannst«, meinte sie.

»Du aber leider nicht«, erwiderte er, beugte sich über sie und hauchte einen Kuß auf ihre Lippen. »Mit dem allergrößten Vergnügen würde ich deinen Bruder umbringen, weil er dich in der Obhut deiner Stieffamilie zurückgelassen hat.«

»So schlimm war meine Kindheit nun auch wieder nicht«, sagte Isabelle. »Ich wußte gar nicht, daß in deinen Adern schottisches Blut fließt.«

»Soll ich es lauthals herausschreien?« fragte John.

Isabelle kicherte. Sie schloß ihre Lider und atmete die würzige Luft in vollen Zügen ein. »Ich glaube, ich könnte mich in Schottland wohl fühlen«, meinte sie verträumt.

»Der Weg ist das Ziel.«

Über seine Äußerung erstaunt, öffnete Isabelle die

Augen und blickte ihn an. Ohne darüber nachzudenken, bemerkte sie: »Du klingst genau wie Giselle.«

John schüttelte den Kopf. »Sind wir schon wieder beim Thema?«

»Für deinen Unglauben, John Saint-Germain«, schalt ihn Isabelle, »erhält deine Seele einen weiteren schwarzen Stein.«

Lachend erhob sich John und reichte ihr seine Hand, um ihr aufzuhelfen. »Du bist unverbesserlich, Eure Hoheit.«

»Wie tröstlich zu wissen, daß wir wenigstens etwas gemeinsam haben«, erwiderte Isabelle mit einem boshaften Grinsen. Dann raffte sie ihre Röcke und rief: »Ich bin zuerst im Haus.« Mit diesen Worten stürmte sie auf das Schloß zu.

Sie war noch keine zehn Schritte entfernt, als ihr Ehemann sie eingeholt hatte. Statt ihr nachzulaufen, hob er sie hoch und warf sie wie einen Sack Gerste über seine Schulter.

»Laß mich sofort runter!« schrie Isabelle und prustete dann los.

»Nein, mein Schatz«, erwiderte John, den schleppenden, schottischen Akzent nachahmend. »Im Hochland ist es eine Tradition, daß ein Mann seine Frau so nach Hause trägt. Los, Mann, los.«

15

Als Isabelle in dem dämmrigen Zimmer ihre Augen aufschlug, mußte es noch recht früh sein. Sie erwachte fast nie bei Sonnenaufgang und war seit ihrer Ankunft in Argyll aufgrund des ungewohnten Höhenklimas später eingeschlafen.

Als sie sich zur Fensterseite umdrehte, bemerkte Isabelle, daß die Seite ihres Mannes leer war. Ein Geräusch ließ sie aufhorchen, und sie hob den Kopf vom Kissen, um zu sehen, was er tat.

John hatte ihr den Rücken zugewandt und spritzte sich Wasser aus einer Porzellanschüssel ins Gesicht. Die ersten durch das Fenster einfallenden Sonnenstrahlen zauberten bei jeder seiner Bewegungen helle Lichtreflexe auf seinen Rücken und seine Schultern.

Langsam glitt Isabelles Blick von seiner durchtrainierten Rückenmuskulatur zu seiner schlanken Taille. Ihr Ehemann trug lediglich eine schwarzseidene Unterhose.

Während sie ihn unter ihren halbgeschlossenen Lidern hinweg beobachtete, wanderte ihr Blick zu seinen schmalen Hüften und den muskulösen Oberschenkeln. Ein glühendheißer Schauer der Erregung durchzuckte ihren Körper. Das überwältigende Gefühl, daß sie die beiden einzigen Menschen auf der ganzen Welt waren, bemächtigte sich ihrer Sinne, und sie sehnte sich nach ... *ihm*.

Isabelle liebte ihren Mann. Und jetzt kannte sie auch das Verlangen.

John griff nach einem Handtuch, um sein Gesicht abzutrocknen, und brach den Zauber, den seine Männlichkeit auf sie ausgeübt hatte. Rasch schloß Isabelle die Augen. Sie wollte unter gar keinen Umständen, daß er ihre heimlichen Blicke bemerkte.

Dann hörte sie das leise Rascheln, mit dem er sich ankleidete, und spürte das Nachgeben des Bettes, als er sich auf den Rand setzte. Sie schlug die Augen auf und lächelte ihn an, konnte jedoch nicht umhin zu erröten.

»Warum errötest du?« fragte John und bedachte sie mit einem verwirrten Blick.

»Ich wußte gar nicht, daß du schwarze Seidenunterwäsche trägst«, erwiderte Isabelle.

John hob fragend seine Brauen. »Hast du mich beim Ankleiden beobachtet?«

»Nein, ich habe dir beim Waschen zugesehen.«

Ihr Geständnis entlockte ihm ein Lächeln. »Ich hoffe, es hat dir gefallen«, bemerkte er. »Ich mache einen kleinen Ausritt. Wir sehen uns später beim Frühstück.«

Isabelle zog die Bettdecke hoch und schlief wieder ein, fand jedoch kaum Ruhe. In schwarzseidener Unterwäsche stolzierte die durchtrainierte Erscheinung ihres Gatten durch ihre Träume.

Sie spürte, wie seine Lippen ihren Mund bedeckten, seine Hände ihren Körper streichelten.

Sie spürte, wie seine muskulösen Oberschenkel auf ihr ruhten.

Schlagartig erwachte Isabelle. Enttäuscht mußte sie feststellen, daß sie allein war, und in diesem Augenblick begriff sie, daß sie ihren Ehemann begehrte, ob er seine Tochter nun an Kindes Statt annahm oder nicht.

»Lassen Sie ihn galoppieren, Euer Gnaden«, vernahm sie Lilys Stimme.

»Nur erfahrene Reiter dürfen im Galopp reiten«, antwortete John der Kleinen.

Isabelle stand auf und schlenderte barfuß zum Fenster, ohne einen Morgenmantel überzuwerfen. An den Fensterrahmen gelehnt, erspähte sie ihren Gatten und seine Tochter im Freien. Lily saß im Sattel eines schwarzen Ponys und hielt die Zügel, während John sie über den Rasen führte.

Freude und Hoffnung keimten in Isabelles Herzen auf. Trotz seiner Vorbehalte freundete sich ihr Ehemann mit seiner Tochter an.

»Lady Belle, sieh nur, wie ich reite«, rief Lily, die sie am Fenster bemerkt hatte.

»Guten Morgen, Eure Hoheit«, rief John, während er das Pony zum Stehen brachte und zum Fenster aufsah. »Ich hoffe, du hattest angenehme Träume.«

Isabelle beugte sich vor und bot ihm einen atemberaubenden Blick auf ihren entblößten Busen. »Ich habe von dir geträumt«, rief sie ihm zu.

John grinste.

»Hast du auch von mir geträumt?« wollte Lily wissen.

»Aber natürlich, mein Schatz.«

»Was habe ich gemacht?«

»Du bist auf einem Pony gesessen«, schwindelte Isabelle.

»Und was habe *ich* gemacht?« fragte John.

Als Isabelle daraufhin errötete, schmunzelte er.

»Ich kann deine Träume in Erfüllung gehen lassen«, erklärte er.

Verärgert kniff Isabelle die Augen zusammen und wechselte das Thema. »Du hast doch gesagt, daß Lily bis zu unserer Rückkehr nach England auf ihr Pony warten müsse.«

»Muß sie ja auch«, antwortete John. »Aber ich besitze mehrere Shetlandponys, auf denen sie während des Sommers Reiten lernen kann.«

»Lily, versprich mir, daß du nur reitest, wenn Seine

Gnaden bei dir ist«, rief Isabelle dem kleinen Mädchen zu.

»Ich verspreche es.« Fragend blickte Lily zu John. »Kaufst du Myrtle auch ein Pony?«

»Meinst du wirklich, daß Myrtle ein Pony haben möchte?« fragte er. »Aber sag mir die Wahrheit.«

Lily warf ihm ein schelmisches Lächeln zu. »Myrtle würde einen Affen vorziehen.«

»Keinen Affen.« Erneut blickte John zum Fenster. »Möchten meine beiden Damen lernen, wie man eine Forelle kitzelt?«

»Ja«, kreischte Lily und klatschte in die Hände.

»Ich dachte schon, du würdest nie fragen«, bemerkte Isabelle. »Ich bringe meine Flöte mit, dann können wir ein Picknick am See veranstalten. Ich bin gleich bei euch.«

Isabelle wandte sich vom Fenster ab. Als sie vor die Waschschüssel trat, hörte sie wieder die Stimme der Kleinen.

»Euer Gnaden, du bist viel lustiger als Myrtle«, sagte Lily gerade.

»Danke für das Kompliment«, erwiderte John.

Nachdem sie sich gewaschen hatte, wählte Isabelle einen leichten schwarzen Wollrock mit passender Bluse. Dann bürstete sie ihr Haar zurück und griff nach ihrem Schal.

»Ich habe dir doch gesagt, er würde zur Vernunft kommen.«

Verblüfft wirbelte Isabelle beim Klang der vertrauten Stimme herum. Giselle saß in einem Sessel in ihrem Schlafzimmer. »Wo warst du?« fragte sie die alte Frau.

Giselle zuckte die Schultern. »Hier und dort und überall.«

»Wirst du uns zum Picknick begleiten?«

Giselle schüttelte den Kopf. »Lauf und erfreue dich deiner neuen Familie.«

Isabelle durchschritt das Zimmer und kniete sich neben die Alte. Sie nahm deren schwielige Hand und hauchte einen Kuß darauf. »Du wirst immer ein Teil meiner Familie sein«, erklärte sie.

»Mein Kind, wir beide werden immer zusammensein«, erwiderte Giselle und legte eine Hand auf ihr Herz. »Aber im Augenblick bedürfen deiner der Mann und das Mädchen, damit du sie zusammenbringst. Wann immer du mich brauchst, bin ich in Windeseile bei dir.«

»Solltest du deine Meinung ändern, weißt du, wo du uns findest.« Isabelle hauchte einen Kuß auf die runzlige Wange ihres Schutzengels.

Eine Stunde später verließen John, Isabelle und Lily das Schloß und machten sich auf den Weg zum See. John trug den Picknickkorb und Isabelle ihre Flöte. Voller Aufregung über ihren gemeinsamen Ausflug tanzte Lily vor ihnen her und trällerte ein Lied.

»Sieh mal, Seine Gnaden hat behaarte Beine«, kreischte Lily.

Isabelle lachte.

»Möchtest du lernen, wie man Forellen kitzelt?« fragte John, der bis zu den Knien ins Wasser gewatet war. »Oder willst du lieber meine Beine bewundern?«

»Forellen kitzeln!« schrie ihm Lily zu und zog in aller Eile Schuhe und Strümpfe aus.

Isabelle half ihr, die Röcke zu raffen. »Geh schon voraus. Ich warte, bis ich an der Reihe bin.«

Lily watete durch das Wasser zu John und sah ihn erwartungsvoll an.

»Du mußt vollkommen bewegungslos stehen bleiben«, wies sie John an. »Dann tauchst du ganz langsam deine Hand ins Wasser ... etwa so.«

Lily tat es ihm nach, und John fuhr fort: »Fische sind neugierige Geschöpfe, genau wie kleine Mädchen. Wenn einer ganz nah an dir vorüberschwimmt, dann streichelst du seinen Bauch mit einem Finger. Sobald er wie gebannt vor Vergnügen ist, wirfst du ihn an Land.«

»Und was geschieht dann?«

»Dann kochst du ihn und ißt ihn auf.«

»Man kitzelt sie zu Tode?« fragte Lily, die grünen Augen vor Entsetzen geweitet.

»In gewisser Weise schon.«

»Ich möchte keine Forellen kitzeln!« schrie Lily und trat hastig einen Schritt zurück. Dabei verlor sie das Gleichgewicht, fiel ins Wasser und fing an zu weinen.

John nahm sie in seine Arme und trug sie zum Ufer. »Jetzt bist du in Sicherheit.«

»Danke, daß du mich gerettet hast, Euer Gnaden.« Mit dem Ärmel ihrer Bluse wischte sich Lily die Tränen vom Gesicht.

»Wir müssen ihr den nassen Rock ausziehen«, meinte Isabelle. »Hast du irgend etwas, worin wir sie einwickeln können?«

»Ich habe noch eine zusätzliche Decke mitgebracht«, erwiderte John.

Rasch zog Isabelle der Kleinen Rock und Unterwäsche aus. Sie griff nach der Decke, um Lily darin einzuwickeln, doch John ließ sie innehalten.

»Sieh dir das an«, sagte er und deutete auf das Gesäß des Kindes. Auf einer ihrer Pobacken befand sich ein herzförmiges Muttermal.

»Ja, das habe ich bemerkt«, erklärte Isabelle, während sie Lily in die Decke hüllte.

»Keine heimlichen Blicke, Euer Gnaden«, schalt ihn Lily.

»Ich bin untröstlich«, entschuldigte sich John. »Eines fernen Tages wird dieses hübsche Muttermal noch für Gesprächsstoff sorgen.«

»So etwas Gräßliches sagt man nicht.«

»Ich meinte doch nur für sie und ihren Ehemann«, lenkte John ein. »Möchtest du lernen, wie man eine Forelle kitzelt?«

Isabelle schüttelte den Kopf. »Ich denke, ich verzichte ebenfalls.«

»Du hast kürzlich gegrillte Forellen gegessen«, bemerkte John.

»Ich darf gar nicht darüber nachdenken«, erwiderte Lily in dramatischem Tonfall. »Dann wird mir bestimmt übel.«

John prustete los. Isabelle stimmte in sein Gelächter ein, und Lily kicherte aufgrund ihrer Belustigung.

»Das Wasser erwärmt sich, sobald die Hundstage kommen«, erklärte John und setzte sich neben das Mädchen auf die von Isabelle ausgebreitete Decke. »Dann bringe ich dir das Schwimmen bei.«

»Was sind denn Hundstage?« fragte Lily.

»Sirius ist der Hundsstern, den man in der heißesten Jahreszeit sehen kann«, führte er aus.

»Wir brauchen Musik.« Isabelle hob ihre Flöte an die Lippen, um zu musizieren.

Die Melodie war heiter beschwingt. Ihr Rhythmus erinnerte an die Ruhe des Frühlings, sommerliches Vogelgezwitscher und raschelndes Herbstlaub.

Als sie geendet hatte, fragte John: »Kannst du einen Walzer für uns spielen?«

Isabelle nickte. »Ich werde es versuchen.«

Erneut setzte sie die Flöte an ihre Lippen. Zunächst zögernd und dann immer sicherer erklangen die melodischen Töne eines Walzers.

John erhob sich und verbeugte sich vor dem Mädchen. »Miß Dupré, erweist du mir die Ehre dieses Tanzes?«

»Ich weiß aber nicht, wie das geht«, erklärte sie ihm.

»Jeder kann Walzer tanzen.« John tat ihre Ausrede mit einer beiläufigen Geste ab. »Ich bringe es dir bei.«

Lilys smaragdgrüne Augen glänzten vor Freude, als sie von der Decke aufsprang. Sie nahm seine Hand und versuchte, sich von ihm führen zu lassen, doch ihre winzigen Füße konnten den Takt nicht halten.

»Setz deine Füße auf meine«, wies John sie an. Als sie gehorchte, tanzten die beiden anmutig über die Wiese.

Während Isabelle die beiden beobachtete, dachte sie an ihren lange verstorbenen Vater, und ihr Herz verkrampfte sich. Sie hatte mit ihrem Vater genauso getanzt. Jetzt vollführte John das gleiche mit Lily. Allmählich schien ihr Gatte seine Tochter zu akzeptieren.

Als ihr Walzer endete, strahlten die beiden. John verbeugte sich vor dem Mädchen. »Miß Dupré, dieser Walzer war zweifellos der schönste in meinem ganzen Leben.«

»Mir hat es ebenfalls gefallen.« Lily himmelte ihn an.

»Was machen wir jetzt?« fragte Isabelle, als die beiden sich zu ihr auf die Decke gesellten.

»Essen«, antwortete Lily.

»Laß mal sehen, was die Köchin für uns vorbereitet hat«, sagte John und spähte unter das Tuch des Picknickkorbes. »Nun, ich glaube, es ist gegrillte Forelle.«

»Ich habe keinen Hunger«, meinte Lily.

»Ich auch nicht«, fügte Isabelle hinzu. »Außerdem hätte ich das Gefühl, einen Freund zu verspeisen.«

»War nur ein Scherz.« John nahm eine Platte mit kaltem Hühnchen aus dem Korb.

»Kann ich ein Hühnerbein haben?« bat Lily.

»Selbstverständlich.« John reichte ihr eines.

Lily biß hinein, doch als ihre kleinen Zähne das Stück abnagen wollten, flog der Schenkel aus ihrer Hand und landete im Gras. »Huch«, sagte sie, während sie danach griff.

John kam ihr zuvor und hob es auf. »Ich möchte nicht, daß du etwas vom Boden ißt.«

»Das interessiert mich einen Haufen Dreck«, erklärte ihm Lily.

Johns dunkle Augen wanderten zu Isabelle. »Ich hätte nicht im Traum daran gedacht, daß sie mich nachahmen würde«, versuchte sie sich zu entschuldigen.

Nachdem er Lily ein weiteres Stück kaltes Huhn gereicht hatte, fragte John: »Was würdest du gern tun, bevor wir zum Schloß zurückkehren?«

»Frösche fangen«, antwortete sie.

»Frösche?« wiederholte Isabelle.

»Juniper hat gesagt, wenn ich einen Frosch küsse, dann verwandelt er sich in einen Märchenprinzen«, erwiderte Lily. »Möchtest du auch einen küssen?«

»Eher würde ich eine Forelle kitzeln«, entgegnete Isabelle. »Ich habe eine wunderbare Idee. Ich spiele Flöte, während ihr euch auf die Decke legt und die Wolken betrachtet.«

Lily nickte und legte sich zwischen Isabelle und John, der sich mit hinter dem Kopf verschränkten Armen ebenfalls zurücksinken ließ.

Isabelle spielte ein Wiegenlied, und innerhalb von Minuten war das Mädchen eingeschlafen. Lächelnd blickte sie zu ihrem Ehemann. John war ebenfalls eingeschlafen.

Eine Woche verstrich. Während dieser sieben idyllischen Tage genoß Isabelle das Familienleben, das sie sich immer gewünscht hatte.

Reitstunden, Beerenpflücken, das Waten am Ufer des Sees, das Betrachten der Wolken und das Tollen über die Wiesen füllten die sonnigen Tage aus. Selbst die Regentage vergingen wie im Fluge, da Isabelle Flöte spielte und John Hochlandsagen und Gespenstergeschichten zum besten gab.

Am Morgen des zehnten Tages im Hochland stand Isabelle vor ihrem Ankleidespiegel und begutachtete sich. Ihre Wangen waren vor Aufregung gerötet, und ihre veilchenblauen Augen strahlten. Sie hatte soeben ihr blondes Haar zu zwei dicken Zöpfen geflochten und war in ihre älteste Kleidung gehüllt – einen leichten Wollrock und eine bequeme Bluse. Über ihrem Arm trug sie einen Umhang mit Kapuze.

Isabelle betrachtete die beiden Ringe an ihren Händen, die John ihr geschenkt hatte. An ihrem rechten Ringfinger trug sie den Verlobungsring mit den Veilchen im Schnee, der ihr bewies, daß John der prophezeite dunkle Prinz war. Dann fiel ihr Blick auf ihren Ehering. Dessen zu Herzen gehende Botschaft – unendliches Glück – riet ihr, ihm zu vertrauen.

John Saint-Germain, fünfter Herzog von Avon, zehnter Marquis von Grafton und zwölfter Graf von Kilchurn war ihr rechtmäßig angetrauter Ehemann. In guten wie in schlechten Tagen. Sie hatten ihr Ehegelübde vor Gott abgelegt.

Isabelle liebte ihn.
Sie begehrte ihn.
Und sie beabsichtigte, ihn zu verführen.

Während der ersten zehn Tage ihres Aufenthalts in Schottland hatte Isabelle begriffen, daß sie ihren Gatten genauso akzeptieren mußte, wie sie es von ihm gegenüber dem kleinen Mädchen erwartete. Um ehrlich zu sein, hatte John sich augenscheinlich mit dem Gedanken angefreundet, Lilys leiblicher Vater zu sein, und er behandelte sie mittlerweile, als gehöre sie zu ihm.

Wie auch immer sich die Dinge entwickelten, John Saint-Germain war ihr Ehemann. Als er Isabelle zu einem gemeinsamen Ausritt auf seine Jagdhütte eingeladen hatte, hatte sie zugestimmt, dort einige Tage mit ihm allein zu verbringen.

Jetzt, da der Augenblick ihres Aufbruchs gekommen war, blickte Isabelle verunsichert auf ihren Trauring. Hatte sie sich richtig entschieden? Was wäre, wenn er Lily letztlich doch ablehnte? Sicher, sie liebte ihn, aber würde sie ihm vergeben können, wenn er dem Kind weh tat?

»Seine Gnaden liebt dich, mein Kind.«

Isabelle wirbelte herum und erblickte Giselle, die in einem Sessel vor dem Kamin saß. Sie durchquerte das Zimmer und nahm ihr gegenüber Platz. »John liebt mich nicht. Er hat es mir noch nie gesagt.«

»Wenn du auf dein Herz hörst, wirst du seine wahren Gefühle verstehen«, erwiderte Giselle.

»Aber wie soll ich ...«

Das Öffnen der Tür ließ sie aufschrecken. Als sie ihren Ehemann bemerkte, warf Isabelle der Alten einen raschen Blick zu, doch diese war bereits verschwunden.

»Hoffentlich bist du bereit.« Lächelnd schritt John auf sie zu. »Warum sitzt du denn da so allein?«

»Ich denke über meine Sünden nach«, antwortete Isabelle schmunzelnd.

Trotz ihrer Verunsicherung mußte Isabelle ihren Gatten bewundern. Sie konnte nur zu gut verstehen, warum ihn so viele Frauen anziehend fanden. Wieviel Willensstärke mußte eine Frau besitzen, um ihm zu widerstehen? Darauf beruhte immerhin sein zweifelhafter Ruf als Verführer.

»Ich möchte auch mitkommen«, schrie Lily und rannte geradewegs in Isabelles Arme. »Myrtle hat Angst, daß ihr nicht zurückkommt.«

»Wieso sollten wir nicht zurückkommen?« fragte Isabelle, während sich ihr Herz zusammenkrampfte. Das arme Kind fürchtete sich davor, erneut verstoßen zu werden.

Hilfesuchend blickte Isabelle zu John, der in dem von Giselle verlassenen Sessel saß. »Komm und setz dich auf meinen Schoß«, forderte er das Kind auf.

Lily trat zu ihm und tat, wie ihr geheißen. John legte einen Arm um ihre schmalen Schultern und bedachte sie mit einem aufmunternden Lächeln.

»Du bist am Tag der Eheschließung von Lady Belle und mir in unser Leben getreten«, erklärte John. »Und deshalb haben wir noch keine Zeit gefunden, wie alle frisch vermählten Paare unsere Flitterwochen zu verbringen. Begreifst du das?«

Lily nickte.

»Vertraust du mir?«

Erneut nickte die Kleine.

»Wie wäre es mit einem Wir-sehen-uns-bald-wieder-Kuß?« wollte John wissen.

Kichernd legte Lily ihre Arme um seinen Hals. Dann drückte sie ihm einen schmatzenden Kuß auf die Wangen.

»Miß Dupré, ich werde deine Küsse niemals vergessen«, neckte John sie. »Gib Lady Belle auch einen Kuß.«

Das kleine Mädchen eilte zu Isabelle und umschlang sie mit beiden Armen. Sie küßte Isabelles Wangen und blickte ihr dann tief in die Augen. »Ich liebe dich, Lady Belle.«

»Und ich liebe dich noch viel mehr«, erklärte Isabelle.

Nachdem sie Lily in der Eingangshalle mit Mrs. Juniper zurückgelassen hatten, traten John und Isabelle hinaus in den strahlenden Sonnenschein. Zwei gesattelte Pferde standen für sie bereit, ein drittes Packpferd trug die mit Vorräten gefüllten Satteltaschen und Körbe.

»Bist du bereit?« Sanft zupfte John an einem ihrer Zöpfe.

Isabelle lachte über diesen jungenhaften Unfug, der so gar nicht zu dem geheimnisumwitterten, weltgewandten Mann passen wollte. »Ich bin bereit«, antwortete sie.

In gemäßigtem Trab ritten John und Isabelle über den Pfad, der sie schließlich zu den Hochweiden führen würde. Ein strahlendblauer Himmel wölbte sich über das üppige Grün der Bäume und leuchtende Wildblumen.

Isabelle spürte aufkeimende Zuversicht. Ihr Ehemann, der ihr prophezeite dunkle Prinz, hatte sich mit seiner Tochter angefreundet, und sie würde ihren überaus angenehmen weiblichen Pflichten nachkommen. Zu dritt würden sie glücklich zusammenleben, und sämtliche Träume ihrer einsamen Kindheit erfüllten sich schließlich doch noch.

Am Ende des Heidelands wurden die Bäume gewaltiger und dichter. Kaninchen hoppelten über die Landstraße, und Moorhühner stoben vor ihren Pferden davon.

John und Isabelle überquerten eine Lichtung und ritten in ein Waldstück aus Kiefern, Fichten, Birken und Lärchen. Die knorrigen Äste alter Buchen wiegten sich über einem Meer aus Farnkraut.

»Wir sind da«, sagte John, während er sein Pferd auf einer Lichtung zum Stehen brachte.

Eine kleine Hütte und eine Scheune wurden von einer Steinmauer umfriedet, die Bewohner vor den Wassermassen eines Flusses schützte.

»Wenn wir uns häuslich eingerichtet haben, werden wir diesen Weg zum Tal von Glen Aray hinunterschlendern«, sagte John, während er ihr aus dem Sattel half. »Komm, ich zeig' dir die Hütte.«

John öffnete die verschlossene Eingangstür der Hütte, dann hob er sie zu ihrer Überraschung hoch und trug sie über die Schwelle. Nachdem er sie im Innern abgesetzt hatte, meinte er: »Die Sitten und Gebräuche des Hochlandes verlangen, daß der Mann seine Angetraute über die Schwelle trägt. Das verheißt den beiden eine glückliche Ehe.«

»Hoffentlich bewahrheitet sich das«, erwiderte Isabelle mit einem schalkhaften Grinsen.

»Unendliches Glück, mein Schatz«, murmelte er, während er ihre Handfläche küßte und ihr ein angenehmer Schauer über den Rücken jagte.

Das Erdgeschoß der Hütte war ein riesiger Raum. Ein unordentliches Bett stand an der Wand zu ihrer Rechten. Eine Felldecke war nachlässig über das Leinenbettzeug geworfen worden. Zwischen dem Bett und der Wand führte eine Treppe nach oben.

»Was befindet sich oben?« wollte Isabelle wissen.

»Mehrere Schlafzimmer«, erwiderte John. »Aber ich ziehe es vor, hier unten zu schlafen.«

Isabelle musterte weiterhin ihre Umgebung. Ein Wandschirm stand in der rechten Ecke neben dem Bett. Töpfe und Pfannen hingen an der Wand zur Linken des Kamins neben der Tür. Ein Eichentisch stand zu ihrer Linken, und die an dieser Wand angebrachten Regale enthielten unverderbliche Vorräte.

»Laß mir ein paar Minuten, um unser Gepäck hereinzubringen«, sagte John und kehrte ihr den Rücken zu. »Dann werden wir das Bett in Ordnung bringen.«

Sobald er die Hütte verlassen hatte, schüttelte Isabelle die Federbetten auf und machte das Bett. Dachte ihr Ehemann etwa, daß sie sich in Haushaltsführung nicht auskannte? Wenn dem so war, würde er eine Überraschung erleben. Sicher, sie war die Tochter eines Grafen, aber als vereinsamtes junges Mädchen hatte sie jedwede Gesellschaft gesucht und sich deshalb mit einem alternden Majordomus, einer abergläubischen Köchin und den Hausmädchen angefreundet, die ihr einiges beigebracht hatten.

Die Tür flog auf. Beladen wie ein Packesel trat John ein, stellte die Satteltaschen mitten auf den Boden und die Körbe auf den Tisch. Dann schlenderte er durch den Raum, um ihr behilflich zu sein.

Vor dem Bett musterten sich John und Isabelle mit verstohlenen Blicken. Von der Zärtlichkeit in seinen Augen fasziniert, überkam Isabelle ein prickelndes Gefühl in der Magengegend.

Wollte John sie sogleich verführen? dachte sie im stillen. Oder würde er bis zum Abend warten?

»Die Köchin hat uns einen Eintopf eingepackt, aber den können wir bis zum Abendessen aufheben«, sagte John. »Wenn du nicht zu erschöpft bist, würde ich dir gern das Tal zeigen.«

»Mir geht es hervorragend«, erwiderte Isabelle. »Was ist mit den Pferden?«

»Bevor wir aufbrechen, werden wir uns um sie kümmern.«

Nachdem die Pferde versorgt waren, traten John und Isabelle den Weg in die Schlucht an. In bester Stimmung schwebte Isabelle beinahe neben ihm. Sie war jung und verliebt und ganz allein mit ihrem überaus anziehenden Ehemann.

Sie schlenderten durch die stille Erhabenheit von Glen Aray, der tiefen Schlucht, über der sich riesige

Gipfel auftürmten. Die Nachmittagssonne schimmerte auf der Wasseroberfläche eines von zwei Bächen gespeisten Teichs. Um sie herum blühte eine üppige sommerliche Pracht.

»Wie heißen die?« fragte Isabelle und deutete auf eine gelbe Blume mit roten Tentakeln.

»Sonnentau«, antwortete John. »Die verlockend duftenden Tentakel fangen Insekten, welche die Pflanze dann verspeist.«

Isabelle schüttelte sich. »Das ist ja noch gräßlicher, als eine Forelle zu Tode zu kitzeln.«

Als sie den Teich erreichten, ließ sich Isabelle auf den Boden fallen und zog in Windeseile Stiefel und Strümpfe aus. Dann raffte sie ihre Röcke und streckte eine Zehe in das Wasser.

»Huch, ist das kalt!« entfuhr es ihr.

»Im Laufe des Sommers erwärmt sich das Wasser«, erklärte ihr John.

Isabelle setzte sich auf einen Felsen und betrachtete die wildromantische Umgebung. Ein verstohlener Blick in Richtung ihres Gatten zeigte ihr, daß er sie mit einer Intensität beobachtete, als sei sie aufregender als die spektakuläre Landschaft. Sie errötete.

»Die Einsamkeit dieser Bergwelt gibt mir jedesmal neue Kraft«, gestand ihr John. »Ich fühle mich wesentlich wohler, wenn ich den Londoner Gesellschaftskreisen den Rücken kehren kann.«

»Ich empfinde das gleiche, wenn ich in Stratford an meinem geliebten Avon sein kann«, erwiderte Isabelle.

»Verglichen mit dem hier ist Stratford eine Weltstadt«, meinte John mit einer ausschweifenden Geste seiner Hand.

»Da stimme ich dir zu.« Isabelle deutete auf das Wasser. »Sieh mal, die beiden Bäche speisen den Teich.«

»Freude und Leid – die Namen der Campbells für diese Bäche – münden in den Teich und trennen sich dann wieder, um zum Loch Fyne und zu Schloß Inverary zu fließen«, erklärte ihr John. »Inverary gehört meinem Cousin, dem Herzog von Argyll.«

»War er auf unserer Hochzeit?« fragte Isabelle.

»Zu meinem Bedauern mußte er absagen, aber sein Sohn war gekommen.«

»Wer war das?«

Schmunzelnd stupste er sie an der Nasenspitze. »Was die Londoner Oberschicht anbelangt, bist du entsetzlich unbedarft. Sein Sohn ist der Marquis von Inverary.« Er deutete auf die winzigen Steinhügel und die Grasnarbe, die die Berge bedeckten. »In der Frühzeit vor den Rodungen verbrachten die Frauen und Kinder der Campbells den Sommer in diesem Tal. Sie schliefen in diesen Steinkegeln, während die Männer sich draußen in Decken hüllten.«

»Wie traurig, wenn Menschen ihre gewohnte Heimat verlieren«, sagte Isabelle.

»Die Geschicke der Welt sind manchmal grausam«, bekräftigte John und warf ihr sein unwiderstehliches Lächeln zu. »Im nächsten Monat werden wir mit Lily hierherkommen. Jedes Jahr im August tauchen an einigen Tagen unzählige Sternschnuppen am Nachthimmel auf.«

»Das wird Lily gefallen.« Isabelle war über die Maßen erfreut, daß ihr Ehemann allmählich Lily als Familienmitglied betrachtete.

»Zieh deine Stiefel an.« John erhob sich vom Boden. »Laß uns umkehren und etwas essen.«

Während John und Isabelle den Rückweg durchs Tal antraten, warf die untergehende Sonne lange Schatten in die Schlucht. Ohne die wärmende Kraft der Sonnenstrahlen wurde es empfindlich kühl im Wald.

In der Hütte beobachtete Isabelle, wie John das Feuer im Kamin anfachte, und sie fand es bewundernswert, daß ein Mann, der in den exklusivsten Londoner Salons zu Hause war, mit Leichtigkeit niedrige Arbeiten wie Feuermachen oder das Versorgen der Pferde beherrschte. Als er den Kessel aus einem der Körbe nahm und damit zum Kamin schlendern wollte, sprang sie auf.

»Das kann ich machen.« Isabelle nahm ihm den Topf aus den Händen. »Hol uns ein paar Eimer Wasser.«

»Bist du sicher?« Unschlüssig blickte er sie an.

»Ich verspreche dir, daß ich dich nicht vergifte.«

Er nickte. »Die Küche gehört dir.«

Isabelle hängte den Kessel mit dem Eintopf an den Haken über dem Kamin und rührte ihn um. Dann ging sie zu den Regalen. Sie nahm zwei Schalen herunter, wischte mit einem Rockzipfel den Staub ab und suchte dann im Vorratskorb nach Brot. Den Laib legte sie zu den Schalen auf den Tisch. Nachdem sie den Eintopf erneut umgerührt hatte, um ein Anbrennen zu verhindern, widmete sie sich den Vorräten in den Satteltaschen.

»Es riecht einfach köstlich«, meinte John beim Betreten der Hütte. Er stellte die Wassereimer neben dem Kamin ab.

Isabelle füllte Eintopf in die beiden Schalen und stellte sie auf den Tisch. »Euer Gnaden, dies ist das erste Mahl, das ich *fast* selbst gekocht habe«, meinte sie mit einem schelmischen Lächeln.

»Ich glaube, daß Aufwärmen genausoviel zählt wie Kochen«, erwiderte er grinsend.

»Ist Aufwärmen alles, was deine kulinarischen Fähigkeiten anbelangt?« wollte sie wissen.

»Eigentlich nicht«, antwortete er zu ihrer Überraschung. »Normalerweise versorge ich mich hier oben selbst. Obwohl ich mich keineswegs für einen Kochkünstler halte. Wie steht's mit dir?«

»Unsere alte Köchin brachte mir alles bei, was sie wußte.« Als Isabelle seinen ungläubigen Gesichtsausdruck bemerkte, verbesserte sie sich. »Oh, also gut. Ich weiß genug, um nicht verhungern zu müssen.«

John grinste über ihr Geständnis. »Alles andere ist so überflüssig wie die Glasur auf einem Kuchen.«

Isabelle erhob sich von ihrem Stuhl und trug ihre leeren Schalen zu den Wassereimern. Dann kehrte sie zurück, um den Tisch abzuwischen.

»Wenn wir nach London zurückkehren, brauchst du eine Zofe«, erklärte John.

Erstaunt blieb Isabelle wie angewurzelt stehen und blickte ihn an. »Wozu denn?«

»Alle Damen von Stand haben eine Zofe«, sagte er. »Vergiß nicht, daß du jetzt eine Herzogin bist.«

»Ich fühle mich aber nicht wie eine Herzogin«, gestand sie. »Ich fühle mich nicht anders als zuvor.«

»Trotzdem wirst du eine Zofe einstellen«, erklärte er. »Andernfalls würdest du mich lediglich in Verlegenheit bringen. Mutter wird dich bei den Einstellungsgesprächen unterstützen.«

Isabelle setzte sich erneut ihm gegenüber. »Was ist mit Molly?« fragte sie.

»Mit wem?«

»Du weißt doch, das Mädchen, das am Berkeley Square Blumen verkauft«, erinnerte sie ihn.

John schüttelte den Kopf. »Molly wäre ungeeignet.«

»Deine Mutter wird mir helfen, sie auszubilden«, wandte Isabelle ein.

»Wir werden sehen.« John grinste sie an. »Ich verwette meinen letzten Penny, daß Molly dein Angebot ausschlägt.«

»Du würdest verlieren, Euer Gnaden.« Isabelles

veilchenblaue Augen funkelten wie Amethyste. »Ich habe Pebbles genug Geld gegeben, daß er ihr bis zum ersten Oktober tagtäglich sämtliche Blumen abkauft.«

Ihr Ehemann schien verblüfft. »Du hast was?«

»Ich sagte, ich habe Pebbles ...«

»Ich habe dich bereits beim erstenmal verstanden«, fuhr John ihr ins Wort. Zu erstaunt, um wütend zu sein, fügte er hinzu: »Isabelle Saint-Germain, du bist immer wieder für eine Überraschung gut.«

Isabelle lächelte. *Isabelle Saint-Germain*. Der Klang dieser Worte gefiel ihr.

Daraufhin erhob sich John. »Ich werde die Pferde über Nacht in den Stall bringen. Nutze die Zeit für deine persönlichen Bedürfnisse.«

Isabelle errötete, denn seine Vertraulichkeit war ihr peinlich. Sicher, sie teilten bereits seit mehreren Wochen ein Bett, aber er hatte das Schlafzimmer immer erst dann aufgesucht, wenn sie sich bereits hingelegt hatte, und morgens hatte er es vor ihrem Aufwachen schon wieder verlassen. Mit Ausnahme des einen Morgens, als sie ihn in seiner schwarzseidenen Unterwäsche ertappt hatte.

»Gütiger Himmel, warum errötest du denn ständig?« meinte John belustigt.

Als er sich zu ihr hinunterbeugte und zärtlich ihre Wange streichelte, bemerkte Isabelle die Erheiterung in seinem Blick. John hob sie vom Stuhl und zog sie in seine Umarmung. Seine Lippen glitten zu ihrem Mund und bedeckten ihn mit einem verzehrenden Kuß, der das süße Versprechen der Liebe besiegelte.

»Ich liebe es, dich zu küssen«, murmelte er rauh.

»Mehr als süße Beeren zu essen?«

Seine Lippen verzogen sich zu einem angedeuteten Grinsen, doch sein Gesichtsausdruck blieb ernst. »Mehr noch, als über die Hügel zu tollen.«

16

Seine Frau begehrte ihn ebensosehr wie er sie.

Das war John klar, sobald er die Tür öffnete und die Hütte wieder betrat. Isabelle hatte das fast durchsichtige Nachtgewand übergestreift, das sie auch in ihrer Hochzeitsnacht getragen hatte. Das Negligé sollte aufreizend wirken, und John war so wahnsinnig erregt, daß es ihm beinahe peinlich war.

Er beschloß, behutsam vorzugehen, denn er wollte diesen Abend und ihre Zweisamkeit genießen.

Nachdem John die Tür geschlossen und den Riegel vorgeschoben hatte, schenkte er ihr sein entwaffnendes Lächeln. Dann schlenderte er durch die Hütte und stellte einen Kübel Wasser auf den Tisch.

»Was hast du denn da?« erkundigte sich Isabelle und gesellte sich zu ihm.

»Ich habe eine Flasche Champagner im Quellwasser gekühlt«, antwortete John.

»Dein Einfallsreichtum ist faszinierend«, bemerkte sie.

»Hoffentlich sind wir in vierzig Jahren immer noch voneinander fasziniert«, erwiderte er, während er die Flasche öffnete und den Champagner in einen Becher goß.

John führte ihn an ihren Mund, und sie nahm einen Schluck. Er trank an der gleichen Stelle, die ihre Lippen berührt hatten.

Nachdem er den Becher auf dem Tisch abgestellt hatte, fixierte er sie mit seinen dunklen Augen und fing an, sich zu entkleiden. Als erstes streifte er seine Stiefel und seine Strümpfe ab und warf sie beiseite.

Dann entledigte er sich seines Hemdes und der Hose, bis er lediglich mit seiner schwarzseidenen Unterhose bekleidet vor ihr stand.

»Sollen wir zu Bett gehen?« fragte John und streckte einladend seine Hand aus.

Isabelle lächelte und ergriff sogleich seine Hand. Statt sie jedoch durch den Raum zu führen, hob John sie hoch und trug sie zum Bett.

»Warte«, meinte Isabelle, bevor er sie auf das Bett legen konnte.

John setzte sie ab. Einen schrecklichen Augenblick lang glaubte er, sie hätte es sich anders überlegt.

Zu seiner Überraschung streifte Isabelle die Träger ihres Nachtkleides von den Schultern. Es sank zu Boden und umschmeichelte ihre Füße. Nun bedeckte nur noch ihr prachtvolles goldenes Haar ihre Blößen.

John verzehrte sie mit seinen Augen. Sein Blick glitt von ihrem bezaubernden Gesicht zu ihren rosigen Brüsten und wanderte dann zu ihrer schmalen Taille, den schlanken, aber dennoch wohlgerundeten Hüften und den anmutigen Füßen.

Als sich ihre Blicke erneut trafen, lächelte ihn Isabelle zärtlich an. Und ihre stumme Einladung war unwiderstehlich.

Isabelle trat näher, schlang ihre Arme um seinen Hals und schmiegte sich an seinen Körper. Dann zog sie seinen Kopf zu sich hinunter und küßte ihn leidenschaftlich.

»Du bist wunderschön«, murmelte John mit rauher Stimme.

Er löste sich von ihren Lippen und hauchte zarte Küsse auf ihren schlanken Nacken. Sein Mund glitt tiefer und umschloß ihre rosigen Brustwarzen. Bei diesem unglaublichen Gefühl stöhnte Isabelle auf.

John kniete sich vor sie, und seine Zunge erforschte

die feuchte Höhle ihrer Weiblichkeit. Als sie erstaunt nach Atem rang und sich ihm zu entwinden versuchte, umschlang er ihre Lenden und hielt sie fest.

Unablässig liebkoste Johns Zunge ihren Venushügel. Von einem ungeahnten Verlangen erfüllt, schrie sie auf.

Daraufhin richtete sich John auf, um sie in seine Arme zu nehmen, doch Isabelle überraschte ihn abermals, als sie mit ihrer Hand zu seinen Brustwarzen glitt. Ihre Lippen folgten ihrer Hand, und John stockte der Atem.

Seinem sanften Drängen folgend, sank Isabelle vor ihm auf die Knie und preßte ihr Gesicht gegen seine Männlichkeit. Sie tastete sich zu seiner schwarzseidenen Unterhose vor, schob sie hinunter und erblickte ihn in seiner ganzen Nacktheit.

Sie nahm seinen Penis in ihren Mund und saugte daran, bis er erigierte. Dann liebkoste sie ihn mit ihrer Zunge und bedeckte die rosige Spitze mit ihren Küssen.

Unfähig, seine Lust noch länger zu bezähmen, zog John sie hoch. Er küßte sie intensiv und verlangend und legte sie dann behutsam auf das Bett.

Ihn mit leidenschaftlichen Blicken verzehrend, breitete Isabelle einladend ihre Arme aus. John spreizte ihre Schenkel und drang ungestüm in sie ein.

Isabelle schrie auf. Unterdrücktes Stöhnen entrang sich ihrer Kehle, und er drang immer tiefer in sie ein. Schließlich erwiderte sie lustvoll jeden seiner heftigen Stöße.

Gemeinsam erreichten sie ihren Höhepunkt. Mit einem lauten Stöhnen ergoß sich John tief in ihren willigen Körper.

Lediglich ihr heftiges Keuchen durchbrach die Stille in der Hütte. Schließlich rollte sich John zur Seite und zog sie mit sich. Er hauchte einen Kuß auf ihre Stirn und betrachtete liebevoll ihren entrückten Gesichtsausdruck.

Mit einem Augenaufschlag, der ihre ganze Zufriedenheit widerspiegelte, blickte Isabelle zu ihm auf und sagte: »Ich liebe diese Pflichten einer Ehefrau.«

John lachte. Er kannte eine ganze Reihe von Umschreibungen für sexuelle Beziehungen, aber *Pflichten einer Ehefrau* gehörte nicht dazu.

»Diese besondere Pflicht eines Ehemannes bereitet mir außerordentliches Vergnügen«, pflichtete ihr John bei, während er ihren Kopf sanft an seine Brust zog. »Schlaf jetzt.«

Isabelle schloß die Augen und schlief sofort ein. Trotz seiner Befriedigung lag John noch lange wach und dachte nach.

Das Problem mit seiner Ehefrau war geklärt, dachte er bei sich. Was blieb, war Lily Dupré. Was sollte er nur unternehmen? Isabelle hing sehr an der Kleinen, und wenn er ehrlich war, ging es ihm nicht anders. Seine Gedanken schweiften nach London ab, und er überlegte, ob Ross irgend etwas Neues über Lilys Eltern in Erfahrung gebracht haben mochte.

Und dann war da noch dieser Mordversuch. Er konnte einfach nicht glauben, daß William Grimsby ihn so sehr haßte, daß er ihm den Tod wünschte, und deJewell war einfach zu feige, als daß man ihn hätte in Erwägung ziehen können. Nun, er hatte sicherlich unzählige Feinde, Geschäftsleute, die aufgrund seines Erfolgs Verluste hinnehmen mußten. Hier im schottischen Hochland war er außerhalb ihrer Reichweite. Wenn er wieder in England war, würde er sich mit diesem Attentäter auseinandersetzen.

Erschöpft und zufrieden schloß John die Augen und schlummerte neben seiner Frau ein.

»Wach auf, mein Schatz.«

Isabelle vernahm diese Worte, hielt ihre Lider jedoch noch einen Augenblick geschlossen. Die rauhe Stimme ihres Ehemanns jagte ihr einen wohligen Schauer über den Rücken, und ein unmerkliches Lächeln umspielte ihre Lippen.

Als sie die Augen öffnete, blinzelte sie aufgrund des hellen Sonnenlichts, das durch das Fenster neben dem Bett einfiel. Sie blickte zu ihrem Gatten, der auf dem Bettrand hockte.

»Guten Morgen.« John hielt eine Schale in seinen Händen, deren Inhalt köstlich duftete. »Ich habe dir Haferbrei gekocht.«

Isabelle setzte sich auf und lehnte sich gegen das Kopfende des Bettes. Mit einem Laken ihre Blößen bedeckend, strich sie mit ihrer anderen Hand einige widerspenstige goldblonde Haarsträhnen aus dem Gesicht.

Bis auf seine schwarzseidene Unterwäsche war John nackt. Isabelle spürte ein prickelndes Gefühl in der Magengegend, als sie an die zärtlichen Stunden der vergangenen Nacht erinnert wurde.

»Das ist der Hunger«, meinte John trocken, als könne er ihre Gedanken erraten.

Errötend griff Isabelle nach der Schale. Als sie den Löffel zum Mund führte, glitt die Decke bis zu ihrer Taille hinunter.

Ihre rosig überhauchten Wangen nahmen eine dunkelrote Färbung an. Bevor sie die Bettdecke hochstreifen konnte, streichelte Johns Hand ihre Brüste. Ihre Brustwarzen wurden steif vor Verlangen, und sie sog geräuschvoll den Atem ein.

»Mein Schatz, dafür ist später noch Zeit«, neckte John sie. »Möchtest du wissen, wie man Hafermehlkuchen zubereitet?«

Isabelle nickte. »Wo ist mein Negligé?«

John blickte sich um. Sein schwarzer Seidenmorgenmantel lag in der Nähe, und er hob ihn vom Boden auf. »Nimm das.« Daraufhin erhob er sich vom Bett und schlenderte zur Tür. »Als erstes werde ich die Pferde versorgen.«

Isabelle stellte die Schale mit Haferbrei beiseite und schlüpfte in seinen Morgenmantel. Einen Augenblick lang sog sie seinen würzigen Duft ein, dann wusch sie Hände und Gesicht in einem der mit eiskaltem Wasser gefüllten Kübel. Als ihr Ehemann zurückkehrte, saß sie am Tisch und verzehrte ihr Frühstück.

»Am besten lernt man, wenn man es gleich selbst versucht«, erklärte ihr John. »Also folge sorgfältig meinen Anweisungen.«

Isabelle nickte. »Selbstverständlich.«

»Ich habe bereits den Bratrost erhitzt, den du da oben siehst«, meinte er. »Überprüfe die Temperatur, paß aber auf ...«

Isabelle berührte den Rost mit ihrem Finger und schrie vor Schmerz auf.

John sprang zu ihr, packte ihre Hand und tauchte sie in einen der Wasserkübel. »Ich wollte gerade darauf hinweisen, daß du ihn nicht anfassen darfst. Zwischen deiner Hand und dem Bratrost muß immer ein kleiner Zwischenraum bleiben.« Er hob ihre Hand aus dem Wasser und untersuchte diese. »Ich backe die Hafermehlkuchen. Sieh mir einfach nur zu.«

Gebannt beobachtete Isabelle, wie ihr Ehemann die Kuchen zubereitete. Wer hätte gedacht, daß der umtriebige Herzog von Avon auch in der Küche zu Hause war? Oder daß er schwarzseidene Unterwäsche trug?

»Weißt du, so langsam fehlt mir Lilys Geschnatter«, bemerkte John, als sie am Tisch die von ihm gebackenen Kuchen verspeisten.

Isabelle lächelte, erfreut über die Zuneigung, die ihr Gatte hinsichtlich seiner Tochter zeigte. »Mir fehlt sie ebenfalls«, erwiderte sie. »Möchtest du umkehren, um sie zu sehen?«

»Bis zu unserer Rückkehr wird Juniper sicherlich hervorragend für sie sorgen«, meinte er ablehnend. »Komm zu mir.«

Als sie aufstand und um den Tisch herumging, zog John sie auf seinen Schoß und küßte sie. »Und was möchtest du heute tun?« fragte er. »Die ersten reifen Beeren pflücken? Oder über die Hügel tollen?«

Isabelles Blick wanderte zu dem zerwühlten Bett.

»Das könnten wir auch tun«, meinte sie mit vergnügter Miene.

Diese Woche ihres Eheglücks verging viel zu schnell für John und Isabelle. Sie genossen jeden Augenblick ihrer Zweisamkeit. Ein Regentag gehörte zu Isabelles liebsten Erinnerungen, denn die Spiele in der Einsamkeit der Hütte gefielen ihr am besten.

Am Tag ihrer Abreise blieben die beiden den ganzen Morgen im Bett. Erst als die Sonne bereits hoch am Himmel stand, brachen sie zu Schloß Kilchurn auf. Sie ritten durch den herrlichen Wald mit seinen jahrhundertealten Bäumen und den riesigen Farnen. Viel zu rasch erreichten sie die Lichtung und die weiten Ebenen voller violett blühender Heide.

Als sie auf einer Anhöhe angelangt waren, hatten sie einen atemberaubenden Blick auf Loch Awe. Mit seinen kleinen Inseln und dem sich darüber auftürmenden Ben Cruachan erschien ihnen Loch Awe wie das Paradies auf Erden und Kilchurn Castle wie ein verzaubertes Schloß.

Isabelle hatte das Gefühl, als sei sie nach Hause zurückgekehrt. Zum erstenmal in ihrem Leben war sie von einer liebenden Familie umgeben. Sie konnte es kaum erwarten, Lily, Giselle, Juniper und Dobbs wiederzusehen.

Sobald John und Isabelle ihre Pferde zum Stehen gebracht hatten, erschien wie aus dem Nichts eine kleine Armee von Lakaien. John sprang von seinem Pferd und half Isabelle beim Absitzen.

»Ihr seid zurückgekehrt!«

Als Isabelle sich umdrehte, stürmte Lily auf sie zu. Sie ging in die Hocke und schloß das kleine Mädchen in ihre Arme, das sie umarmte, als wolle sie Isabelle nie wieder loslassen.

»Oh, ich hatte solche Angst, daß ihr nie wieder zu mir zurückkehren würdet!« schrie Lily.

»Ich würde dich niemals verlassen«, versicherte ihr Isabelle und drückte sie an sich. »Hast du uns sehr vermißt?«

Lily nickte. Dann schmiegte sie sich eng an Isabelle und fügte flüsternd hinzu: »Dobbs und Juniper haben keine Ahnung vom Reiten. Sie bestanden darauf, daß ich die Finger von den Ponys ließ.«

John und Isabelle grinsten sich an.

»Willkommen daheim, Eure Hoheiten«, begrüßte sie Dobbs.

»Willkommen daheim«, schloß sich Juniper an.

»Danke, es ist schön, wieder zu Hause zu sein«, meinte Isabelle. Mit einem schiefen Seitenblick auf Lily fügte sie hinzu: »Seine Gnaden und ich sind sehr hungrig. Hoffentlich hast du unser Abendessen noch nicht verspeist.«

»Nein, wir haben auf euch gewartet«, entgegnete die Kleine.

Mit Lily in ihrer Mitte schlenderten John und Isabelle in die Halle und nahmen den direkten Weg zum Speiseraum. Dobbs und Juniper folgten ihnen, um ihren hauswirtschaftlichen Pflichten nachzugehen.

Mehrere Lakaien servierten ihnen Fleischragout und Gemüsesalat. Zum Dessert gab es eine schottische Süßspeise.

»Hattet ihr viel Spaß?« wollte Lily wissen, die die beiden nicht eine Sekunde lang aus den Augen ließ.

»Ganz gewiß«, erwiderte Isabelle. »Im nächsten Monat wird Seine Gnaden uns *beide* mit auf die Hütte nehmen.«

Vor Begeisterung klatschte Lily in die Hände und wandte sich dann an John. »Was habt ihr denn in der Hütte gemacht?«

Bevor er antwortete, warf John seiner Frau ein verstohlenes Lächeln zu. »Wir haben viele lustige Dinge gemacht.«

»Lady Belle, du mußt krank sein«, warf Lily ein. »Dein Kopf ist schon ganz rot.«

Daraufhin kicherte John, und Isabelle warf ihm einen entrüsteten Blick zu. »Ich bin lediglich müde«, erklärte sie dem Mädchen.

»Dann gehst du besser zu Bett.«

»Das ist es ja, was sie so ermüdet hat«, meinte John anzüglich.

»Verdammt«, fluchte Lily. »Schlaf hat noch keinen ermüdet.«

Jetzt warf Isabelle ihrem Gatten einen vernichtenden Blick zu. Er zuckte nur die Schultern und runzelte die Stirn.

Einige Zeit später brachte Isabelle das Mädchen auf sein Zimmer und ging dann umgehend in ihr eigenes Schlafgemach. Gütiger Himmel, war sie erschöpft. Und glücklich. Sie streifte ihr Nachtgewand über, bürstete sich jedoch nicht einmal mehr ihr Haar, sondern schlüpfte sogleich ins Bett.

»Also waren deine Flitterwochen schöner als jeder Wunschtraum«, sagte Giselle, die wie aus dem Nichts an ihrem Bettrand auftauchte. »Weiß Seine Gnaden schon von dem Baby?«

Völlig verwirrt blickte Isabelle ihren Schutzengel an. »Von welchem Baby?«

»Im nächsten Frühling wirst du dein eigenes Kind gebären«, erklärte die alte Frau.

»Das kann ich einfach nicht glauben«, erwiderte Isabelle.

»Habe ich dich jemals angelogen?«

Isabelle schüttelte den Kopf.

»Habe ich mich mit meinen Prophezeiungen jemals geirrt?«

Erneut schüttelte Isabelle den Kopf.

»Vertrau mir, mein Kind«, sagte Giselle. »In einem Jahr wirst auch du Mutter sein.«

Bei dem Gedanken an ein eigenes Kind strahlte Isabelle vor Freude. In einem Jahr würde sie die Mutter zweier Kinder sein: von Lily und … »Wird es ein Junge oder ein Mädchen?«

Giselle zuckte die Schultern.

»Du weißt es doch genau« hakte Isabelle nach. »Halte mich nicht zum Narren.«

»Vermutungen über das Geschlecht des Babys gehören einfach dazu«, erklärte die Alte. »Dieses Vergnügen würde ich dir niemals nehmen wollen.«

»Wahrscheinlich soll ich dir jetzt auch noch dankbar sein«, erwiderte Isabelle ironisch.

»Da kommt dein Prinz.« Fluchtartig war Giselle verschwunden.

Die Schlafzimmertür flog auf, und John trat ein. Als erstes schlenderte er zum Bett und hauchte Isabelle einen zärtlichen Kuß auf die Lippen. Offenbar war er von ihrer Reaktion enttäuscht, denn er neckte sie grinsend: »Ich bin auch nur ein Mensch, der sich jetzt ausziehen muß.«

Isabelle errötete. Ihre Verlegenheit hielt sie allerdings nicht davon ab, ihren Gatten zu beobachten, als dieser sich bis auf seine schwarzseidene Unterhose entkleidete.

»Immer wenn ich Lily betrachte, stelle ich mir dich als junges Mädchen vor«, meinte John und schlüpfte ins Bett. »Weißt du, ich könnte sie selbst dann nicht inniger lieben, wenn ich tatsächlich ihr leiblicher Vater wäre.«

»Ich liebe sie ebenfalls«, gestand Isabelle und musterte ihn aus schimmernden, amethystfarbenen Augen. »Wie konnte Lisette sie nur im Stich lassen?«

John streichelte ihre Wange. »Ich habe beschlossen, Lily im Anschluß an unsere Rückkehr nach London zu adoptieren, so daß sie uns niemand – nicht einmal Lisette – wieder wegnehmen kann.«

Isabelle stützte sich auf ihre Ellbogen, um ihn zu betrachten. Sie senkte ihre Lippen auf die seinen und legte ihre ganze Liebe in diesen einen, leidenschaftlichen Kuß.

»Leg dich schlafen, mein bezauberndes Veilchen im Schnee«, sagte John, als sie sich aufrichtete und ihn liebevoll anlächelte.

»Ich will aber nicht schlafen.«

»Aber ich«, erwiderte er. »Gütiger Himmel, mir war nie bewußt, wie anstrengend das Glück doch sein kann.«

Isabelles Handfläche glitt über seinen Körper bis hin zu seiner Männlichkeit. »Meinst du, es gelingt dir, noch einen kurzen Augenblick wach zu bleiben?« fragte sie, während ihre Finger seine schwarze Seidenunterhose streichelten.

Voller zärtlicher Leidenschaft drehte John sie auf den Rücken. Dicht an sie geschmiegt, meinte er: »Ich glaube, das ließe sich machen.«

Bei Tagesanbruch erwachte John. Da er einen morgendlichen Ausritt im Sinn hatte, stand er auf, kleidete sich schweigend an und verließ den Raum.

Im Erdgeschoß durchschritt John den Flur, der zu den Bereichen des Schlosses führte, wo sich die Stallungen befanden. Nur mit einem Morgenmantel bekleidet, stand Mrs. Juniper mitten in dem langen Korridor vor der Kapelle. Ihre Gegenwart überraschte ihn, doch als er näher kam, legte das Kindermädchen einen Finger an ihre Lippen, um ihn zum Schweigen zu gemahnen, und deutete dann auf die geöffnete Kirchentür.

Als John hineinblickte, erspähte er Lily. Das kleine Mädchen hatte gerade den Altar am Ende des Kirchenschiffs erreicht und kniete nieder.

»Was macht sie da?« wollte John mit gesenkter Stimme wissen.

»Lily bestand darauf, daß sie ein Zwiegespräch mit Gott führen müsse«, flüsterte Mrs. Juniper.

John verdrehte die Augen und blieb wie angewurzelt im Portal stehen. Er wollte sich gerade zurückziehen, als er die Stimme der Kleinen vernahm.

»Gott?« fragte Lily, und ihre Stimme erfüllte den stillen Raum. »Bist du da, lieber Gott?«

John spürte, wie sich seine Mundwinkel zu einem Grinsen verzogen. Er betrat die Kapelle und lauschte.

»Ich bin es, Lily.«

Schweigen.

»Lily Dupré!«

John biß sich auf die Unterlippe, um sich ein Lachen zu verkneifen. Das Mädchen war unterhaltsamer als eine Theatervorstellung.

»Ich weiß, was du denkst, lieber Gott, aber ich bin wirklich nicht gekommen, um dich um irgend etwas zu bitten.« Dann verbesserte sie sich. »Ein Pony wäre natürlich schön, aber ich kann auch ohne ein Pony leben ... *wenn es sein muß*. Ich bin gekommen, um dir zu danken, daß du meine Gebete erhört hast. Erinnerst du dich noch an all die Abende, an denen ich dich um einen Vater bat?«

John wurde ernst und betrat auf leisen Sohlen das Kirchenschiff. Kurz vor dem Altar blieb er stehen.

»Ich danke dir, lieber Gott, daß du mir einen wunderbaren Vater geschickt hast – auch wenn ich ihn mit Euer Gnaden anreden muß.« Lily streckte ihre gefalteten Hände vor. »Ich beklage mich nicht, aber ...« Sie zauderte, als wolle sie nur ungern mehr verlangen.

John trat zu ihr. Er kniete sich neben sie vor den Altar, sah sie jedoch nicht an, obwohl er spürte, daß ihr Blick auf ihm ruhte.

»Gott, hörst du mich?« rief John und lauschte dann.

Lily beugte sich dicht zu ihm und flüsterte: »Mach dir keine Sorgen, Euer Gnaden. Er hört dich.«

Ernsthaft nickend fuhr John fort: »Gott, ich bin hier, um dir dafür danken, daß du mir eine wunderbare Tochter geschenkt hast – ich wünschte nur, sie würde Papa zu mir sagen.«

Vor Freude jauchzend, warf sich Lily in seine Arme. »Mein Papa«, rief sie und berührte seine Wange mit ihren Fingern.

John grinste. »Darf ich dich Lily nennen?«

»Ja, das darfst du«, antwortete sie heftig nickend. »Meinst du, Lady Belle erlaubt, daß ich Mama zu ihr sage?«

»Ja, das darfst du.« Die Stimme drang aus dem Hintergrund der Kapelle.

Lily wirbelte zu Isabelle herum. Sie ließ ihren Vater los, rannte durch das Kirchenschiff und umarmte sie. Plötzlich runzelte die Kleine die Stirn und fragte voller Besorgnis: »Was ist mit Lisette?«

»Du hast jetzt zwei Mütter«, antwortete Isabelle. »Komm und setz dich zu mir.« Sie führte das Mädchen zur hintersten Kirchenbank und ließ sich dort nieder. »Wenn wir nach London zurückkehren, wird dich dein Papa adoptieren. Das bedeutet, daß ihr den gleichen Namen tragen werdet.«

»Dann heißt du auch Lily?« fragte sie ihn.

Lachend erklärte ihr John: »Nein, mein Schatz, du heißt dann Lily Saint-Germain, weil mein Name John Saint-Germain lautet.«

Lily schien bestürzt. »Und was ist mit Dupré?«

»Nach dem Frühstück wird dir deine Mutter alles erklären«, meinte John. Dann blickte er zu Isabelle. »Was hat dich denn am frühen Morgen hierhergeführt?«

»Ein Engel teilte mir mit, daß ich zur Kapelle eilen sollte, wenn ich Zeugin eines Wunders werden wollte«, erwiderte Isabelle.

»Soso, ein Engel?« John verdrehte die Augen.

»Lily, dein Vater ist ein Skeptiker«, erklärte Isabelle der Kleinen.

»Was ist das?«

»Er glaubt nicht an Engel.«

»Das ist aber nicht nett von dir«, meinte Lily scherzhaft und drohte mit dem Finger.

»Ich bitte um Vergebung«, erwiderte John, der sich das Lachen verkniff. »Ich verspreche euch, daß ich mir Mühe geben werde, an das Absurde zu glauben.«

»Was bedeutet das jetzt wieder?« wollte Lily wissen.

»Das bedeutet, daß er weniger Intelligenz als eine Ratte besitzt«, entgegnete Isabelle.

»Gnade dir Gott«, sagte John, indem er einen ihrer Lieblingssätze übernahm.

Isabelle strahlte ihn an. »Besagter Engel hat mir ebenfalls mitgeteilt, daß ich im nächsten Frühling ein Baby bekomme.«

John grinste, und seine dunklen Augen glänzten vor Freude und Unglauben. Er beugte sich über die Kirchenbank, hauchte ihr einen Kuß auf die Lippen und murmelte: »Wenn das stimmt, mein Schatz, dann werde ich die Existenz von Engeln nie wieder in Zweifel ziehen.«

17

An jenem Septembermorgen war John zeitig aufgestanden, hatte sich in das Büro seiner Stadtresidenz begeben und blickte nun aus dem Fenster in den Park. Grinsend dachte er daran, daß die von seiner Frau so oft zitierte alte Köchin vermutlich behaupten würde, daß die Geister der Blumen und Bäume in seinem Garten einen Reigen tanzten.

Der Herbst hatte den Park in ein leuchtendes Farbenmeer verwandelt. Neben den natürlichen Orange-, Gold- und Rottönen der Blätter hatte sein Gärtner den Garten in ein Paradies auf Erden verwandelt, in dem seine beiden Engel – Isabelle und Lily – ungestört spielen konnten.

Johns Gedanken schweiften zu seiner schwangeren Frau im Obergeschoß, und er überlegte zum hundertstenmal, ob sie tatsächlich einen Schutzengel besaß. Ihre Prophezeiung, daß sie ein Kind erwartete, hatte sich bewahrheitet. Nach seiner katastrophalen Ehe mit Lenore hatte er sich niemals vorstellen können, daß eine schwangere Frau glücklich war, doch Isabelle bewies ihm das Gegenteil. Deshalb liebte er sie. Und sie liebte ihn. Ihre Liebe äußerte sich in jedem Wort, jedem Blick, jeder Berührung.

Isabelle hatte es verdient, daß er ihr seine Liebe gestand. Wenn Juniper Lily am Abend zu Bett gebracht hatte, würde er seiner Frau erklären, daß er sie liebte, und dann würde er sie ins Bett tragen und ihr zeigen, wie sehr.

Joy sans fyn, mein Schatz, dachte John. *Unendliches Glück.*

»Guten Morgen, Euer Gnaden.«

Beim Klang der Stimme seines Bruders drehte John sich um. Ross wirkte wie ein heruntergekommener Kater nach einer schlaflosen Nacht. Er hatte sein schwarzes Abendjackett nachlässig über die Schultern gehängt, seine Krawatte gelöst und die obersten Hemdknöpfe geöffnet. Ganz offensichtlich war sein Bruder in der vergangenen Nacht nicht zu Hause gewesen.

John musterte seinen Bruder von Kopf bis Fuß. »Hoffentlich war sie es wert, deine Gesundheit zu ruinieren«, meinte er trocken.

»Die Dame war jeden Augenblick meines Lebens wert«, erwiderte Ross grinsend. Er setzte sich in den Sessel gegenüber dem Schreibtisch, goß sich einen ordentlichen Whisky ein, prostete John zu und leerte ihn in einem Zug.

»Meinst du nicht, daß es noch recht früh für so etwas ist?« fragte John.

»Da ich noch nicht im Bett war, ist es eher spät.« Auf einmal grinste Ross wie ein durchtriebener Junge. »Hm, ich will es einmal so nennen: Ich war zwar im Bett, habe aber nicht geschlafen.«

Daraufhin mußte John grinsen. »Woher wußtest du, daß ich nach London zurückgekehrt bin?«

»Gestern abend traf ich Lord Pennick im White's Club«, erklärte ihm Ross. »Er fuhr gerade durch die Park Lane, als deine Kutschen entladen wurden.«

»Hast du etwas von Jamie und Miles gehört?«

»Nein, aber ich glaube, sie sind auf der Heimreise, andernfalls hätten wir Nachricht erhalten«, erwiderte Ross.

»Da stimme ich dir zu«, meinte John. »Ich bin gespannt auf Montgomerys Reaktion, wenn er erfährt, daß ich seine Schwester geheiratet habe.«

Schulterzuckend meinte Ross gedehnt: »Ich bin sicher, daß Montgomery dich mit offenen Armen in seiner Familie aufnehmen wird.«

»Montgomery wird mich mit offenen Armen aufnehmen müssen, da ich der Vater des von seiner Schwester erwarteten Kindes bin«, sagte John und grinste dann über den verblüfften Gesichtsausdruck seines Bruders.

»Herzlichen Glückwunsch.« Ross erhob sich, um seinem Bruder die Hand zu schütteln. Er goß zwei Gläser Whisky ein, reichte eines seinem Bruder und prostete ihm mit den Worten zu: »Auf meinen zukünftigen Neffen oder meine Nichte. Möge er oder sie gesund, glücklich und erfolgreich sein.«

John hob sein Glas und nahm einen Schluck. »Also dann, Bruderherz. Haben die Nachforschungen hinsichtlich meines Attentäters irgend etwas ergeben?«

»Einer der Ermittlungsbeauftragten wird mir am späten Vormittag Bericht erstatten. Ich lasse dich wissen, was er herausgefunden hat.«

»Was ist denn während meiner Abwesenheit in London vorgefallen?«

»Ich fange mit deinen unseligen Schwägerinnen an«, erklärte Ross. »Lobelia plant ihre Hochzeit, aber Hancock ist sich nach wie vor unschlüssig, welche Gefühle er Rue entgegenbringt.«

»Ich habe Hancock eine Nachricht zukommen lassen, daß er mich später aufsuchen soll«, bemerkte John. »Ich verspreche dir, daß Rue noch heute abend einen Antrag erhält.«

»Nicholas deJewell ist seit deiner Hochzeit Dauergast im Haus der Montgomerys«, fuhr Ross fort.

»Der Mann ist ein hinterhältiges Wiesel«, meinte John. »Was ist mit William Grimsby?«

»Er macht sich rar«, erwiderte Ross. »Gelegentlich

sehe ich ihn gemeinsam mit deJewell bei White's, wo sie ihre Köpfe zusammenstecken.«

John grinste. »Der Verliererclub?«

»Ihre Kameradschaft sollte man nicht auf die leichte Schulter nehmen«, warnte ihn Ross. »Ich verwette meinen letzten Penny, daß sie irgend etwas gegen die Saint-Germains im Schilde führen.«

Mit einer beiläufigen Handbewegung tat John diese Bemerkung ab.

»Lisette ist nach London zurückgekehrt«, sagte Ross.

John richtete sich kerzengerade in seinem Sessel auf. »Und?«

»Ich habe dieser Hexe fünfhundert Pfund dafür gezahlt, daß ich die Geburtsurkunde der Kleinen einsehen durfte«, erklärte Ross, »aber Lisette hat niemanden als Vater angegeben.«

»Gut, das bedeutet also, daß sie käuflich ist.«

Ross warf ihm einen verständnislosen Blick zu. »Das verstehe ich nicht.«

»Ich habe beschlossen, Lily zu adoptieren«, erklärte ihm John. »Lisettes Einverständnis wird die Sache erleichtern.«

»Aber du weißt doch gar nicht, ob du der Vater des Mädchens bist«, wandte Ross ein.

»Lily ist meine Tochter, ob ich sie nun gezeugt habe oder nicht«, erwiderte John mit einem vernichtenden Blick in die Richtung seines Bruders.

»Also, verflucht noch mal.« Ross brach in schallendes Gelächter aus. »Ich unterstütze deine Entscheidung voll und ganz und werde Lily – nicht wahr? – die Zuwendung geben, die meiner Nichte gebührt.«

»Ich danke dir, Bruderherz. Geh jetzt nach Hause und leg dich schlafen.« John erhob sich. »Ich habe meiner Familie eine morgendliche Kutschfahrt durch den

Hyde Park versprochen. Isabelle will die Gesellschaft dazu zwingen, Lily zu akzeptieren.«

Ross stand auf und schlenderte zusammen mit seinem Bruder zur Tür. »Ich komme heute nachmittag wieder und lasse dich die Neuigkeiten wissen.«

John nickte. Gemeinsam verließen die beiden Saint-Germains das Arbeitszimmer. Als sie die Eingangshalle betraten, kamen Isabelle und Lily – gekleidet für ihre Spazierfahrt – die Treppe hinunter.

»Guten Morgen«, rief Isabelle.

»Guten Morgen«, ahmte Lily sie nach.

»Meinen Glückwunsch.« Ross führte Isabelles Hand an seine Lippen. »Ich habe gerade die gute Nachricht erfahren.«

Isabelle strahlte. »Danke, Mylord.«

Fragend musterte Ross die Kleine. »Erinnerst du dich noch an mich?«

Lily schüttelte den Kopf.

»Ich bin dein Onkel Ross«, erklärte er ihr.

»Oh, ich bin ja so glücklich!« Begeistert klatschte Lily in die Hände. »Ich habe einen Onkel.«

Ross grinste. »Du hast sogar zwei Onkel.«

»Drei Onkel«, berichtigte ihn Isabelle.

»Du hast auch noch zwei Stieftanten, eine Großtante, eine Großmutter, eine Stiefgroßmutter und Hunderte von Cousins und Cousinen«, fügte John hinzu.

»Gütiger Himmel, die Eingangshalle ist überfüllt«, entfuhr es Ross.

Lily lachte und erklärte ihm dann: »Im nächsten Frühjahr bekomme ich einen Bruder und eine Schwester.«

»Nein, Schätzchen, einen Bruder *oder* eine Schwester«, korrigierte Isabelle.

»Wo ist da der Unterschied?« wollte Lily wissen.

Die drei Erwachsenen lachten.

»Ich habe auch noch Juniper und Dobbs«, erklärte Lily ihrem Onkel.

»Und was ist mit mir?«

Zum Erstaunen der beiden Männer wandten Isabelle und Lily schlagartig ihre Köpfe zur Treppe, als hätte ihnen von dort jemand zugerufen.

»Ich habe auch noch Giselle«, verbesserte sich Lily und wandte sich erneut an Ross, »aber ihr könnt sie nicht auf der Treppe sehen, weil sie ein Engel ist.«

»So ist es schon besser«, meinte Giselle.

Während Lily sprach, sah John seine Frau strafend an, doch diese wich seinem Blick aus. Offenbar wirkte Isabelles Exzentrik ansteckend auf das Mädchen. Der Kleinen stand noch eine schwere Zeit bevor, wenn sie von der Gesellschaft akzeptiert werden wollte. Sie mußte sich nicht auch noch die unangenehme Angewohnheit zu eigen machen, mit Engeln zu reden.

»Bist du bereit für unsere Kutschfahrt durch den Park?« fragte Isabelle das kleine Mädchen, um das Thema zu wechseln.

Lily nickte.

»Gut gemacht, Schwägerin«, meinte Ross. Er blickte zu der Kleinen. »Es war mir ein Vergnügen, dich wiederzusehen, und ich verspreche dir, daß ich dich schon bald wieder besuche.«

»Und wie soll ich dich nennen?« fragte ihn Lily.

»Onkel Ross, natürlich.« Mit diesen Worten verließ er das Anwesen seines Bruders.

»Gallagher hat die Kutsche vorfahren lassen«, bemerkte John. »Sollen wir aufbrechen?«

»Ich kann einfach nicht glauben, was für eine große Familie ich habe«, meinte Lily beim Verlassen des Hauses. »Das einzige, was mir noch fehlt, ist ...«

»Ist was, Schätzchen?« bohrte John.

»Ein Pony.«

»Darf ich dir ein Geheimnis anvertrauen?«

»Ich liebe Geheimnisse«, entfuhr es Lily.

»Wie die meisten Frauen«, erwiderte John mit einem vielsagenden Blick auf seine Gattin. »Während wir hier in London sind, wird dein Pony nach Avon Park gebracht und erwartet dich dort, wenn wir nach Hause kommen.«

»Dann laß uns sofort nach Hause fahren«, forderte die Kleine.

John lachte. »Ich muß erst die Unterzeichnung einiger überaus wichtiger Papiere abwarten. Hast du noch einige Tage Geduld?«

Lächelnd nickte Lily.

Dieser Herbstmorgen hatte eine ganz besondere Ausstrahlung. Den blauen Himmel schmückten vereinzelte weiße Schäfchenwolken. Die Sonnenstrahlen waren warm, und der Park war in ein Kaleidoskop prächtiger Farben getaucht.

»Wilhelm der Dritte ließ dreihundert Lampen an den Bäumen über der *route de roi* anbringen. Das ist die Straße, über die wir gerade fahren«, erklärte ihnen John. »Rotten Row war die erste Straße im ganzen Land, die über nächtliche Beleuchtung verfügte.«

»Das wußte ich nicht«, meinte Isabelle.

»Ich auch nicht«, mischte sich Lily zu ihrer Belustigung ein.

»Das Licht sollte nach Ansicht des Königs Straßenräuber abschrecken«, fuhr John fort.

»Was ist ein Straßenräuber?« fragte Lily.

»Straßenräuber sind Halunken«, erklärte ihr John. »Ich wette, du hast nicht gewußt, daß hier in diesem Park Hunderte von Duellen stattgefunden haben.«

»Was ist ein Duell?« wollte Lily wissen.

»Gelegentlich treten unter den adligen Herren Mißverständnisse auf«, begann John. »In einem solchen Fall bringen sie ihre Pistolen mit in den Park und ...«

»Dieses Gesprächsthema ist für ein Kind ungeeignet«, unterbrach ihn Isabelle. »Ich kann nicht verstehen, warum Männer ständig versuchen, Meinungsverschiedenheiten gewaltsam zu lösen. Das würden Frauen niemals tun.«

John bedachte sie mit einem belustigten Blick. »Das hat damit zu tun, daß Frauen ...«

»Die besseren Menschen sind?« fuhr ihm Isabelle ins Wort.

»Guten Morgen, Euer Gnaden«, ertönte eine Stimme hinter ihnen. »Welch vollkommenes Bild holden Familienlebens ihr drei doch abgebt.«

John wandte den Kopf und erblickte William Grimsby hoch zu Roß neben ihrem Landauer. Er betrachtete seine Frau, die den blonden Grafen anfunkelte. Bei dem Gedanken an die vielen guten Taten, die sie verrichten mußte, um den schwarzen Stein auszugleichen, den ihr die unverhohlene Verärgerung gerade einhandelte, mußte er innerlich schmunzeln.

»Und wen haben wir da?« fragte Grimsby, während er das kleine Mädchen mit seinen blauen Augen fixierte.

»Guten Morgen, William«, meinte John mit einem herablassenden Grinsen, das die vorgetäuschte Unwissenheit seines Gegenübers entlarvte. »Das ist Lily, meine zukünftige Adoptivtochter.«

Grimsbys aufgesetztes Lächeln wich einem verärgerten Stirnrunzeln. Offenbar gönnte ihm dieser Mann keine glückliche Sekunde.

»Wenn wir nach Hause zurückkehren, schenkt mein Vater mir ein Pony«, sagte Lily in ihrem kindlichen Übermut. »Und im nächsten Frühling schenkt meine Mutter mir einen Bruder und eine Schwester.«

»Einen kleinen Bruder *oder* eine kleine Schwester«, korrigierte Isabelle. »Schon vergessen?«

Grimsbys Blick wanderte zu Isabelle, die ihm freudestrahlend zu verstehen gab: »Ich bin überaus glücklich.«

»Meinen Glückwunsch, Euer Gnaden.« Grimsbys Blick schweifte zu John. Er griff in die Zügel seines Pferdes und wandte sich an Isabelle. »Genauso hat er auch meine Schwester umgebracht.« Daraufhin galoppierte Grimsby davon.

»Das wird ihm noch leid tun!« zischte John, während er dem davonpreschenden Mann nachsah. Wie konnte er es wagen, seine schwangere Frau zu beängstigen!

»Beruhige dich, Liebster«, sagte Isabelle und tätschelte seine Schulter. »Grimsby ist ein unglücklicher Mensch mit einer bösen Zunge, aber er stellt keine echte Bedrohung für uns dar.«

Langsam fand John zu seiner Beherrschung zurück. Schließlich nickte er Isabelle zustimmend zu.

»Ich mag den Grafen nicht«, meinte Lily.

»War er der Mann, der dich nach Avon Park gebracht hat?« wollte John wissen.

Lily schüttelte den Kopf. »Nein, er hat mich zu euch gebracht.«

John prustete los. Er legte seinen Arm um das Kind und hauchte ihm einen Kuß auf die Stirn. »Lily, du bist unverbesserlich.«

Lily strahlte vor Freude. »Danke, Papa.«

»Was ist mit mir?« fragte Isabelle.

John grinste. »Du bist unvergleichlich.«

»Danke, mein Göttergatte.«

»Gern geschehen, Eheweib.«

»Bitte nehmen Sie doch Platz, Baron Keswick.« John deutete mit einer Hand auf den vor seinem Schreibtisch stehenden Sessel.

»Danke, Euer Gnaden.« Charles Hancock setzte sich und musterte ihn voller Anspannung.

»Möchten Sie einen Whisky?« fragte John, während er nach der Kristallkaraffe und den beiden Gläsern griff, die auf einem Silbertablett bereitstanden.

»Ja, Euer Gnaden. Selbstverständlich, wenn es Ihnen nichts ausmacht, Euer Gnaden.«

Dieser hier ist ein noch größerer Idiot als Spewing, schoß es John durch den Kopf. Er schenkte zwei Whisky ein und reichte dem Baron ein Glas. »Auf Ihre erfolgreiche Zukunft«, prostete er seinem Gegenüber zu.

»Und auf die Ihre, Euer Gnaden.«

»Ich würde gern Ihre Absichten hinsichtlich Rue erfahren«, sagte John und fixierte den jüngeren Mann mit einem so durchdringenden Blick, als wolle er ihn in seinem Sessel festnageln.

»Ich ... ich hege überaus ehrbare Ge... Gefühle für Rue«, stammelte Hancock und rutschte ungemütlich in seinem Sessel hin und her.

»Der Mann, der sie heiratet, wird eine großzügige Mitgift erhalten, einschließlich einer kleinen Beteiligung an einigen meiner Unternehmungen«, erklärte John, der entspannt in seinem Sessel saß, den nervösen Grafen jedoch keine Sekunde lang aus den Augen ließ. »Da ich Sie stets überaus geschätzt ...«

»Das haben Sie?« unterbrach ihn der junge Mann, offensichtlich erstaunt, daß einer der einflußreichsten Herzöge Englands ihn überhaupt wahrgenommen hatte.

John mußte gegen den beinahe überwältigenden Drang zu lachen ankämpfen; es gelang ihm jedoch, sich zu beherrschen. »Ich sähe es gern, wenn Sie derjenige wären, der von einer Eheschließung mit ihr profitiert. Gemessen an den heutigen Schönheitsidealen ist Rue vielleicht etwas nichtssagend, aber ...«

»Rue ist schlicht und einfach vollkommen«, entfuhr es Hancock. »Wenn Sie mir die Erlaubnis gäben, würde ich noch heute um ihre Hand anhalten.«

»Meinen Segen haben Sie«, erwiderte John mit einem zustimmenden Nicken. »Aber wie steht es mit den Gefühlen der jungen Dame Ihnen gegenüber?«

»Ich glaube, sie bringt mir Zuneigung entgegen«, antwortete Hancock. »Noch heute abend werde ich ihr einen Antrag machen.«

John grinste zufrieden. Zweifellos würde Rue seinen Antrag annehmen. Lobelias und Rues glückliche Verlöbnisse würden sie davon abhalten, weiterhin mißgünstig über seine Frau zu reden und sie zu kränken. Und wenn das nicht funktionierte, mußten ihre zukünftigen Gatten sie zu Stillschweigen ermahnen oder ihm Rede und Antwort stehen.

Zum Zeichen, daß die Unterredung beendet war, stand John auf und schritt um seinen Schreibtisch herum. Hancock erhob sich ebenfalls.

»Auf eine glückliche Zukunft als Schwäger«, sagte John und schüttelte die Hand seines Gegenübers. Dann begleitete er ihn zu den Doppeltüren.

»Euer Gnaden, ich schwöre, daß Ihr in mich gesetztes Vertrauen niemals enttäuscht wird«, bekräftigte Hancock. Mit diesen Worten verließ Baron Keswick das Arbeitszimmer und schlenderte beschwingten Schrittes durch den Korridor.

Der arme Hund, dachte John, während er die Tür hinter Hancock schloß. Auch wenn er sich selbst für einen mutigen Mann hielt, jagte ihm die Vorstellung, Lobelia oder Rue heiraten zu müssen, eine Gänsehaut über den Rücken.

Bevor er an seinen Schreibtisch zurückkehrte, schlenderte John zum Fenster seines Büros und blickte in den Park hinunter. Ein Lächeln umspielte seine Mundwinkel, als er eine herumtollende Lily erspähte, die auf einem imaginären Pony galoppierte. Sein suchender Blick schweifte zu seiner Frau, die auf einer Bank im hintersten Winkel des Gartens saß. Neben ihr hockte eine runzlige alte Frau.

John konnte nicht glauben, was er dort sah. Er schloß die Augen und öffnete sie erneut. Was er dann sah, verwirrte ihn noch mehr. Jetzt saß Isabelle allein auf der Bank und führte ein Gespräch, obwohl niemand bei ihr war.

John zwang sich zur Vernunft und gestand sich insgeheim ein, daß die Vorstellung, seine Frau könne einen Schutzengel haben, viel zu abwegig für eine weitere Überlegung war. Und doch – sein fester Glaube, daß er sich nie wieder verlieben würde, war ebenfalls erschüttert worden, als seine Frau in sein Leben getreten war.

»Euer Gnaden?«

Langsam drehte John sich um.

»Mister Matthews und Ihr Bruder sind eingetroffen«, meldete Dobbs.

»Dann führen Sie die beiden zu mir.«

Einen Augenblick später betraten die beiden Männer den Raum. Ross setzte sich in einen der Sessel vor dem Schreibtisch. Mr. Matthews, einer der Anwälte der Saint-Germains, schüttelte seinem Auftraggeber die Hand und nahm auf dessen Geheiß neben Ross Platz.

Als erstes blickte John zu seinem Bruder. »Hast du etwas Neues über den Attentäter in Erfahrung bringen können?«

Ross schüttelte den Kopf.

»Mister Matthews, ich habe Sie hierhergebeten, weil ich meine leibliche Tochter adoptieren möchte«, erklärte John an seinen Anwalt gerichtet. »Die Schwierigkeit besteht darin, daß die Mutter des Kindes den Namen des Vaters auf der Geburtsurkunde nicht vermerkt hat.«

»Woher wissen Sie, daß es sich um Ihr Kind handelt?« fragte Matthews.

»Lily ist meine Tochter, weil ich zu dieser Behauptung stehe.« In Johns Stimme schwang ein autoritärer Unterton.

»Dann muß es der Wahrheit entsprechen«, pflichtete ihm Matthews bei. »Ich vermute, Sie wollen, daß ich eine Eingabe an die entsprechende Behörde formuliere.«

John nickte. »Des weiteren möchte ich ein rechtskräftiges, von der Mutter unterzeichnetes Dokument, daß die Übertragung der Vormundschaft ...«

Ohne vorheriges Anklopfen wurde die Tür aufgerissen. Erstaunt drehten sich die drei Männer um und erblickten den Majordomus.

»Lisette Dupré wünscht eine Unterredung«, berichtete Dobbs mit leiser Stimme.

Trotz seiner Verblüffung gelang es John, ruhig zu bleiben. Vielleicht konnte er sie davon überzeugen, die Adoptionspapiere zu unterzeichnen. Mit diesem Gedanken im Hinterkopf wies John seinen Majordomus an: »Führen Sie Miß Dupré zu mir. Meine Herren, warten Sie draußen. Es wird nicht lange dauern.«

Dobbs verließ das Arbeitszimmer. Ross und Mr. Matthews schlossen sich ihm an. Wenige Augenblicke später betrat Lisette Dupré den Raum.

Bevor er sie noch davon abhalten konnte, entledigte sich seine frühere Geliebte ihres Umhangs und enthüllte ein verführerisches Kleid. Das schmal geschnittene Kostüm aus hauchdünnem Wollstoff, der letzte Schrei der Londoner Modewelt, hatte eine verblüffende Ähnlichkeit mit einem Negligé. Die komplett aus Spitze bestehende Frontpartie betonte ihren Busen.

Vor nicht allzu langer Zeit noch hatte er sie für eine der schönsten Frauen überhaupt gehalten. Jetzt betrachtete John die vor ihm stehende Erscheinung mit größtem Mißfallen.

Seine dunklen Augen musterten ihr Gesicht. Lisettes rabenschwarze Haarpracht unterstrich die funkelnden smaragdgrünen Augen, die ihn an Lily erinnerten. Trotzdem waren Lily und Lisette so verschieden wie Tag und Nacht. Er überlegte kurz, ob Lisette jemals ein unschuldiges Kind gewesen sein könnte.

»John, ich bin ja so glücklich, dich zu sehen«, sagte Lisette mit ihrer betörenden Stimme, während sie mit herausforderndem Hüftschwung zu ihm trat.

»Rede mich gefälligt mit Euer Gnaden an«, knurrte John.

Seine Zurechtweisung ließ sie erstarren, doch ihr katzenhaftes Lächeln blieb unbeirrt. »Findest du mich nicht mehr attraktiv?« fragte sie.

»Um ehrlich zu sein, frage ich mich, was ich an dir überhaupt jemals attraktiv fand«, entgegnete er unterkühlt. »Was willst du?«

»Meine Tochter, natürlich.«

»Ich behalte sie.«

»Du kannst kein Kind behalten, das nicht zu dir gehört«, wandte Lisette ein.

»Lily gehört zu mir«, erklärte John. »Ich habe zweihundert Zeugen, die beschwören können, daß du mir *unsere* Tochter überlassen hast.«

»Lily ist nicht deine Tochter«, beharrte Lisette.

»Wer sie gezeugt hat, ist unwesentlich«, entgegnete John. »Ich werde sie adoptieren.«

»Lily braucht ihre Mutter.«

»Sie hat eine neue gefunden.«

»Niemand kann meine ihr gegenüber gehegten Gefühle aufwiegen«, meinte Lisette selbstbewußt.

»Da wäre ich mir nicht so sicher.«

»Für einhunderttausend Pfund kannst du sie haben.«

»Ich habe sie bereits«, erwiderte John. »Dir bleibt nichts mehr, worüber du verhandeln kannst.«

»Das Recht ist auf meiner Seite!« kreischte Lisette wütend.

»Verlasse sofort diesen Raum«, warnte sie John, »bevor ich noch die Geduld verliere.«

Die glutäugige Schönheit warf ihm noch einen vernichtenden Blick zu. Dann wirbelte sie herum, stürmte aus dem Arbeitszimmer und schlug die Tür hinter sich zu.

Angewidert starrte John auf die Tür. Wie hatte er sich nur jemals auf eine solch herzlose Bestie einlassen können? Das einzig Erfreuliche, was aus dieser Verbindung hervorgegangen war, war Lily.

Während Johns Auseinandersetzung mit Lisette vergnügten sich Isabelle und Lily unter seinem Fenster im Garten. Isabelle spielte Flöte, und Lily tanzte zu der ergreifenden Melodie, die an das Rascheln fallenden Herbstlaubs erinnerte.

Als ihr Tanz endete, warf Lily eine Handvoll Blätter in die Luft und rief: »Hurra!« Dann erblickte sie etwas im Gras, nahm es in die Hand und lief über die Wiese zu Isabelle.

»Was ist das?« fragte das Mädchen und zeigte ihr den länglichen grünen Gegenstand.

»Siehst du den Ahornbaum da drüben?« fragte Isabelle, während sie auf den Baum deutete und dann den Gegenstand aus Lilys Hand nahm. »Das sind die Samen des Ahorns, die immer paarweise vorkommen. Siehst du?« Sie brach die Frucht in zwei Hälften und fuhr fort: »Wenn wir sie öffnen, befindet sich in ihrem Innern eine klebrige Flüssigkeit. Ich klebe sie mir nur zu gern auf die Nase, etwa so.« Um es Lily vorzuführen, befestigte Isabelle die geöffnete Samenkapsel an ihrer Nasenspitze.

Lily kicherte. »Öffne mir auch eine.«

Isabelle öffnete die Ahornsamen und klebte eine Hälfte auf die Nase der Kleinen. Beide lachten vergnügt.

»Wir könnten um das Haus herumgehen und an der Vordertür klopfen«, schlug Lily vor. »Wenn Dobbs öffnet, wird er vor Angst aufschreien.«

»In Ordnung, aber ich warte hier«, erklärte Isabelle. »Geh ohne Umweg zum Vordereingang und sprich nicht mit irgendwelchen Fremden.«

Lily nickte.

Isabelle sah ihr nach, als sie die Stufen zum Anwesen hinaufkletterte und schließlich in Richtung Hauptportal verschwand.

»Geh ihr nach«, meinte Giselle, die sich erneut zu ihr auf die Bank gesellt hatte.

»Wie bitte?«

»Beeile dich, mein Kind«, drängte Giselle. »Es droht Gefahr.«

Voller Entsetzen sprang Isabelle von der Bank auf und rannte die Stufen hinauf. »Mama, hilf mir«, kreischte Lily von weitem.

Isabelle stürmte um die Ecke des Hauses auf die Park Lane zu. Lisette Dupré zerrte gerade die sich verzweifelt zur Wehr setzende Lily in eine wartende Kutsche.

»Hilfe! Sie raubt mir meine Tochter!« schrie Isabelle, während sie auf die Straße stürzte.

Zu spät! Die Kutsche hatte sich bereits in den fließenden Verkehr eingefädelt, als Isabelle sie erreichte. Sie sprang zurück, um nicht angefahren zu werden, und landete unsanft auf ihrer Kehrseite.

Gefolgt von seinem Bruder und seinem Anwalt, eilte John die Vortreppe hinunter.

»Lisette hat Lily entführt!« rief Isabelle, immer noch am Straßenrand sitzend.

»Matthews, Sie helfen meiner Frau«, befahl John, ohne sein Tempo zu verlangsamen. Er wollte Lisettes Kutsche hinterherrennen, doch Ross packte ihn am Kragen.

»Laß mich los«, brüllte John und versuchte, seinen Bruder abzuschütteln.

Ross hielt ihn fest, und John beobachtete, wie die Kutsche aus seinem Blickfeld verschwand.

»Was, zum Teufel, tust du da?« wollte John wissen, als sein Bruder ihn losließ. Seine Wangenmuskulatur zuckte verärgert. »Diese Hexe hat meine Tochter geraubt.«

»Hattest du etwa vor, die Kutsche bis zu Lisettes Haus zu verfolgen?« fragte Ross. »Wie viele Hunderte von Zeugen hätte sie dann vor Gericht benennen können, die geschworen hätten, daß du verrückt und nicht in der Lage seist, für Lily zu sorgen?«

Isabelles Blick ruhte auf ihrem Gatten. Auch wenn sie Lily so bald wie möglich wieder in ihrer Obhut wissen wollte, seufzte sie doch erleichtert auf, als er seinem Bruder zustimmend zunickte. Sie hatte befürchtet, daß ihr Gatte Lisette aufgrund seines aufgebrachten Gemütszustands schlagen würde. Oder Schlimmeres. Doch was hätte das bewirkt?

»Bist du verletzt?« fragte John und nahm sie in seine Arme.

»Mit mir ist alles in Ordnung«, versicherte ihm Isabelle.

Die beiden ließen sich von Ross und Mr. Matthews ins Haus führen. Als sie zu viert in der Eingangshalle standen, besprachen sie ihr weiteres Vorgehen.

»Wir müssen Ihre Tochter mit legalen Mitteln zurückholen«, erklärte Matthews.

»Verflucht, was legal ist, interessiert mich nicht«, konterte John. »Wir zahlen dieser Hexe, was sie verlangt, und dann ist die Sache erledigt.«

»Lisette wird neue Forderungen stellen, wenn das Geld verbraucht ist«, wandte Ross ein.

»Zweihundert Hochzeitsgäste können Lisettes Äußerungen bezeugen und haben mit angesehen, wie sie das Kind verließ«, bemerkte Matthews. »Wir werden die Behörde aufsuchen, die Fakten darlegen und ein vorübergehendes Sorgerecht beantragen. Es ist so gut wie sicher, daß Ihre Tochter noch heute abend wieder bei Ihnen ist. Nach ihrer Rückkehr werde ich mit Lisette über ein ständiges Sorgerecht verhandeln.«

John nickte zustimmend und wandte sich dann Isabelle zu. »Sobald wir Lily geholt haben, kommen wir zurück«, meinte er und küßte sie auf die Stirn.

Während sie den Aufbruch der drei Männer beobachtete, nagte Isabelle sorgenvoll an ihrer Unterlippe. Sie ignorierte Dobbs und Juniper, die neben ihr standen, und stieg die Treppe hinauf, um sich in der Einsamkeit ihrer Privaträume zu verkriechen.

Als sie ihr Zimmer erreicht hatte, verriegelte Isabelle die Tür hinter sich. Dann entspannte sie sich und nahm einen tiefen, beruhigenden Atemzug.

Entsetzliche Gedanken schossen ihr durch den Kopf. So vieles hing in der Schwebe. Was wäre, wenn die Behörde überlastet war? Wenn sie nun kein vorübergehendes Sorgerecht bekamen? Oder wenn Lily am Abend nicht zurückkehrte?

»Wann immer du mich brauchst, bin ich in Windeseile bei dir ...«

»Giselle«, sagte Isabelle. »Bist du hier?«
Totenstille.
»Giselle«, rief Isabelle voller Verzweiflung. »Giselle, ich brauche dich!«

18

»Leise, mein Kind. Du weckst noch die Toten auf.«

Suchend blickte Isabelle durch das Zimmer, bis sie die Alte an ihrem Lieblingsplatz vor dem Kamin entdeckte. Sie eilte zu ihr und kniete sich neben dem Sessel auf den Fußboden.

»Lisette hat Lily entführt«, erklärte Isabelle in verzweifeltem Ton, während sie die runzlige Hand der alten Frau streichelte. »John bemüht sich um ein vorübergehendes Sorgerecht, aber ich kann nicht mehr warten. Was ist, wenn die Behörde sich weigert? Lily wird glauben, daß auch wir sie verstoßen haben. Wirst du mir helfen?«

»Gewiß, ich helfe dir«, erwiderte Giselle und tätschelte Isabelles Hand. Dann starrte sie in den verrußten Kamin, als brauche sie Zeit zum Nachdenken.

Schweigend beobachtete Isabelle ihren Schutzengel. Mit jeder Sekunde, die verstrich, wurde sie nervöser. Hätte John die Verfolgung aufgenommen, wäre Lily längst wieder zu Hause. Wenn sie Lily nur nicht erlaubt hätte, allein zum Hauptportal zu schlendern ... Was, wenn Giselle keinen Plan hatte?

»Hast du so wenig Vertrauen zu mir?« fragte Giselle mit einem schiefen Seitenblick auf ihren Schützling.

Isabelle errötete, weil die Alte ihre mißlichen Gedanken erraten hatte. »Verzeih mir meine Zweifel.«

»Ich verzeihe dir.« Giselles blaue Augen funkelten durchtrieben, als sie hinzufügte: »Ich habe einen Plan.«

»Ich wußte doch, daß dir etwas einfallen würde.« Isabelles Gesicht hellte sich auf. »Was sollen wir tun?«

»Begib dich umgehend zum Grosvenor Square«, erklärte ihr Giselle.

»Zum Grosvenor Square?« wiederholte Isabelle verwirrt.

Giselle nickte. »Du kannst Lisette Dupré nicht allein gegenübertreten. Die Herzoginwitwe und ihre Schwester werden dich begleiten.«

»Die Herzoginwitwe ist eine alte Dame«, entfuhr es Isabelle erstaunt. »Wie sollte sie mir helfen können?«

»Man soll ältere Menschen niemals unterschätzen«, tadelte sie ihr Schutzengel. »Reife und Erfahrung haben der Jugend vieles voraus.«

»Ich kann meine Schwiegermutter in diese Sache nicht hineinziehen.« Isabelle schüttelte entschieden den Kopf.

»Ich habe es ja schon immer gesagt – ihr Sterblichen seid ein uneinsichtiger Haufen«, zischte Giselle in ihrer wenig engelhaften Verärgerung. »Ihr jammert, bettelt und fleht um himmlische Unterstützung, aber hört ihr jemals auf uns?«

Isabelle war entschlossen, niemanden in diese im Grunde genommen unrechtmäßige Sache hineinzuziehen. »Es tut mir leid, aber die Herzoginwitwe kann nicht ...«

»Die Herzoginwitwe verfügt über einen reichen Erfahrungsschatz und hat unzählige Tricks auf Lager«, schnitt ihr Giselle das Wort ab. »Vertraue mir, mein Kind. Ihr Einfallsreichtum wird dich überraschen.«

»Was weißt du über die Herzoginwitwe?« Isabelles veilchenblaue Augen verengten sich zu Schlitzen.

Giselle bedachte sie mit einem vielsagenden Lächeln. »Willst du den ganzen Abend untätig hier herumsitzen?« fragte sie. »Oder hattest du vor, deine Adoptivtochter zu befreien?«

»Schon gut, ich vertraue dir.« Isabelle erhob sich. »Kommst du mit?«

»Nicht einmal die himmlische Sphärenmusik könnte mich von diesem Spaß abhalten.« Mit diesen Worten verschwand die Alte.

Isabelle eilte durch das Zimmer und griff nach ihrem schwarzen Kapuzenumhang. Dann preßte sie ihr Ohr an die Tür und horchte auf irgendwelche Geräusche auf dem Flur. Nichts. Sie öffnete die Tür einen Spaltbreit und spähte nach draußen. Kein Bediensteter war zu sehen. Isabelle trat in den Gang hinaus und verschloß ihre Zimmertür.

Völlig geräuschlos huschte sie durch den Flur auf die Dienstbotentreppe zu und stieg dann ins Erdgeschoß hinunter. Sie mußte den Weg durch die Küche nehmen. Am Fuß der Treppe drang bereits lauter Küchenlärm zu ihr.

Um sich Mut zu machen, atmete Isabelle tief ein und betrat mit ernster Miene die Küche. Sogleich versiegte jedes Gespräch, und man musterte sie mit erstauntem Blick.

»Widmen Sie sich weiter Ihren Pflichten«, erklärte Isabelle, während sie durch die Küche marschierte und das Personal mit einer lässigen Handbewegung beiseite schob.

Sie verschwand durch die Tür zum Garten, um den neugierigen Blicken der Bediensteten zu entfliehen. Im Freien angelangt, blieb sie stehen und lehnte sich an die Hauswand. Ihr Herz raste vor Anspannung, und sie rang nach Atem.

Es hat mit dem Baby und meinen Schuldgefühlen zu tun, dachte Isabelle ängstlich. Gütiger Himmel, aus ihr würde nie eine brauchbare Gesetzesbrecherin. Nervös spähte sie um sich.

»Willst du Lily nun befreien oder nicht?«

Verschreckt seufzte Isabelle auf und rang mit den Händen. Sie hob den Finger, um die alte Frau zur Ruhe zu gemahnen, doch diese brach aufgrund ihrer Geste in schallendes Gelächter aus.

»Außer dir kann mich niemand hören«, erinnerte Giselle sie.

Isabelle nickte ihrer alten Freundin zu und eilte zur Treppe. Als sie die Straße erreichte, bedeckte sie ihr blondes Haar mit der Kapuze, um nicht von Passanten erkannt zu werden.

Die herbstliche Nachmittagssonne warf bereits lange Schatten, und Isabelle blickte gen Himmel, um die Uhrzeit abzuschätzen. In ungefähr zwei Stunden ging die Sonne unter, und sie wollte Lily noch vor Einbruch der Dunkelheit zurückholen.

Der Grosvenor Square lag nur zwei Straßenzüge entfernt in östlicher Richtung. Zehn Minuten später stand Isabelle vor dem Anwesen ihrer Schwiegermutter. Entschlossen eilte sie die Vortreppe hinauf und klopfte an die Tür.

Als die Tür Sekunden später geöffnet wurde, stand Randolph, der Majordomus der Herzoginwitwe, vor ihr. Isabelle schob ihn beiseite.

»Einen Augenblick, Miß …«

Isabelle wirbelte zu ihm herum und schüttelte die Kapuze ab. »Ja, Randolph?«

»Es tut mir leid, Eure Hoheit«, entschuldigte sich der Mann. »Ich hatte Sie nicht erkannt.« Er blickte zu der geöffneten Eingangstür. »Wo ist Ihre Kutsche?«

»Ich bin gelaufen«, erklärte ihm Isabelle. »Wo ist Ihre Hoheit?«

»Ihre Hoheit und Lady Montague weilen im Salon«, antwortete der Majordomus.

Isabelle stürmte über die große Freitreppe ins erste Stockwerk und dann durch den Flur. »Ich brauche eure Hilfe«, schrie sie, als sie in den Salon hereinplatzte. »Lisette hat Lily entführt.«

Die beiden älteren Damen blickten sie erstaunt und verwirrt an. Schließlich meinte die Herzoginwitwe: »Beruhige dich, Isabelle.«

»Deine Aufregung schadet nur dem Baby«, fügte Hester hinzu.

»Ihr versteht das nicht«, rief Isabelle, während sie durch den Raum auf die beiden zulief.

»Setz dich«, wies die Herzoginwitwe Isabelle an und deutete auf einen Sessel. »Erzähl uns, was passiert ist.«

»Lisette Dupré war auf dem Anwesen und hat Lily entführt«, erklärte Isabelle, unruhig auf der Sesselkante hin und her rutschend. »John und sein Anwalt haben die Behörde aufgesucht, um ein vorübergehendes Sorgerecht zu beantragen, aber ich lasse nicht zu, daß Lily auch nur eine Nacht in der Obhut dieser Frau verbringt.« Daraufhin brach sie in Tränen aus.

»Beherrsche dich«, wies die Herzoginwitwe sie an und hielt ihr ein Taschentuch hin. »Wir können nichts untersuchen, solange du nicht aufhörst zu weinen.«

»Weinen schadet dem Baby«, fügte Hester hinzu.

Ihre Schwester anfunkelnd, meinte die Herzoginwitwe: »Halt den Mund, du dumme Gans.«

»Es ist nicht besonders nett, seine einzige Schwester so anzufahren«, maulte Hester.

Die Herzoginwitwe verdrehte die Augen. »Ich bitte um Entschuldigung.«

»Ich verzeihe dir.«

Isabelle tupfte sich die Tränen von ihren Wangen, schniefte und mußte unwillkürlich grinsen. Sie mochte diese beiden alten Aristokratinnen. Tante Hesters herrlich einfaches Gemüt berührte sie immer wieder aufs neue.

Die Herzoginwitwe erhob sich und durchquerte den Salon, um die Klingel zu bedienen. Einen Augenblick später betrat ein Lakai den Raum.

»Jeeves, bitten Sie Randolph, meine *große* Handtasche zu holen«, wies ihn die Herzoginwitwe an. »Dann lassen Sie meine Kutsche vorfahren.«

»Ja, Eure Hoheit.«

»Und ich wünsche ebenfalls meine *große* Handtasche«, rief Tante Hester.

Jeeves drehte sich zu ihr um und nickte.

Nachdem der Bedienstete den Salon verlassen hatte, wandte sich Isabelle mit den Worten an ihre Schwiegermutter: »Heißt er wirklich Jeeves?«

»Bei mir heißen alle Lakaien Jeeves«, erklärte die Herzoginwitwe. »Das kann ich mir leichter merken. Können wir jetzt aufbrechen?«

Isabelle erhob sich, und die drei verließen gemeinsam den Salon. Als sie die Eingangshalle erreicht hatten, erwartete sie Randolph bereits mit zwei riesigen Handtaschen.

»Seien Sie vorsichtig, Eure Hoheit«, meinte der Mann, als er ihnen die Tür aufhielt.

»Ich danke Ihnen, Randolph«, erwiderte die Herzogin. »Ich werde ebenso umsichtig wie geschickt vorgehen.«

»Sehr gut, Eure Hoheit.«

Verständnislos blickte Isabelle von dem Majordomus zu ihrer Schwiegermutter. Sie hatte keine Ahnung, wovon die beiden sprachen. Der Mann konnte nicht wissen, wohin sie gingen. Warum ermahnte er seine Dienstherrin zur Vorsicht?

Isabelle verdrängte diesen verwirrenden Gedanken. Im Augenblick zählte allein Lily, und sie waren im Begriff, sie vor dieser Frau zu retten.

»Wo wohnt Lisette?« fragte die Herzoginwitwe,

nachdem sie sich in der Kutsche niedergelassen hatten.

Bestürzt blickte Isabelle die alte Dame an. Wie hatte sie nur so töricht sein können, zu vergessen, daß sie die Anschrift dieser Frau brauchten?

»Fifteen Soho Square, mein Kind«, kam ihr Giselle zu Hilfe.

»Fifteen Soho Square«, antwortete Isabelle.

Die Herzoginwitwe wandte sich an den wartenden Kutscher, doch dieser erklärte: »Ich kenne die Straße, Eure Hoheit.«

Eine Viertelstunde später hielt die Kutsche der Herzoginwitwe vor Lisettes Haus. Der Kutscher öffnete den Verschlag und half seinen Fahrgästen beim Aussteigen.

Isabelle wollte die Vortreppe hinaufeilen, doch ihre Schwiegermutter hielt sie fest. »Folge mir«, befahl die ältere Frau. »Ich werde diese Angelegenheit auf meine Weise regeln.«

Isabelle nickte und folgte der Mutter des Herzogs. Tante Hester schloß sich ihnen an. Giselle hatte ihr geraten, sich der Erfahrung der alten Herzogin anzuvertrauen, und das würde sie auch tun.

Die Herzoginwitwe packte den Türklopfer und betätigte ihn so lautstark, als verlange sie umgehend Einlaß. Sekunden später wurde die Tür von einer Frau mittleren Alters geöffnet, vermutlich der Haushälterin.

»Womit kann ich dienen?« fragte sie.

Ohne sich der Mühe einer Antwort zu unterziehen, stürmte die Herzoginwitwe an der Frau vorbei. Isabelle und Hester schlüpften hinter ihr ins Haus.

»Was machen Sie da?« fragte die Frau in aufgebrachtem Tonfall. »Das hier ist Privatbesitz.«

Die Herzoginwitwe wirbelte herum und musterte

die Frau mit hochgezogenen Brauen, was Isabelle an ihren Ehemann erinnerte. »Wo ist Ihre Dienstherrin?« wollte die Herzoginwitwe wissen.

»Das geht Sie nichts an«, erwiderte die Frau.

»Wissen Sie eigentlich, wen Sie vor sich haben?« fragte die Herzoginwitwe mit stechendem Blick. »Ich bin die Witwe des früheren Herzogs von Avon.« Auf Isabelle und Hester deutend, fuhr sie fort: »Das sind die Herzogin von Avon und Lady Montague, die Witwe des früheren Grafen. Also, wo ist Lisette?«

»Verzeihen Sie mir, Eure Hoheit«, murmelte die Frau beeindruckt. »Lisette ist ...«

»Ich bin hier.«

Isabelles Blick fiel auf Lisette Dupré, die in ihrer überwältigenden Schönheit langsam die Stufen zur Eingangshalle hinabschritt. Während sie Lisette beobachtete, spürte Isabelle aufkeimende Eifersucht darüber, daß John einmal mit dieser Frau liiert gewesen war.

»Alice, lassen Sie sie eintreten«, sagte Lisette, während sie auf ihre Besucher zuschritt. »Die Damen werden nicht lange bleiben.«

»Wo ist Lily?«, fragte Isabelle.

Lisette funkelte sie an. »*Meine* Tochter ist in ihrem Schlafzimmer. Falls Sie ...«

»Alice, holen Sie das Kind«, fiel ihr die Herzoginwitwe ins Wort.

»Bleiben Sie, wo Sie sind, Alice«, widersprach ihr Lisette. Als ihre smaragdgrünen Augen die riesigen Handtaschen taxierten, fügte sie hinzu: »Es sei denn, John hat Ihnen mitgegeben, worum ich ihn gebeten hatte.«

Isabelle bemerkte, wie ihre Stiefmutter Lisette mit einem süffisanten Lächeln bedachte. Dann öffnete die Herzoginwitwe ihre Handtasche. Statt des erhofften

Bargelds zog die Adlige eine Pistole daraus hervor und richtete diese auf Lisette.

»Was hast du vor?« entfuhr es Isabelle, entsetzt von der Vorstellung, daß die Herzoginwitwe ihrem Gegenüber tatsächlich Gewalt antun könnte. Und dann bemerkte sie, daß Tante Hester ebenfalls eine Pistole auf die schwarzhaarige Schönheit gerichtet hatte.

»Willst du Lily nun zurückhaben oder nicht?« fragte ihre Schwiegermutter.

»Natürlich will ich das«, erwiderte Isabelle.

»Dann sei so freundlich und überlaß mir die Angelegenheit«, sagte die Herzoginwitwe und fügte dann hinzu: »Alice, bringen Sie das Kind hierher.«

Alice starrte ihre Dienstherrin an. Lisette fixierte die Herzoginwitwe und nickte ihrer Bediensteten schließlich zu.

»Das ist völlig absurd«, bemerkte Lisette. »Entführung ist illegal.«

»Die Aristokratie besitzt von jeher das Privileg, das Gesetz gelegentlich zu ihren Gunsten auszulegen«, erwiderte die Herzoginwitwe in blasiertem Tonfall.

Lisette verzog das Gesicht. »Wissen Sie überhaupt, wie man mit diesem Ding umgeht?«

»Interessiert es Sie, das in Erfahrung zu bringen?« konterte die Herzoginwitwe, während sie ihren Finger auf den Abzug legte. »Nein? Wie schade.«

»Der verstorbene Herzog hat Ihrer Hoheit alles über den Umgang mit Waffen beigebracht«, säuselte Tante Hester. »Und sie hat das Erlernte an mich weitergegeben.«

»Mama«, kreischte Lily, die auf dem Treppenabsatz aufgetaucht war. In Windeseile stürmte sie die Stufen hinunter und warf sich in Isabelles ausgestreckte Arme. »Ich wußte, daß du mich holen würdest.«

»Ich werde dich nie wieder gehen lassen, mein Liebling«, versicherte ihr Isabelle, während sie ihr beruhigend den Rücken tätschelte. »Du gehörst zu mir.«

»Sie gehört zu *mir*«, zischte Lisette. »Ich bin ihre Mutter, und ich habe das Recht auf meiner Seite.« Dann funkelte sie Lily an. »Du undankbares kleines Gör, ich habe dir das Leben geschenkt!«

Lily blickte Lisette an und sagte mit leiser Stimme: »Mama Belle liebt mich, und ich liebe sie.«

Daraufhin ergriff Isabelle die Hand der Kleinen, drehte sich auf dem Absatz um und verließ das Haus. Tante Hester folgte ihr nach draußen.

»Verzeihen Sie, daß ich Ihnen mit meinem Eindringen Unannehmlichkeiten bereitet habe«, bemerkte die Herzoginwitwe und wandte sich zum Gehen. »Ich wünsche Ihnen noch einen schönen Abend.« Mit diesen Worten verließ sie das Haus.

Als die Kutsche sich in den fließenden Verkehr einfädelte, atmete Isabelle erleichtert auf. Lily hatte sich an sie geschmiegt und umklammerte ihre Hände, als wolle sie sie niemals wieder loslassen.

Jetzt würde sie sich mit ihrem Gatten auseinandersetzen müssen, dachte Isabelle insgeheim. Die Ereignisse des Tages hatten ihren Tribut gefordert. Im Augenblick besaß sie nicht die Kraft für die Debatte, warum sie seine Mutter in diese Sache hineingezogen hatte. Und dann hatte sie eine Idee, wie sie dem Zorn ihres Ehemanns noch einige Stunden entfliehen konnte.

»Lily und ich werden zum Anwesen der Montgomerys fahren«, erklärte Isabelle ihrer Schwiegermutter.

»Wie bitte?«

»Ich möchte John etwas Zeit lassen, damit er sich wieder beruhigen kann.«

Die Herzoginwitwe nickte. »Verstehe vollkommen.«

»Nun, ich nicht«, wandte Tante Hester ein.

»Sagt John, daß er Lily und mich im Haus der Montgomerys abholen kann«, bemerkte Isabelle.

»Will sie Johnny verlassen?« fragte Tante Hester.

Statt ihrer Schwester zu antworten, rief die Herzoginwitwe dem Kutscher zu: »Fahren Sie uns zum Berkeley Square.« Dann blickte sie zu Isabelle. »Ich werde so lange warten, bis sein Tobsuchtsanfall abgeklungen ist, und dann verrate ich ihm, wo er euch finden kann.«

»Ich danke dir«, erwiderte Isabelle. »Sag nur ja nichts, solange seine Wangenmuskulatur zuckt.«

Als die Kutsche vor dem Anwesen der Montgomerys anhielt, drückte Isabelle die Hand der Herzoginwitwe. »Was du heute für Lily und mich getan hast, kann ich dir nie vergelten.«

»Diese Frau in ihre Schranken zu verweisen war mir ein Vergnügen«, erwiderte ihre Schwiegermutter. »Außerdem bedeutet Familienzusammenhalt auch, daß man sich aufeinander verlassen kann.«

Isabelle lächelte. »Danke, daß du mich zu eurer Familie zählst.«

Hand in Hand stiegen Isabelle und Lily die Vortreppe zum Haus hoch. Bevor sie den Türklopfer betätigte, betrachtete Isabelle die Fassade des Herrenhauses. Johns Anwesen erschien ihr anheimelnder als die Stadtresidenz ihres Bruders. Lag das daran, daß sie ihr bisheriges Leben auf Arden Hall in Stratford verbracht hatte? Oder hatte es etwa damit zu tun, daß es Johns Haus war?

»Eure Hoheit, wie schön, Sie zu sehen«, begrüßte sie Pebbles, nachdem er ihr die Tür geöffnet hatte.

Isabelle strahlte ihren alten Vertrauten an. »Ich bin zurückgekehrt, weil ich mich eine Weile vor meinem Ehemann verstecken muß.«

Bestürzt starrte der betagte Majordomus sie an.

»Sie haben mich richtig verstanden. Mein Gatte und ich vertreten unterschiedliche Ansichten«, erklärte ihm Isabelle. »Erinnern Sie sich noch an *meine Tochter Lily* von der Hochzeit?«

Pebbles schenkte der Kleinen ein warmherziges Lächeln. »Ich kannte deine Mutter schon, da war sie noch jünger als du.«

Lily kicherte.

»Wo ist Delphinia?« fragte Isabelle.

»Ich glaube, Ihre Stiefmutter ist im Salon«, antwortete Pebbles.

»Lily, Pebbles wird dich in den Speisesaal führen«, meinte Isabelle an das kleine Mädchen gerichtet. »Ich leiste dir in wenigen Minuten Gesellschaft. Gehst du mit ihm, oder hat Myrtle Angst?«

»Seit ich dich kenne, spiele ich nicht mehr mit Myrtle«, erklärte ihr Lily. Dann blickte sie den Majordomus an. »Erzählst du mir von meiner Mutter, als sie noch ein kleines Mädchen war?«

»Ich könnte mir nichts Schöneres vorstellen.«

»Bedeutet das ja oder nein?«

»Das heißt eindeutig ja.«

Lily ergriff die Hand des alten Mannes und ging mit ihm. Isabelle blickte den beiden nach, bis sie aus ihrem Gesichtsfeld verschwanden, dann stieg sie die Treppe zum Salon hoch.

Als sie die Besucher ihrer Stiefmutter erblickte, verharrte Isabelle mit gemischten Gefühlen im Türrahmen. Sie raffte ihren ganzen Mut zusammen und näherte sich dem unseligen Trio: Delphinia, Nicholas deJewell und William Grimsby.

»Meine Tochter und ich werden die Nacht hier verbringen«, informierte Isabelle ihre Stiefmutter und würdigte die beiden Männer keines Blickes.

»Deine Tochter?« wiederholte Delphinia.

»Lily Dupré ... Ich werde sie bei mir behalten.«

Delphinias Blick wanderte zu Grimsby und deJewell. Als die drei sich verstohlen angrinsten, vermittelte ihre augenscheinliche Zufriedenheit Isabelle den Eindruck dreier Katzen, die gerade eine Maus in die Enge getrieben hatten.

In diesem Augenblick keimte Furcht in Isabelle auf.

Das Anwesen der Montgomerys aufzusuchen war ein folgenschwerer Fehler gewesen, gestand sich Isabelle ein und wich zurück. »Um ehrlich zu sein, glaube ich, daß sich John Sorgen über mein Ausbleiben machen und nach mir suchen wird«, sagte sie in der Hoffnung, die Erwähnung ihres Mannes könne von Vorteil sein.

Ihre Reaktion war nicht die von ihr erwartete. Ihr Grinsen wurde breiter, und Isabelle starrte sie mit wachsender Besorgnis an.

»Du gehst nirgends hin«, erklärte Delphinia, während sie die Salontür verschloß.

Isabelle wirbelte zu ihr herum. »Du kannst mich doch nicht wie eine Gefangene einsperren.«

»Setzen Sie sich, Eure Hoheit«, befahl William Grimsby mit verräterisch leiser Stimme. »Wir wollen Sie nur so lange festhalten, bis Ihr Gatte eintrifft.«

In der Hoffnung, doch noch entkommen zu können, setzte sich Isabelle in einen Sessel neben der Tür. Dann fiel ihr ein, daß Lily noch unten bei Pebbles war, und jeder Gedanke an eine Flucht war zum Scheitern verurteilt. Sie konnte ihre Tochter doch nicht diesen dreien ausliefern.

»Das war aber nicht Teil unseres Plans«, jammerte Nicholas deJewell. »Was sollen wir denn tun, wenn Saint-Germain auftaucht?«

»Welchen Plan meint ihr denn?« fragte Isabelle.

»Unseren Plan, das zu bekommen, was wir wollen«, antwortete Delphinia.

Isabelles Augen verengten sich zu Schlitzen. »Und das wäre?«

»Ich verlange Genugtuung für den Tod meiner Schwester«, meldete sich William Grimsby zu Wort. »Und die beiden wollen das Erbe der Montgomerys.«

»Seien Sie nicht töricht«, entfuhr es Isabelle. »Ihre Schwester starb aufgrund einer Fehlgeburt.«

»Saint-Germain hat Lenore umgebracht«, beharrte Grimsby mit haßerfüllter Stimme.

Als Isabelle ihn anblickte, begriff sie, daß der Graf von Ripon nicht mehr Herr seiner Sinne war. Sein jahrelanger Haß hatte ihn vergiftet.

»Wie wollt ihr denn an das Vermögen der Montgomerys gelangen?« fragte Isabelle ihre Stiefmutter. »Miles lebt, und falls John etwas zustieße, würden seine Brüder das Erbe der Saint-Germains antreten.«

»Das Kind, das du unter deinem Herzen trägst, wird das Vermögen der Saint-Germains erben«, klärte Nicholas deJewell sie auf. »Und was deinen Bruder anbelangt, so wird er London nicht lebend wiedersehen.«

Voller Ensetzen krampfte sich Isabelles Magen zusammen. Sie sank in ihren Sessel zurück, entging aufgrund reiner Willenskraft jedoch einer Ohnmacht. Für einige Stunden Zuflucht im Hause der Montgomerys zu suchen erwies sich als verhängnisvoller Irrtum. Wie hatte sie nur so dumm sein können, ihren Ehemann in diese Falle zu locken? Niemals würde sie es sich verzeihen, wenn ihm etwas zustieße.

Während sich Isabelle insgeheim für ihre eigene Dummheit verfluchte, stand John in der Eingangshalle von Lisette Duprés Stadthaus. Ross und Matthews hatten ihn begleitet.

»Alice, holen Sie Ihre Dienstherrin«, befahl John. »Ich muß etwas äußerst Wichtiges mit ihr besprechen.«

»Ich bin hier«, erklang eine Stimme vom Treppenaufgang. »Auch ich habe etwas mit dir zu besprechen.«

Die drei Männer wandten sich um und verfolgten, wie Lisette Dupré die Stufen hinunterschwebte. Als die schwarzhaarige Schönheit auf sie zukam, bemerkte John das zornige Glitzern in den smaragdgrünen Augen seiner früheren Geliebten.

John hob ein offizielles Dokument hoch. »Ich habe eine Verfügung der Behörden, welches mir das vorübergehende Sorgerecht für Lily zusichert«, informierte er sie. »Alice soll das Kind holen.«

»Du kommst zu spät«, erwiderte Lisette zu seiner Verblüffung.

»Was soll das heißen?« fragte John, von plötzlichem Entsetzen übermannt. Wenn sie Lily etwas angetan hatte ...

»Deine Gattin, deine Mutter und deine Tante haben meine Tochter mit Waffengewalt entführt«, erwiderte Lisette zum Entsetzen der drei Männer. »Ich beabsichtige, gerichtliche Schritte zu unternehmen und für ihre Festnahme zu sorgen.«

Verfluchter Mist, dachte John wütend. Er wandte sich der Haushälterin zu. »Alice, Sie können gehen.«

Diesmal wartete die Frau nicht auf die Erlaubnis ihrer Dienstherrin. Eilig verschwand sie durch den Flur.

»Laß uns verhandeln«, meinte John an Lisette gewandt.

»Außer meiner Tochter besitzt du nichts, was ich haben wollte«, erwiderte sie.

»Oh, ich denke, ich habe eine ganze Menge, was du haben willst«, wandte John mit einem frostigen Lächeln ein. »Wieviel würde es mich kosten, daß du von weiteren Druckmitteln Abstand nimmst?«

»Einhunderttausend Pfund.«

»Das ist glatte Beraubung«, entfuhr es Ross.

»Das ist mein Preis«, bemerkte Lisette. »Ob du ihn nun akzeptierst oder nicht.«

»Setzen Sie ein Dokument mit den entsprechenden Bedingungen auf«, wies John seinen Anwalt an. »Wir werden es an Ort und Stelle unterzeichnen.«

»Für jeden«, fügte Lisette hinzu.

John durchbohrte sie mit seinen Blicken. »Wie bitte?«

»Ich will einhunderttausend Pfund für jeden Entführer«, stellte Lisette klar.

John spürte, wie seine Wangenmuskulatur angesichts der Habgier seiner früheren Geliebten zu zukken begann, dennoch war er ihr machtlos ausgeliefert. Lisette hatte ihn genau dort, wo sie ihn haben wollte, und das wußte sie.

John nickte. »Wieviel verlangst du dafür, wenn du mir Lily für immer überläßt und du sie nie wiedersiehst?«

»Lily ist mein einziges Kind«, meinte Lisette mit einem durchtriebenen Grinsen.

»Wieviel?« konterte John.

»Zweihunderttausend Pfund.«

John erstarrte. Schließlich blickte er zu seinem Anwalt und nickte zustimmend.

Eine undurchdringliche Stille lastete auf der Eingangshalle, während Matthews das Dokument und den Schuldschein abfaßte. Nachdem Lisette die Vereinbarung unterzeichnet hatte, unterschrieb John beide Schriftstücke und überreichte ihr den Schuldschein.

Als er sich mit seinem Bruder und seinem Anwalt zum Gehen wandte, vernahm er Lisettes Stimme. »Mit

Ihnen Geschäfte zu machen, Euer Gnaden, ist mir ein Vergnügen.«

»Investiere es geschickt, Lisette.« John blieb im Türrahmen stehen. »Mehr wirst du nicht von mir bekommen.« Mit diesen Abschiedsworten verließ John ihr Stadthaus.

19

Gütiger Himmel, die Dummheit seiner Frau hatte ihn fünfhunderttausend Pfund gekostet, dachte John auf ihrer Rückfahrt zu seinem Anwesen.

Es machte ihm nichts aus, Lisette die zweihunderttausend Pfund zu bezahlen, um sie endgültig aus Lilys Leben zu verbannen, aber ihr dreihunderttausend Pfund dafür geben zu müssen, daß die Damen des Hauses Saint-Germain vor einer Gefängnisstrafe und dem damit verbundenen Skandal verschont blieben, war vollkommen überflüssig gewesen. Hätte sich Isabelle aus dieser Sache herausgehalten, statt zu seiner Mutter zu rennen ...

Als erstes beabsichtigte John, ihnen eine wirkungsvolle Lektion zu erteilen. Und dann? Nun, er würde die monatliche Apanage seiner Frau so lange kürzen, bis sie die dreihunderttausend Pfund voll und ganz erstattet hatte, was sicherlich die nächsten vierzig Jahre in Anspruch nahm.

»Gibt es noch weitere Dinge zu erledigen, Euer Gnaden?« fragte Matthews gerade.

»Nein«, antwortete John knapp, voller Zorn über seine Frau und seine Mutter. Vor der Residenz der Saint-Germains entstieg er seiner Kutsche und rief Gallagher zu: »Fahren Sie Mister Matthews nach Hause.«

John beobachtete, wie seine Kutsche auf der Park Lane verschwand. Schließlich wandte er sich an seinen Bruder. »Würde es dir etwas ausmachen, mit ins Haus zu kommen?«

»Ich möchte ungern dabeisein«, lehnte Ross ab, als er die Kutsche der Herzoginwitwe in der Auffahrt sah.

Mit einem schiefen Grinsen in Richtung seines Bruders schlenderte er die Straße hinunter, wo seine eigene Kutsche wartete.

John eilte die Vortreppe zum Hauptportal hoch. Die Tür wurde geöffnet, noch ehe er den Türklopfer betätigen konnte.

»Wo sind sie?« knurrte John und marschierte wie ein einfallender General in die Eingangshalle.

»Die Damen warten in Ihrem Büro«, antwortete Dobbs.

John raste die Treppe hinauf und durch den Gang. Er stürmte in sein Arbeitszimmer, und die Tür fiel mit einem lauten Krachen ins Schloß.

Seine Mutter und seine Tante saßen in den Sesseln vor seinem Schreibtisch, doch seine Ehefrau war nicht da. Vermutlich tröstete sie die kleine Lily, weil sie fast den ganzen Tag mit Lisette hatte verbringen müssen.

Zornig fixierte John seine Mutter, die ihn mit einem vernichtenden Blick strafte. »Eure Dummheit hat mich ein Vermögen gekostet«, schnaubte er, während er auf sie zuging.

»Werde jetzt nicht unverschämt«, erwiderte die Herzoginwitwe mit zusammengekniffenen Augen.

»Johnny, auch wenn du erwachsen bist«, begann Tante Hester, »ist der Respekt vor den Eltern doch ...«

»Sei still«, befahl die Herzoginwitwe.

Tante Hester preßte ihre Lippen zusammen.

»Mein Sohn, du bist ein Dummkopf«, erklärte seine Mutter. »Lily Dupré ist deine leibliche Tochter.«

Ihre Behauptung traf ihn wie ein Keulenschlag. »Mutter, wie kannst du das wissen, wenn ich es nicht einmal selbst mit Bestimmtheit weiß?«

»Hast du das winzige herzförmige Muttermal auf ihrem Hinterteil gesehen?« fragte sie.

»Ja.«

»Ich trage das gleiche Muttermal auf meiner Kehrseite und Hester ebenfalls«, klärte ihn die Herzoginwitwe auf. »Mach dir nicht die Mühe, mich darum zu bitten, es dir zu beweisen, denn ich weigere mich, vor meinem eigenen Sohn meine Hüllen fallen zu lassen.«

»Daß du das gleiche Muttermal wie Lily besitzt, ist reiner Zufall«, erwiderte John.

»Johnny, du liegst völlig falsch«, mischte sich Tante Hester mit sanfter Stimme ein. »Auch wenn ich zugeben muß, daß du so gut wie nie …«

»Ruhe!« donnerte die Herzoginwitwe. »Dieses winzige Herz stammt von meinen schottischen Vorfahren ab und vererbt sich jeweils in der zweiten Generation bei den weiblichen Familienmitgliedern. Hester und ich haben es genauso wie deine Großmutter. Und jetzt hat es Lily geerbt. Sollte Isabelle ein Mädchen gebären, verspreche ich dir, daß dieses Baby es ebenfalls tragen wird.«

Diese Eröffnung war unglaublich. »Warum hast du das nicht schon früher erwähnt?«

»Hättest du mir geglaubt?« fragte seine Mutter und runzelte die Stirn.

Trotz seiner Verärgerung mußte John unwillkürlich grinsen. »Nein, und ich glaube es auch jetzt nicht.« Die Herzoginwitwe wollte etwas erwidern, doch er schnitt ihr das Wort ab. »Wer Lily gezeugt hat, ist im Augenblick unwichtig. Lisette hat mir dreihunderttausend Pfund für die Zusicherung abgenommen, daß sie von weiteren Schritten gegen euch Abstand nimmt. Wenn ihr mich jetzt entschuldigt, ich habe meiner Frau noch einiges zu sagen.« John marschierte zur Tür, doch die Worte seiner Mutter ließen ihn innehalten.

»Isabelle und Lily haben im Haus der Montgomerys Quartier bezogen«, berichtete sie ihm.

Ganz langsam drehte John sich um und warf seiner

Mutter einen unheilvollen Blick zu. Wortlos riß er die Tür auf. Sein Majordomus wäre beinahe über die Schwelle gefallen.

»Was, zum Teufel, ist hier eigentlich los?« fluchte John. »Haben Sie etwa gelauscht?«

»Nein, Euer Gnaden«, log Dobbs mit blasierter Stimme und richtete sich kerzengerade vor seinem Dienstherrn auf. »Ich fragte mich lediglich, ob Sie Erfrischungen für Ihre Gäste benötigten.«

»Zur Hölle mit Ihren Erfrischungen«, knurrte John. »Was ich will, ist meine Kutsche.«

»Ja, Euer Gnaden.« Der Mann wandte sich ab.

»Nichts für ungut. Ich gehe zu Fuß«, rief John, dem eingefallen war, daß Gallagher seinen Anwalt nach Hause kutschierte. Bevor er aufbrach, warf er seiner Mutter noch einen vernichtenden Blick zu und schritt dann eilig durch den Flur zum Treppenaufgang.

Mit sittsam im Schoß gefalteten Händen saß Isabelle im Salon der Montgomerys. Schließlich tastete sie nach ihrem Medaillon, das sie nervös umklammerte. Im stillen flehte sie Giselle um Hilfe an, doch ihr Schutzengel erschien nicht zu ihrer Rettung.

»Was ist, wenn er nicht kommt?« jammerte Nicholas deJewell, während er unruhig im Raum auf und ab schritt.

»Saint-Germain wird kommen«, versicherte ihm William Grimsby von seinem Platz am Kamin.

»Aber wenn ...«

»Halt den Mund, Nicky«, zischte Delphinia und brachte ihn damit zum Schweigen.

Nicholas deJewell kniff die Lippen zusammen und ging weiterhin auf und ab. Als er an ihrem Sessel vorüberkam, lachte Isabelle verächtlich.

»Sag ihr, sie soll endlich aufhören, sich über mich

lustig zu machen«, maulte deJewell. »Sie macht mich nervös.«

»Wenn du Nicky noch ein einziges Mal auslachst, wird dir das leid tun«, drohte Delphinia.

»Wer befindet sich im Haus?« wollte Grimsby wissen.

»Das Zimmermädchen, das auf das Kind aufpaßt«, antwortete Delphinia. »Vermutlich auch noch Pebbles und einige weitere Bedienstete.«

Giselle, hilf mir, flehte Isabelle insgeheim ihren Schutzengel an. *Du hast mir doch versprochen, bei mir zu sein, wann immer ich dich brauche.*

»Du verschwendest deine Zeit«, flüsterte Isabelle, als deJewell ein weiteres Mal an ihr vorüberschlenderte. »Mein Gatte liebt mich nicht so sehr, als daß er mich holen würde.«

»Isabelle sagt, daß …«.

»Um Himmels willen, Nicky, sie lügt.« Delphinia schnitt ihm das Wort ab. Dann wandte sie sich an Isabelle. »Deine Lügen nutzen dir gar nichts. Ich weiß, daß Saint-Germain dich mit Blicken verzehrt. Er wird jeden Moment hier eintreffen, und dann sind wir bereit.«

Isabelle reagierte nicht. Hatte ihre Stiefmutter möglicherweise recht? Liebte John sie? Er hatte ihr mit keinem Wort zu verstehen gegeben, daß er tiefe Zuneigung zu ihr empfand.

Plötzlich flog die Tür zum Salon auf, und die vier drehten sich schlagartig um. Hünenhaft, gefährlich und unnahbar baute sich John Saint-Germain im Türrahmen auf.

»Hol Lily«, befahl er und betrat den Raum. »Ich bringe euch nach Hause.«

Bevor sie jemand davon abhalten konnte, sprang Isabelle auf und warf sich in seine Arme. »Du hättest nicht herkommen dürfen.«

Sowohl John als auch Isabelle hörten das leise metallische Klicken. Sie blickten auf und bemerkten Grimsby, der eine entsicherte Pistole auf sie gerichtet hatte.

»Bist du verrückt geworden?« John war völlig überrascht. »Leg die Waffe weg, bevor du noch jemanden umbringst.«

»Völlig korrekt, Euer Gnaden«, meinte Grimsby, dessen Augen unheilvoll aufblitzten. »Unglücklicherweise bist du hier derjenige, der umgebracht wird.«

»Er wird uns alle ins Gefängnis bringen«, jammerte deJewell an seine Tante gerichtet.

»William, Nicky hat recht«, sagte Delphinia. »Wenn du ihn in meinem Haus erschießt, werden wir alle hängen.«

»Das interessiert mich nicht«, entgegnete Grimsby. »Solange ich ...«

»Aber mich interessiert das«, fuhr ihm Delphinia ins Wort. »In meinem Haus wird keine Gewalttat begangen.«

»William, warum willst du mich töten?« fragte John, während er seinen früheren Schwager fixierte.

»Du hast Lenore umgebracht!«

»Ich habe nie ...«

»Meine Schwester starb infolge einer Fehlgeburt. Aber es war dein Kind!« schrie Grimsby. »Ich mache dich für ihren frühen Tod verantwortlich.«

Als Isabelle ihren Ehemann betrachtete, bemerkte sie den qualvollen Ausdruck in seinen dunklen Augen. Sein Schmerz bekümmerte sie zutiefst.

Nach einem langen Augenblick, in dem er mit sich selbst zu kämpfen schien, flüsterte John mit rauher Stimme: »Lenore verblutete, weil sie das Baby abtreiben wollte.«

»Das glaube ich dir nicht«, brüllte Grimsby. »Lenore hätte das nie getan, und wenn, dann nur, weil du sie dazu gezwungen hast.«

»Das Kind war nicht von mir«, erwiderte John mit schmerzerfüllter Stimme. Die im Salon Anwesenden keuchten entsetzt auf.

»Deine Lügen können dich auch nicht retten.« Grimsby richtete die Pistole auf ihn.

Delphinia streckte ihre Hand aus und berührte den Arm des Grafen. »Ich warne dich. Laß dir nur ja nicht einfallen, ihn in meinem Salon zu erschießen.«

Der Boden schien unter Isabelles Füßen ins Wanken zu geraten, und sie stöhnte auf. Es brach ihr beinahe das Herz, ihren Ehemann so zu sehen. Jahrelang hatte dieses Geheimnis auf ihm gelastet, das er nicht preisgegeben hatte, weil er anderen die Schmach und die Schande ersparen wollte.

»Hast du das Attentat mit der Kutsche auf mich verübt?« fragte John.

»Ja, natürlich«, erwiderte Grimsby mit arroganter Stimme. »Ich habe Lisette Dupré auch dafür bezahlt, daß sie dir auf deiner Hochzeit diese Szene machte.«

»Und die auf Isabelle und mich abgefeuerten Schüsse am Abend unserer Verlobung?«

Grimsby nickte bestätigend.

»Warum tut ihr das?« schrie Isabelle und drehte sich zu ihrer Stiefmutter um, eine Hand schützend über das Baby in ihrem Bauch gelegt.

»Liebste Isabelle, du hast nichts zu befürchten«, erklärte ihr Delphinia. »Du wirst als alte Frau sterben. Leider wird dein zukünftiger Wohnsitz ins Irrenhaus verlegt.«

Verständnislos blickte Isabelle ihre Stiefmutter an.

»Das verstehe ich nicht.«

»Muß ich deutlicher werden?« zischte Delphinia. »Sobald der Herzog beseitigt ist, wirst du mit Nicky vermählt, und dann werden wir sowohl das Vermögen der Saint-Germains als auch das der Montgomerys verwalten.«

»Wenn mein Ehemann stirbt, brauche ich die Erlaubnis meines Bruders für eine Wiederheirat«, erinnerte Isabelle ihre Stiefmutter.

»An deinem letzten Geburtstag bist du mündig geworden«, erwiderte Delphinia. »Du brauchst keine Heiratserlaubnis.«

Isabelle spürte, wie sämtlicher Kampfgeist sie verließ. Aber es mußte doch einen Weg geben, die drei von ihrem schändlichen Tun abzubringen.

»Außerdem wird Miles keine Gelegenheit für seine Einwände bekommen«, fügte deJewell hinzu und verzog sein Wieselgesicht zu einer Grimasse. »Wir haben dafür gesorgt, daß Miles noch vor seiner Ankunft in London ein unvorhergesehener Unfall zustößt.«

»Ich werde eure Schuld in die ganze Welt hinausposaunen«, drohte sie.

»Wenn du das tust, wird die kleine Lily sterben«, drohte Delphinia.

»Gnade Gott euren schwarzen Seelen«, entfuhr es Isabelle. Und dann rief sie zur Verblüffung aller Anwesenden: »Giselle! Wo, zum Teufel, steckst du?«

Abermals eilte kein Schutzengel zu ihrer Rettung.

»Ich habe euch doch gesagt, daß sie verrückt ist«, meinte Delphinia an Grimsby gerichtet.

»Ich liebe dich«, sagte John und hob zärtlich lächelnd ihr Kinn an.

»Und ich liebe dich«, schwor ihm Isabelle und erwiderte sein Lächeln, als hätten sie nichts und niemanden zu fürchten.

»Verschont uns mit dieser gräßlichen Gefühlsduselei«, fuhr Delphinia sie an.

»Wo seid ihr?« erklang plötzlich eine Stimme. »Ich

bin aus Amerika zurückgekehrt!« Miles Montgomery betrat den Salon, blieb jedoch aufgrund des sich ihm darbietenden Anblicks ruckartig stehen.

»Du solltest längst tot sein«, entfuhr es Nicholas deJewell.

»Miles«, schrie Isabelle und wollte ihm entgegeneilen.

»Beherrsche dich, Belle«, flüsterte John und hielt sie fest. »Gib ihm keinen Grund abzudrücken.«

»Was geht hier in meinem Haus vor sich?« fragte Miles verwirrt.

»John und ich haben im vorigen Juni geheiratet«, erklärte ihm Isabelle, unschlüssig, womit sie beginnen sollte. »Grimsby will John umbringen, und Delphinia und Nicholas wollen das Vermögen der Montgomerys an sich bringen. Sie wollen auch deinen Tod.«

Isabelle beobachtete, wie sich der Blick ihres Bruders auf ihren Gatten richtete. Fast unmerklich schüttelte John den Kopf, um ihn vor einer überstürzten Reaktion zu warnen.

»Delphinia, ich verstehe das alles nicht«, wandte Miles in sachlichem Ton ein. »Du hast immer bekommen, was du wolltest, und du mußt doch des Geldes wegen keinen Mord begehen.«

»Ich habe es satt, um Kleider und Schmuck betteln zu müssen«, erwiderte seine Stiefmutter.

»Zwei Morde zu begehen und ungeschoren davonzukommen ist beileibe nicht einfach«, bemerkte John. »Bislang ist noch kein Verbrechen verübt worden. Gebt euren unseligen Plan auf, und ich sorge dafür, daß die Behörden Gnade walten lassen.«

Delphinia und Nicholas tauschten Blicke aus, als versuchten sie, sich über die Verläßlichkeit seiner Aussage zu verständigen.

»Wir bringen sie in die Lehmgruben von Essex«, erklärte Grimsby, während er zur Tür schritt. »Dort können wir ihre Leichen beseitigen.«

Giselle, ich brauche dich, flehte Isabelle im stillen.

»Geduld, mein Kind. Vertraue mir.«

Die Pistole auf sie gerichtet, bedeutete Grimsby ihnen, den Salon zu verlassen. Langsam schritten sie die Stufen zur Eingangshalle hinunter und näherten sich der Tür.

Als sie diese erreicht hatten, flog sie unerwartet auf. Eine aufgeregt kreischende Rue stürmte ins Haus. »Charles hat um meine Hand angehalten! Ich werde Rue Hancock, die Baronin von Keswick.«

Dieser Zwischenfall war ein willkommenes Ablenkungsmanöver. Mit Leichtigkeit wurde deJewell von Miles überwältigt, während John seinem Gegner die Pistole zu entwinden versuchte. Die Waffe entglitt Grimsbys Hand und fiel zu Boden.

»Kind, die Pistole!«

Isabelle ergriff die Waffe, bevor ihre Stiefmutter reagieren konnte. Mit zitternder Hand richtete sie diese auf Delphinia, die abrupt stehenblieb. »Beweg dich nicht, sonst erschieße ich dich«, warnte Isabelle ihre Stiefmutter.

John nahm ihr die Pistole ab und richtete sie auf die Männer.

»Legt euch auf den Boden«, befahl er. »Delphinia, du setzt dich neben sie.«

»Was ist denn hier los?« kreischte Rue.

Niemand beachtete sie.

In diesem Augenblick betrat Charles Hancock die Eingangshalle. Er blickte sich um und sagte dann zu John: »Rue hat meinen Antrag angenommen.«

»Herzlichen Glückwunsch«, erwiderte John trokken. »Seien Sie doch bitte so nett und benachrichtigen Sie die Polizei.«

Hancock fixierte die Waffe. »Ist das ein neues Gesellschaftsspiel?«

»Nein, Sie Schwachkopf«, antwortete John, dessen Geduld am Ende war. »Diese drei haben versucht, uns zu töten. Und jetzt holen Sie endlich die Polizei.«

Rue kreischte und fiel bei dieser schrecklichen Enthüllung in Ohnmacht. Hancock fing sie auf, bevor sie zu Boden stürzte, und legte sie vorsichtig hin.

»Das ändert natürlich alles«, bemerkte Hancock. »Einen solchen Skandal kann ich mir nicht erlauben.«

Nach einem vielsagenden Blick zu Miles Montgomery bemerkte John den betagten Majordomus, der durch den Gang in die Eingangshalle eilte. »Pebbles, benachrichtigen Sie die Polizei.«

»Mit dem größten Vergnügen, Euer Gnaden.« Auf seinem Weg zur Eingangstür warf Pebbles Delphinia und ihrem Neffen einen vernichtenden Blick zu.

»Ich werde immer in Rues Schuld stehen, denn sie hat uns heute abend das Leben gerettet«, bemerkte John mit einem vielsagenden Blick auf Hancock. »Sie werden sie heiraten oder die Konsequenzen tragen.«

»In Ordnung, aber der Gedanke gefällt mir absolut nicht«, erwiderte Hancock.

Stirnrunzelnd blickte John ihn an. »Er wird Ihnen gefallen.«

»Wie Sie wünschen, Euer Gnaden, er wird mir gefallen.«

Zehn Minuten später kehrte Pebbles mit einigen Beamten zurück. Nach einer kurzen Unterredung mit dem Herzog nahmen sie die drei umgehend fest.

»Euer Gnaden, Sie müssen Ihre Anschuldigung morgen bei den Behörden darlegen«, meinte einer von ihnen.

»Der Graf von Stratford und ich werden in aller Frühe dort sein«, versicherte John. Als sie gegangen waren, wandte er sich an Isabelle. »Und nun zu dir, meine Hoheit.«

Er riß sie in seine Arme und hielt sie fest, als wolle er sie nie wieder loslassen. Dann senkte er den Kopf, suchte ihre Lippen und bedeckte sie mit einem leidenschaftlichen Kuß.

»Es war mir ernst, als ich sagte, daß ich dich liebe«, murmelte er.

»Ich liebe dich auch.«

»Danke, mein Schatz, daß du nicht aufgegeben hast.« Ein Lächeln glitt über Johns Gesicht.

Isabelle strahlte ihren dunklen Prinzen schelmisch an. »Ich danke dir, Mylord, daß du es mit mir aushältst.«

Dann legte sie ihren Kopf an seine starke Brust, und John schmiegte sein Kinn an ihren blonden Haarschopf. Für eine lange Weile blieben sie eng umschlungen stehen ...

Epilog

Das Jahr verging. Herrliche Sommertage wichen goldenem Herbstlaub und Nebelschwaden, der Bürde des Winters und bereiften Zweigen, bis der Frühling mit blühenden Krokussen und Forsythien wieder Einzug hielt.

Am 23. April, dem Namenstag des heiligen Georg, war Avon Park von einer Schneedecke überzogen. Die weißen Schneeflocken umkränzten die blauen Veilchen, die schmückenden Vorboten des Sommers im herzoglichen Park.

Schon früh an jenem Morgen hatte der Erbe der Saint-Germains das Licht der Welt erblickt. John beschloß, ihn im Gedenken an Isabelles Vater Adam zu nennen.

Zehn Minuten später tat Adams Schwester ihren ersten Schrei. Isabelle beschloß, sie auf den Namen Elizabeth Giselle zu taufen, um ihrer Mutter und ihrem Schutzengel ein ehrendes Andenken zu bewahren.

Als sich an jenem Nachmittag die erste Aufregung über die neuen Bewohner von Avon Park gelegt hatte, ruhten sich die frischgebackenen Eltern in ihrem Schlafgemach aus. An das Kopfende ihres Bettes gelehnt, wiegte Isabelle ihren Sohn in den Armen, während John neben ihr saß und seine Tochter zärtlich an seine Brust drückte.

Isabelle blickte zu ihrem Ehemann und bemerkte, daß er vorsichtig die Windel ihrer Tochter löste und ihr Hinterteil anhob. »Was machst du da?« wollte sie wissen.

John ignorierte ihre Frage und untersuchte die Kehrseite des Babys. »Verflucht will ich sein«, meinte er. »Meine Mutter hatte recht.«

Isabelle kicherte. »Wovon sprichst du?«

»Elizabeth hat das gleiche herzförmige Muttermal wie Lily«, erklärte er ihr.

»Nicht zu vergessen deine Mutter und Tante Hester«, erinnerte sie ihn.

»Seit Monaten schon versuche ich, diese Vorstellung zu verdrängen«, gestand er grinsend. Dann vernahm er ein Klopfen an der Tür. »Bist du bereit für eine Ablenkung?«

Isabelle nickte. »Laß sie eintreten.«

»Herein«, rief er.

Die Tür wurde aufgerissen. Ross und Jamie Saint-Germain betraten in Begleitung von Miles Montgomery das Schlafgemach, um ihren neuen Neffen und ihre Nichte in Augenschein zu nehmen. Alle drei Männer mußten über den herzerfrischenden Anblick grinsen, den der Herzog und die Herzogin von Avon mit ihren Neugeborenen darboten.

»Wo ist Lily?« fragte Isabelle.

»Sie schläft noch«, antwortete Ross, während er näher trat, um die Babys zu begutachten. »Juniper bringt sie her, sobald sie aufgewacht ist.«

»Adam ist genauso attraktiv wie sein Vater«, meinte Jamie.

»Ja, und Elizabeth Giselle ist ebenso schön wie ihre Mutter«, bekräftigte Miles.

Voller Stolz schenkte ihnen Isabelle ein glückliches Lächeln. Ihr Gatte ließ sich allerdings nicht irreführen.

»Eure Komplimente schreien geradezu nach einer weiteren aberwitzigen Unternehmung«, sagte er ironisch. »War ein hirnrissiges Abenteuer nicht genug?«

»Wir haben keinen Penny Verlust gemacht«, wandte Jamie ein.

»Die Reise nach Amerika in diesen Krisenzeiten hat euch ein Jahr eures Lebens gekostet«, erwiderte John, während seine dunklen Augen das enttäuschte Gesicht seines Bruders fixierten.

»Unsere neue Geschäftsanbahnung beschränkt sich auf England«, bemerkte Miles.

Grinsend wandte John den Blick von seinem Bruder. »Das besprechen wir später, wenn ich nach unten komme.«

»Ich will ja nichts sagen«, meinte Ross gedehnt. »Ich finde lediglich, daß die Gesichter der Babys entsetzlich runzlig sind. Glätten sich diese Falten denn noch?«

Isabelle kicherte. »Das war wirklich nicht nett von dir«, schalt sie ihren Schwager scherzhaft.

»Die Familie Grimsby hat mir geschrieben«, erklärte ihnen John mit ernster Stimme. »Williams Geisteszustand zwang sie dazu, ihn in eine Irrenanstalt einzuliefern.«

»Wenigstens eine Sorge weniger«, meinte Ross.

»Nicholas deJewell hat alle Zelte abgebrochen und ist nach Australien ausgewandert«, berichtete ihnen Miles.

»Ich kann mir nicht helfen, aber Lobelia und Rue tun mir leid«, bemerkte Isabelle zum Erstaunen der Männer.

»Warum denn, mein Schatz? Beide führen glückliche Ehen.« John blickte sie an. »Es ist uns gelungen, einen Skandal abzuwenden, indem wir diese Sache außergerichtlich beigelegt haben.«

»Ja, aber die beiden tragen die Verantwortung für Delphinias Hausarrest«, erwiderte Isabelle mit einem hinterhältigen Grinsen. »Stell dir nur einmal ihr Leben vor, wenn Delphinia jeweils sechs Monate im Jahr bei einem der beiden zu Gast ist.«

»Das Zusammenleben mit Delphinia ist die gerechte Strafe für all die Jahre, in denen sie dich gekränkt haben«, erwiderte John und hauchte einen Kuß auf ihre Wange.

»Es wird Zeit, daß wir den Neuzugang der beiden jüngsten Saint-Germains feiern«, bemerkte Ross.

»Ganz meine Meinung«, bekräftigte Jamie.

»Ich bin dabei«, stimmte ihm Miles zu.

»Ich geselle mich später zu euch«, erklärte John. »Versucht so lange nüchtern zu bleiben, bis ich dazustoße.«

Die drei frischgebackenen Onkel verließen das Zimmer, um die jungen Eltern allein zu lassen – aber nicht lange. Zehn Minuten später klopfte es erneut.

Fragend blickte John zu seiner Frau.

»Laß sie hereinkommen«, sagte Isabelle.

Auf Johns Rufen wurde die Tür aufgerissen.

In Begleitung von Juniper stürmte Lily durch das Schlafzimmer auf das Bett zu. »Gütiger Himmel«, schrie Lily und klang beinahe genauso wie ihr Vater. »Ich sehe zwei Babys.«

»Dein Vater und ich konnten uns nicht entscheiden, ob ein Bruder oder eine Schwester besser für dich wäre«, erklärte Isabelle.

»Deshalb haben wir für beides gesorgt«, fuhr John fort.

Kichernd klatschte Lily in die Hände.

»Gefallen dir dein Bruder und deine Schwester?« wollte Isabelle von ihr wissen.

»O ja.«

»Gefallen sie dir besser als dein Pony?« fragte John.

Lily nickte. »Ich mag sie sogar mehr als das Herumtollen im Park.« Das kleine Mädchen drehte sich zu ihrem Kindermädchen um.« »Juniper, ich muß unbedingt mit Gott sprechen. Bringst du mich in die Kapelle?«

»Willst du ihm danken oder ihn um etwas bitten?« Zärtlich lächelte John seiner ältesten Tochter zu.

»Ihm danken, natürlich.«

Juniper nahm die Hand der Kleinen. Gemeinsam verließen sie das Schlafzimmer.

»Bist du sicher, daß du sie nicht als tugendhafte Prudence oder tapfere Fortitude taufen lassen willst?« neckte John seine Gattin. »Auf mich wirkt sie eher wie eine maßvolle Temperance denn als eine Elizabeth.«

Isabelles Lippen umspielte ein verhaltenes Grinsen. »Ich bin bereit, meine drei Favoriten zu opfern, solange du unseren Sohn nicht Sloth, das Faultier, nennst.«

Als ihr Ehemann nichts erwiderte, wandte Isabelle den Blick von ihrem Sohn ab und sah John an. Mit entsetztem Gesicht starrte ihr Gatte auf irgend etwas im Zimmer. Isabelle folgte seinem Blick und lächelte, als sie die runzlige, sich ihnen nähernde alte Frau bemerkte.

»Ich habe dich vermißt«, sagte Isabelle. »Wo hast du gesteckt?«

»Hier und dort und überall«, antwortete Giselle. »Ich war immer in deiner Reichweite, falls du mich brauchtest.« Lächelnd betrachtete die Alte die schlafenden Kinder, streckte ihre knochige Hand aus und strich beiden über den Kopf. »Möge der allmächtige Gott Adam und Elizabeth Giselle Gesundheit, Wohlstand und immerwährende Liebe schenken.«

»Du verläßt mich doch nicht?« fragte Isabelle.

»Ich werde ein Schattendasein führen, doch in deinem Herzen bin ich immer gegenwärtig«, antwortete Giselle. »Ich liebe dich, mein Kind.« An John gerichtet, fragte sie: »Glaubst du jetzt an mich?«

Nach diesen Worten umhüllte die alte Frau ein Nebelschleier, der immer dichter wurde, sich innerhalb von Sekunden jedoch wieder lichtete. Giselle war verschwunden; an ihrer Stelle stand eine wunderschöne blonde Frau.

»Mutter?« flüsterte Isabelle.

»Der Tod besaß nicht die Kraft, uns zu trennen«, sagte die Frau mit engelgleicher Anmut. Sie lächelte gütig. »Die Liebe überdauert selbst die Ewigkeit.« Sie beugte sich über Isabelle und küßte ihre Stirn, dann verschwand sie, als hätte sie niemals existiert.

»Wenn ich es nicht mit eigenen Augen gesehen hätte, könnte ich es nicht glauben«, meinte John verblüfft.

Isabelle blickte ihn mit veilchenblauen, tränenfeuchten Augen an. Wortlos öffnete sie ihr goldenes Medaillon und gestattete ihm zum erstenmal, einen Blick auf das winzige Porträt zu werfen – das Antlitz der Frau, die in ihrem Schlafgemach gestanden hatte, Isabelles lange verstorbener Mutter.

»Liebling, es tut mir leid, daß ich dir nicht geglaubt habe«, entschuldigte sich John.

»Giselle hatte recht; Prinzen tragen nicht zwangsläufig Kronen«, erwiderte Isabelle mit einem Anflug von Reue in der Stimme. »Manche Prinzen geben sich als Herzöge aus.«

»Ich danke dir, mein Schatz.« John beugte sich zu ihr, hauchte einen Kuß auf ihre Schläfe und flüsterte mit rauher, zärtlicher Stimme: »*Joy sans fyn*, meine über alles Geliebte. Unendliches Glück.«

Johanna Lindsey

»Sie kennt die geheimsten Träume der Frauen...«
ROMANTIC TIMES

Fesselnde Liebesromane voller Abenteuer und Zärtlichkeit

Eine Auswahl:

Wenn die Liebe erwacht
01/7672

Herzen in Flammen
01/7746

Stürmisches Herz
01/7843

Geheime Leidenschaft
01/7928

Lodernde Leidenschaft
01/8081

Wildes Herz
01/8165

Sklavin des Herzens
01/8289

Fesseln der Leidenschaft
01/8347

Sturmwind der Zärtlichkeit
01/8465

Geheimnis des Verlangens
01/8660

Wild wie Deine Zärtlichkeit
01/8790

Gefangene der Leidenschaft
01/8851

Lodernde Träume
01/9145

Ungestüm des Herzens
01/9452

Rebellion des Herzens
01/9589

Halte mein Herz
01/9737

Wogen der Leidenschaft
01/9862

Wer die Sehnsucht nicht kennt
01/10019

Die Sprache des Herzens
01/10114

Heyne-Taschenbücher

Patricia Gaffney

Mitreißende Liebesromane vor historischem Hintergrund

Süßer Verrat
04/147

Im Schatten der Liebe
04/168

In den Armen der Leidenschaft
04/176

In den Armen der Liebe
04/178

In den Armen des Glücks
04/180

Wilde Herzen
04/221

04/221

Heyne-Taschenbücher